ESTRATÉGIA
UMA VISÃO EXECUTIVA
3ª EDIÇÃO

ESTRATÉGIA
UMA VISÃO EXECUTIVA

3ª EDIÇÃO

Cornelis A. de Kluyver ♦ John A. Pearce II

Tradução
Sonia Midori Yamamoto

Revisão técnica
Henrique Machado Barros
Ph.D. em administração pela Universidade de Warwick
Professor e pesquisador de estratégia e inovação do
Insper (Instituto de Ensino e Pesquisa)

© 2010 by Pearson Education do Brasil
© 2009, 2006 by Pearson Education, Inc.

Tradução autorizada a partir da edição original, em inglês, *Strategic: a view from the top (an executive perspective)*, 3rd edition, publicada pela Pearson Education, Inc., sob o selo Prentice Hall.

Todos os direitos reservados. Nenhuma parte desta publicação poderá ser reproduzida ou transmitida de qualquer modo ou por qualquer outro meio, eletrônico ou mecânico, incluindo fotocópia, gravação ou qualquer outro tipo de sistema de armazenamento e transmissão de informação, sem prévia autorização, por escrito, da Pearson Education do Brasil.

Diretor editorial: Roger Trimer
Gerente editorial: Sabrina Cairo
Supervisor de produção editorial: Marcelo Françoso
Editor pleno: Henrique Zanardi de Sá
Revisão: Érica Alvim
Capa: Thyago Santos (sobre o projeto original de Jayne Conte, com fotografia de Getty Images, Inc.)
Editoração eletrônica e diagramação: Casa de Ideias

Dados Internacionais de Catalogação na Publicação (CIP)
(Câmara Brasileira do Livro, SP, Brasil)

Kluyver, Corlenis A. de
 Estratégia : uma visão executiva / Corlenis A. de Kluyver, John A. Pearce II ; tradução de Sonia Midori Yamamoto ; revisão técnica de Henrique Machado Barros. — 3. ed. — São Paulo : Pearson Prentice Hall, 2010.

 Título original: *Strategy: a view from the top (an executive perpective)*.
 ISBN 978-85-7605-695-9

 1. Planejamento estratégico I. Pearce II, John A. II. Título.

10-01371
CDD-658.4012

Índice para catálogo sistemático:

1. Estratégia empresarial : Administração executiva 658.4012
2. Estratégia executiva : Administração de empresas 658.4012

6ª reimpressão – Outubro 2014
Direitos exclusivos para a língua portuguesa cedidos à
Pearson Education do Brasil,
uma empresa do grupo Pearson Education
Rua Nelson Francisco, 26, Limão
CEP: 02712–100 – São Paulo – SP
Tel: (11) 2178–8686 – Fax: (11) 2178–8688
e-mail: vendas@pearson.com

SUMÁRIO

Capítulo 1 O que é estratégia?..1
Definição de estratégia 1
O processo de reformulação de estratégias 15
Avaliação de opções estratégicas 18
Notas 20

Capítulo 2 Estratégia e desempenho 21
Do bom para o grandioso — o conceito do porco-espinho e o efeito acelerador
(*flywheel*)[1] 22
A fórmula 4 + 2 para o sucesso sustentado nos negócios[2] 24
Estratégia e desempenho: uma estrutura conceitual 28
O papel do conselho 38
Notas 40

Capítulo 3 Análise do ambiente estratégico externo.........................43
Globalização 44
A tectônica global e suas implicações estratégicas[4]..................................47
A economia global do conhecimento: implicações estratégicas.................55
Risco e incerteza 56
Um novo acordo entre negócios e sociedade? 59
Notas 61

Risco e incerteza 56
Um novo acordo entre negócios e sociedade? 59
Notas 61

Capítulo 4 Análise de um setor 63
O que é um setor? 63
Evolução do setor 67
Métodos para análise de setor 73
Analisando o escopo de produto/mercado 76
Notas 79

Capítulo 5 Análise da base de recursos estratégicos de uma organização 81
Recursos estratégicos 81
Forças de mudança 92
Análise dos *stakeholders* 94
Notas 95

Capítulo 6 Formulação de estratégias de uma unidade de negócios 97
Fundamentos 98
Formulando uma estratégia competitiva 101
Estratégias genéricas de unidade de negócios de Porter 105
Disciplinas de valor 110
Criando um modelo de negócios lucrativo 113
Notas 115

Capítulo 7 Estratégias de unidade de negócios: contextos e dimensões 117
Setores emergentes, em crescimento, maduros e em declínio 117
Setores fragmentados. desregulamentados e hipercompetitivos 122
Estratégia de unidade de negócios: dimensões especiais 129
Notas 140

Capítulo 8   Formulação de estratégias globais..................143

A globalização e os agrupamentos setoriais (*clusterings*) 144
Formmulação de estratégia global..................150
Estratégia global e risco..................164
Notas..................167

Capítulo 9   Estratégia corporativa: moldando o portfólio 169

Economias de escala e de escopo 170
O que é 'essencial'? 172
Estratégias de crescimento..................173
Desinvestimentos: vendas (*sell-offs*), desmembramentos (*spin-offs*) e liquidações 188
Notas..................192

Capítulo 10   Estratégia corporativa: gestão de portfólio..................193

Gerenciando um portfólio de negócios..................193
Usando uma abordagem de portfólio para administrar alianças 204
O papel da matriz..................205
Planejamento estratégico corporativo 207
Estratégias horizontais para gerenciar um portfólio..................211
Avaliando opções de estratégia no nível corporativo..................215
Notas..................216

Índice 219
Sobre os autores..................225

PREFÁCIO

O sucesso corporativo depende, em um grau considerável, da habilidade da alta administração em elaborar e implantar estratégias eficazes. As empresas que possuem uma vantagem competitiva em relação a suas concorrentes geralmente têm um entendimento melhor sobre o que seus clientes preferem, como podem criar valor, quem são seus concorrentes e como eles se comportam.

Formular uma estratégia consistente requer tanto análise quanto síntese, o que faz dela, portanto, uma ação ao mesmo tempo racional e criativa. As estratégias de sucesso refletem um entendimento sólido das forças relevantes no ambiente externo e competitivo, um propósito estratégico claro e um conhecimento profundo das competências e ativos essenciais de uma organização. As genéricas raramente levam uma empresa a uma posição de liderança. Saber aonde se quer ir e descobrir maneiras criativas e cuidadosamente examinadas de como chegar lá é o que define uma estratégia de sucesso.

Estratégia: uma visão executiva, terceira edição, foi escrito para executivos atuantes que se preparam para assumir responsabilidades mais abrangentes e para alunos de pós-graduação e MBA que aspiram a responsabilidades de alta gerência.

O que há de novo na terceira edição

A organização desta terceira edição reflete as várias sugestões construtivas que recebemos de leitores do mundo inteiro. Reorganizamos diversos tópicos para acomodar novos materiais e melhorar a fluidez do tema abordado para fins de ensino. Atualizamos os vários exemplos usados ao longo do livro, ao mesmo tempo em que tomamos o cuidado de manter as características diferenciais da edição anterior — brevidade, estilo coloquial e orientação para o executivo.

O Capítulo 1, "O que é estratégia?", define a estratégia como o ato de posicionar uma empresa para a vantagem competitiva, focando maneiras únicas de criar valor para os clientes. Faz-se a distinção entre elaborar uma estratégia e melhorar a eficiência operacional de uma organização, introduz-se o conceito de um ciclo de vantagem competitiva e definem-se termos comumente usados, tais como "missão", "visão", "propósito estratégico" e "extensão". Em seguida, discutimos o processo pelo qual as estratégias são formuladas e a importância do aprendizado organizacional como parte desse processo. A terceira edição inclui uma seção nova sobre 'ecossistemas' estratégicos e uma discussão ampliada sobre a importância de incorporar valores corporativos na formulação de uma estratégia.

O Capítulo 2, "Estratégia e desempenho", foi expandido. Acrescentamos uma discussão sobre dois estudos amplamente citados que tratam de como as empresas atingem a grandeza mensurada por um desempenho superior, sustentado. O primeiro, de Jim Collins, intitula-se "Good to great: why some companies make the leap... and others don´t" e foi originalmente publicado, em inglês, em 2001, com foco sobre o que boas empresas podem fazer para ser grandiosas. Suas constatações inspiraram muitos CEOs a mudar suas visões sobre o que leva ao sucesso. O segundo, "What really works: the 4 + 2 formula for sustained business success", de Joyce, Nohria e Roberson, em parceria com a McKinsey & Co., publicado também em inglês, é um estudo pioneiro de cinco anos que visava à identificação das práticas gerenciais indispensáveis à geração de resultados superiores. Esta terceira edição também inclui uma seção expandida sobre o papel do conselho na formulação de uma estratégia.

O Capítulo 3, "Análise do ambiente estratégico externo", apresenta diversos aspectos novos. Primeiro, inclui uma seção sobre a 'tectônica global' — o processo pelo qual as tendências em desenvolvimento na tecnologia, na natureza e na sociedade lentamente revolucionam o ambiente de negócios, de modo análogo à forma como as placas tectônicas da Terra movimentam o solo sob nossos pés. Também revisamos a discussão sobre 'análise de cenário', uma técnica para definir e analisar alternativas de futuro, e finalizamos o capítulo com uma nova seção respondendo à frequente pergunta sobre o fato de o composto entre negócios e sociedade estar mudando ou não, e o impacto que isso provavelmente terá sobre a formulação de estratégias e o comportamento corporativo.

Os capítulos 4, 5 e 6 — "Análise de um setor", "Análise da base de recursos estratégicos de uma organização" e "Formulação de estratégias de uma unidade de negócios" — foram revisados visando facilitar a leitura, mas o conteúdo permanece inalterado.

O Capítulo 7, "Estratégias de unidade de negócios: contextos e dimensões", foi expandido de modo a incluir uma discussão mais profunda sobre as questões estratégicas peculiares a um ambiente de desregulamentação, tais como dilemas de preços e padrões de reação competitiva, e uma discussão mais ampla sobre os desafios associados às estratégias baseadas em inovação e seu impacto sobre a lucratividade.

O Capítulo 8, "Formulação de estratégias globais", foi ampliado para incorporar uma discussão mais abrangente sobre a análise de região/país. A seção sobre como a Walmart se globalizou foi atualizada para descrever os recentes desafios e decepções da empresa na Alemanha, Reino Unido e em outras localidades. O capítulo revisado termina com uma discussão sobre como um foco em semelhanças entre países e mercados pode obscurecer as oportunidades arraigadas na vantagem baseada em diferenças.

O Capítulo 9, "Estratégia corporativa: moldando o portfólio", passou por várias revisões. Esta terceira edição inclui uma discussão revisada e expandida sobre a lógica estratégica por trás da integração vertical, materiais adicionais sobre alianças e a decisão da DaimlerChrysler de desmembrar suas atividades nos Estados Unidos para uma empresa de *private equity*.

O Capítulo 10, "Estratégia corporativa: gestão de portfólio", sofreu três grandes alterações. Primeiro, a discussão sobre os modelos de portfólio foi ampliada para inserir o modelo Macs da McKinsey. Como a antiga de nove células, o Macs inclui uma medida do valor independente de cada unidade de negócios dentro da corporação, mas acrescenta um indicador da adequação da unidade de negócios para a venda a outras empresas. Essa nova medida é o que torna a Macs especialmente útil. A principal contribuição da estrutura Macs é que ela reconhece que a capacidade de uma corporação para extrair valor de uma unidade de negócios deve ser comparada externamente em relação à de outros potenciais proprietários e levada em conta na decisão quanto a vender ou manter a unidade em questão. A premissa básica é que tal decisão não deve ser tomada somente com base na avaliação da unidade de negócios sob uma perspectiva isolada. Em vez disso, do ponto de vista da Macs as decisões sobre a venda de uma unidade de negócios devem ter menos a ver com sua real falta de atratividade (a principal preocupação da matriz de nove células) e mais com a avaliação sobre a aptidão de uma empresa, por qualquer motivo, para administrá-la. A segunda alteração foi a introdução do conceito de gestão de portfólio para alianças. Por fim, atualizamos a discussão sobre o planejamento estratégico corporativo para que refletisse a nova dinâmica de competitividade enfrentada pelas multinacionais no século XXI.

Material complementar

A Sala Virtual desta edição (sv.pearson.com.br) oferece um conjunto de apresentações em PowerPoint para auxiliar os professores a prepararem suas aulas. Esse material pode ser acessado por meio de uma senha, e, para obtê-la, os docentes que adotam o livro devem entrar em contato com um representante Pearson ou enviar um e-mail para universitarios@pearson.com.

Agradecimentos

Escrever um livro é uma empreitada monumental. Felizmente, fomos incentivados ao longo do caminho por leitores, nosso editor, parentes, colaboradores e amigos. Aproveitamos essa oportunidade para agradecer a todos as críticas construtivas, o tempo e as palavras de incentivo. Somos muito gratos e esperamos que o resultado atenda a suas grandes expectativas.

Agradecemos muito também a nossas famílias: Louise de Kluyver e os filhos Peter e Jonathan; Susie Pearce e os filhos David e Mark. Obrigado pelo apoio incondicional.

Um agradecimento especial às seguintes pessoas que ofereceram comentários e sugestões valiosas para aprimorar esta edição:

Sheldon Weinig	Columbia University
Yusaf Akbar	Southern New Hampshire University
Michael K. Mulford	Buena Vista University
Phaedon Papadopoulos	Houston Baptist University
Michel Mestre	Biola University
Bruce Kusch	Brigham Young University, Idaho

Cornelis A. "Kees" de Kluyver
John A. "Jack" Pearce II

Agradecimentos da edição brasileira

Gostaríamos de agradecer o apoio dos professores Carlos Tasso E. DeAquino e Manuel J. N. Pinto, que foram os primeiros a reconhecer a importância desta obra e nos incentivaram a publicar a primeira edição brasileira.

CAPÍTULO 1

O QUE É ESTRATÉGIA?

Introdução

Como o Google tornou-se o site de busca número 1 no mundo? Qual é o segredo do sucesso da Toyota? Como o Walmart mantém seu vigoroso crescimento? Por que a Southwest Airlines apresenta um desempenho consistentemente melhor do que o de suas concorrentes? O que faz da Starbucks uma marca tão poderosa? Até que ponto é importante para uma empresa ser a primeira a desenvolver um novo produto ou entrar em um novo mercado? Que elementos da estratégia de uma empresa podem ser globalizados? Essas perguntas vão ao cerne da formulação da estratégia.

Entender como se cria uma estratégia é importante porque está provada a existência de um elo entre as escolhas estratégicas de uma empresa e seu desempenho de longo prazo. Empresas bem-sucedidas normalmente entendem melhor os desejos e as necessidades de seus clientes, os pontos fortes e fracos dos concorrentes e a maneira de se criar valor. Estratégias de sucesso refletem o propósito claro de uma empresa e uma profunda compreensão de suas competências e de seus ativos essenciais — estratégias genéricas raramente levam a uma posição de liderança. Assim, formular uma estratégia sólida requer tanto análise como síntese, e é uma atividade ao mesmo tempo racional e criativa. Saber aonde se quer chegar e descobrir maneiras criativas e cuidadosamente analisadas para atingir tal objetivo são as marcas inconfundíveis de um desenvolvimento estratégico bem-sucedido.

Definição de estratégia

É difícil imaginar uma conversa de negócios que não inclua a palavra *estratégia*. Falamos sobre a estratégia de distribuição do Walmart, a estratégia da Coca-Cola na China, a estratégia de *e-business* da Amazon, as estratégias de recursos humanos do McDonald's, as estratégias de marketing da IBM, a estratégia tecnológica da Intel e assim por diante. Seu uso frequente sugere que o termo *estratégia* seja claro e seu significado, bem entendido. Infelizmente, não é bem assim; muito do que se classifica como estratégia na verdade tem pouco a ver com ela. E, a despeito das inúmeras tentativas de se oferecer uma definição simples e descritiva de *estratégia*, sua complexidade e sutileza inerentes impedem que seja descrita em uma frase única. Entretanto, há certo consenso sobre suas principais dimensões. Estratégia diz respeito a *posicionar* uma organização para a obtenção de *vantagem competitiva*. Envolve *escolhas* a respeito de *que setores participar, quais produtos e serviços oferecer* e *como alocar recursos corporativos*. Seu objetivo principal é *criar valor para acionistas e outros* stakeholders (grupo de interesses) ao proporcionar *valor para o cliente*.

O pensamento estratégico continua a evoluir

A definição de estratégia relacionada a posicionar uma organização para obter vantagem competitiva com o objetivo de criar valor é útil para esclarecer perguntas fundamentais. O que significa posicionar uma organização para a obtenção de vantagem competitiva? Como se define valor? As respostas a essas perguntas são complexas. Além disso, elas mudam à medida que se altera o contexto em que a estratégia é desenvolvida. O ambiente competitivo atual é muito diferente daquele que os executivos enfrentaram 25 anos atrás. Daqui a algumas décadas, o ambiente estratégico terá mudado outra vez consideravelmente.

A evolução do pensamento estratégico nos últimos 50 anos reflete essas mudanças e é caracterizada por um redirecionamento gradual do foco, saindo de uma perspectiva da *economia industrial*, passando por uma perspectiva *baseada em recursos* e chegando a uma perspectiva de *capital humano e intelectual* (Tabela 1.1). É importante entender as razões subjacentes a essa evolução, porque elas refletem um ponto de vista, em constante mudança, do que é estratégia e de como ela é criada.

A perspectiva inicial da *economia industrial* sustentava que as influências ambientais — particularmente aquelas que moldam a estrutura do setor — eram as determinantes primárias do sucesso de uma empresa. Pensava-se que o ambiente competitivo impusesse pressões e restrições que tornavam certas estratégias mais atraentes que outras. A escolha cuidadosa de onde competir — selecionando os setores ou segmentos mais atraentes — e o controle de recursos estrategicamente importantes, como o capital financeiro, passaram a ser os temas dominantes do desenvolvimento de estratégias, tanto no nível da unidade de negócios quanto no corporativo. Portanto, o foco estava em *capturar valor econômico* por meio de um posicionamento competente. Dessa forma, a análise do setor, a análise da concorrência, a segmentação, o posicionamento e o planejamento estratégico eram as ferramentas mais importantes para analisar a oportunidade estratégica.[1]

Quando a globalização, a revolução tecnológica e outras forças ambientais importantes ganharam velocidade e começaram a mudar radicalmente o cenário competitivo, as premissas sobre as quais se baseava a perspectiva da economia industrial começaram a ser questionadas.

Tabela 1.1 A evolução do foco da estratégia

Foco competitivo	Produtos e mercados	Recursos e competências	Talentos e sonhos
Objetivo estratégico	Posições produto–mercado defensáveis	Vantagem sustentável	Autorrenovação contínua
Ferramentas / perspectivas	▪ Análise setorial; análise da concorrência	▪ Competências essenciais	▪ Visão / valores
	▪ Segmentação e posicionamento	▪ Estratégia baseada em recursos	▪ Flexibilidade e inovação
	▪ Planejamento estratégico	▪ Redes de relacionamento	▪ Empreendedorismo
Recurso estratégico essencial	Capital financeiro	Competência organizacional	Capital humano e intelectual

Fonte: Reimpresso de BARTLETT, Christopher A.; GHOSHAL, Sumantra. "Building competitive advantage through people", *MIT Sloan Management Review*, inverno 2002, p. 34–41, mediante permissão da editora. © 2002 Massachusetts Institute of Technology. Todos os direitos reservados.

O ambiente competitivo deveria ser tratado como uma restrição na formulação da estratégia ou, na verdade, a real função da estratégia seria moldar as condições competitivas? Ainda seria aplicável a premissa de que as empresas deveriam controlar a maioria dos recursos estratégicos relevantes que fossem necessários para competir? Os recursos estratégicos seriam realmente tão móveis como supunha o modelo tradicional, e a vantagem associada à posse de recursos e competências específicos teria, portanto, necessariamente vida curta?

Em resposta a essas perguntas, surgiu uma perspectiva de desenvolvimento de estratégia *baseada em recursos*. Em vez de focar o posicionamento de uma empresa de acordo com restrições ditadas pelo ambiente, essa nova escola definiu o pensamento estratégico como a construção de competências essenciais que transcendem os limites das unidades de negócios tradicionais. Seu foco era a criação de portfólios corporativos ligados aos *negócios essenciais* e na adoção de metas e processos dedicados à melhoria das *competências essenciais*.[2] Esse novo paradigma representou uma mudança de ênfase: em vez de capturar valor econômico, cria-se valor por meio do desenvolvimento e do aperfeiçoamento de recursos e capacidades fundamentais.

O foco atual no *capital humano e intelectual* como recurso estratégico fundamental de uma empresa é uma extensão natural da perspectiva baseada em recursos e adequa-se à transição do comércio global para uma economia baseada no conhecimento. Para a maioria das empresas, o acesso a recursos físicos ou financeiros já não representa mais um impedimento para o crescimento nem para a oportunidade; a ausência de pessoas ou do conhecimento corretos tornou-se o fator limitante. Todo ano, a Microsoft avalia o conjunto inteiro de formandos em ciências da computação nos Estados Unidos para identificar e atrair os poucos que lhe interessam. Ela reconhece que as estratégias baseadas em competências dependem de pessoas, que conhecimento e *expertise* escassos impulsionam o desenvolvimento de produtos e que os relacionamentos pessoais com os clientes são fundamentais para a capacidade de resposta ao mercado.[3]

É interessante observar que os pesquisadores estão reintroduzindo a ideia do ambiente de uma empresa como determinante do desempenho, embora de maneira diferente. Um estudo sobre como o Walmart e a Microsoft atingiram o domínio de seus setores específicos revelou que uma porção substancial de seu sucesso pode ser atribuída ao sucesso de seus *ecossistemas*, às redes amplas de fornecedores, distribuidores, fabricantes contratados, produtores ou prestadores de serviços relacionados, provedores de tecnologia e outros que desempenham um papel importante na criação e na entrega de seus produtos e serviços. Portanto, a formulação cuidadosa de estratégias deveria ir além das oportunidades e capacidades imediatas de uma empresa e também promover a saúde global de seu ecossistema.[4] O sistema de gestão de compras (*procurement*) do Walmart, por exemplo, também oferece aos fornecedores valiosas informações, em tempo real, sobre as preferências e demandas dos clientes que não poderiam ser por eles coletadas, por conta própria, com o mesmo nível de custo.

Estratégia *versus* tática

Novos conceitos, tecnologias e ideias de negócios nascem todos os dias. Por exemplo, a Internet, a inovação, a qualidade total, a flexibilidade e a velocidade foram reconhecidas como essenciais para a força e a agilidade competitiva de uma empresa. Como resultado, as corporações continuam a abraçar iniciativas, tais como gestão da qualidade, concorrência baseada no tempo, *benchmarking*, terceirização, parcerias, reengenharia e uma variedade de outros conceitos, em um esforço do tipo 'tudo ou nada' para melhorar seu nível de competitividade.

Algumas dessas iniciativas têm produzido resultados notáveis. Fabricantes de automóveis gastaram bilhões de dólares com a reengenharia de seus processos de projeto e produção. Como consequência, os custos unitários caíram drasticamente, a qualidade aumentou muito, os relacionamentos com os fabricantes de componentes e outros fornecedores ficaram mais fortes e o tempo necessário para levar um novo carro da etapa de projeto para a de produção foi cortado pela metade. Embora esses resultados sejam gratificantes, é importante colocá-los em um contexto apropriado. Aumentar a eficácia operacional é crucial no ambiente competitivo selvagem de hoje, mas não substitui o bom pensamento estratégico. Há uma diferença fundamental entre *estratégia* e aplicação de ferramentas operacionais e filosofias gerenciais focadas na *eficácia operacional*. Ambas são essenciais para a competitividade. Todavia, enquanto a aplicação de ferramentas gerenciais está voltada para fazer as coisas de uma forma *melhor* que os concorrentes e tem, portanto, uma natureza *tática*, a *estratégia* concentra-se em fazer as coisas de uma maneira *diferente*. Como mostra a história recente, entender essa diferença é fundamental. As empresas que acolheram a Internet como a 'resposta estratégica' para seus negócios — em vez de apenas como mais uma nova ferramenta, embora muito importante — descobriram seu erro da pior forma possível. Ao concentrar-se demais em opções de *e-business* em detrimento de preocupações estratégicas mais amplas, muitas dessas empresas viram-se correndo atrás de qualquer cliente, trocando qualidade e serviço por preço e, com isso, perdendo sua vantagem competitiva e sua lucratividade.[5]

O desempenho superior, sustentável, de longo prazo — a meta definitiva da estratégia — só poderá ser obtido se uma empresa puder *conservar* diferenças significativas entre ela e seus concorrentes. As iniciativas de *e-business*, a TQM (gestão da qualidade total, do inglês, *total quality management*), a concorrência baseada no tempo, o *benchmarking* e outras táticas destinadas a melhorar o desempenho operacional, ainda que desejáveis e necessárias, podem, em geral, ser imitadas com facilidade. A melhoria de desempenho que pode ser atribuída a essas ações é, na melhor das hipóteses, temporária.

A estratégia força os *trade-offs*

O pensamento estratégico, por sua vez, concentra-se em seguir abordagens *diferentes* para entregar valor ao cliente e em escolher conjuntos *diferentes* de atividades que não podem ser facilmente imitados, fornecendo assim a base para uma vantagem competitiva duradoura. Quando a Dell Computer tornou-se pioneira em seu altamente bem-sucedido modelo de negócios de venda direta e produção sob demanda, ela projetou cuidadosamente cada aspecto de seu sistema de manufatura, compras e estoque para apoiar a estratégia de venda direta de baixo custo. No processo, ela redefiniu o significado de valor para muitos clientes, em termos de velocidade e custo, e criou importantes barreiras à imitação. Seus concorrentes, presos às redes de distribuição e aos modelos de fabricação tradicionais, viram-se diante de uma escolha difícil: abandonar seus modelos de negócios convencionais ou concentrar-se em maneiras alternativas de fornecer valor para o cliente.

Assim, embora as ferramentas de eficácia operacional possam aumentar a competitividade, elas não são capazes, sozinhas, de forçar as empresas a escolher entre *conjuntos* de atividades totalmente diferentes e internamente consistentes. A IBM e outros concorrentes poderiam ter respondido à estratégia inovadora da Dell vendendo também diretamente aos usuários finais, mas precisariam desmantelar suas estruturas tradicionais de distribuição para auferir os benefícios que a Dell obtinha com sua estratégia. Desse modo, a escolha de um *posicionamento competitivo exclusivo* — a essência da estratégia — força *trade-offs* em termos do que fazer e, igualmente importante, do que *não* fazer, criando *barreiras à imitação*.

As escolhas de posicionamento devem não apenas ditar as atividades que uma empresa escolhe executar e o modo como vai executá-las; devem também especificar como elas se

Figura 1.1 Sistema de atividades da Southwest Airlines

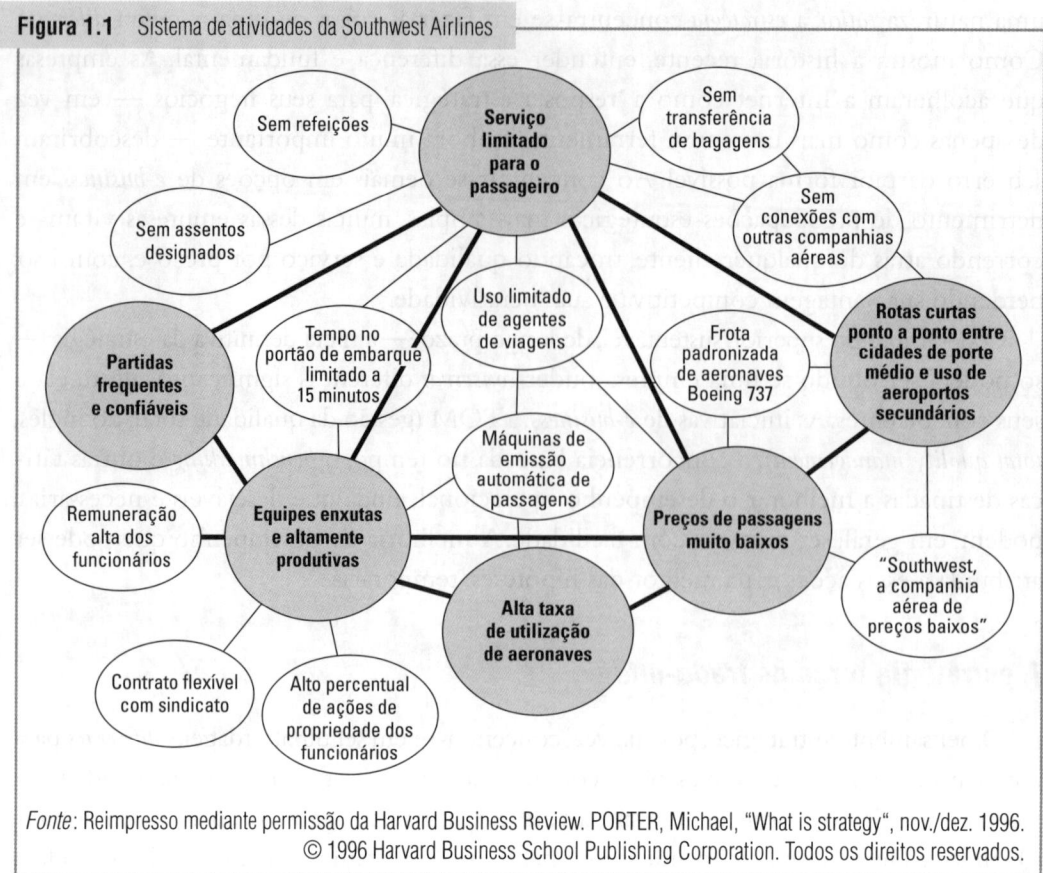

Fonte: Reimpresso mediante permissão da Harvard Business Review. PORTER, Michael, "What is strategy", nov./dez. 1996. © 1996 Harvard Business School Publishing Corporation. Todos os direitos reservados.

inter-relacionam para formar um conjunto coerente que se diferencie das outras muitas atividades concorrentes. A Figura 1.1 mostra como a estratégia da Southwest Airlines está baseada em um conjunto de atividades cuidadosamente integradas, que é mais do que um simples agrupamento de partes. As diferentes atividades *encaixam-se* e *reforçam* umas às outras para criar valor econômico real. Coletivamente, elas erguem barreiras contra imitadores, que são forçados a duplicar toda sua cadeia de atividades de criação de valor, em vez de componentes individuais, se quiserem atingir resultados similares.

A estratégia deve concentrar-se na criação de valor

Uma boa estratégia concentra-se na criação de valor — para acionistas, parceiros, fornecedores, funcionários e a comunidade — por meio da satisfação das necessidades e dos desejos dos consumidores da melhor forma possível. Se uma empresa pode entregar valor para seus clientes de modo a superar seus rivais e por um longo período de tempo, ela provavelmente tem uma estratégia superior. E essa não é uma tarefa simples. Os desejos, necessidades e preferências dos clientes mudam, e às vezes muito rápido, à medida que conhecem mais sobre um produto ou serviço, à medida que mais concorrentes entram no mercado e que novos participantes redefinem o significado de valor. Como resultado, o que tem valor hoje pode não ter amanhã. A moral dessa história é simples, mas poderosa: *o valor de um dado produto ou serviço, a não ser que seja constantemente conservado, alimentado e aperfeiçoado, desgasta-se com o tempo.*

O mercado de computadores fornece um bom exemplo. O modelo de negócio desenvolvido há alguns anos pela Dell para eliminar intermediários e realizar vendas diretas propiciou-lhe uma vantagem competitiva significativa. Não foi nada fácil para concorrentes como IBM e HP reagirem, porque seus modelos de negócio baseavam-se em amplos sistemas de distribuição. Os clientes valorizavam a abordagem direta. Personalizar a própria máquina era convidativo, considerando-se que o computador padrão custava entre $2.000 e $3.000. Os consumidores podiam focar a compra nas características que mais lhes importavam. Se fosse um aficionado por jogos eletrônicos, compraria um potente cartão de vídeo.

O mercado evoluiu e, com ele, a definição de valor. Hoje em dia, os fotógrafos digitais demandam um disco rígido com maior capacidade para armazenar suas imagens. Os usuários de grandes modelos matemáticos ou complexas planilhas desejam uma rápida capacidade de processamento, múltiplos processadores e muita memória. O funcionário de um escritório que necessita apenas de e-mail e um processador de texto fica satisfeito com uma máquina básica ou se vira muito bem com um PDA (assistente pessoal digital, do inglês, *personal digital assistant*). Na última década, os preços de processador, memória, computação gráfica, disco rígido, teclado, modem para conexão sem fio e similares despencaram. À medida que os mercados de computadores, telefones celulares, PDAs e outros dispositivos de comunicação convergem, os consumidores veem-se diante de uma gama cada vez maior de opções. Atualmente a parte mais cara de um computador pode muito bem ser o software. Embora a IBM tenha abandonado o mercado de PCs, a HP reinventou-se e passou a fabricar máquinas de alto desempenho e homogeneizadas, montadas com praticamente tudo que alguém possa querer e facilmente disponíveis em lojas locais.

Isso criou um grande dilema para a Dell. As margens caíram, o mercado ficou fragmentado e a definição de valor mudou. Como ela deveria reagir? Oferecer uma máquina confiável, completa e dirigida ao mercado global? Vender por lojas próprias, revendedores e também por vendas diretas? Projetar suas máquinas para concorrer com a Apple? Entrar no mercado de dispositivos móveis?

Ao criar uma nova proposição de valor, a Dell sabe que confiabilidade, comprometimento e acessibilidade de serviços torna-se cada vez mais importante aos consumidores. *Recall* de produtos com defeito, filas na assistência técnica, preços altos e catálogos confusos servem para espantar clientes. Há uma década, oferecer preços promocionais era uma estratégia eficaz para conquistar fatia de mercado. Hoje em dia, o consumidor valoriza uma abordagem mais personalizada, além de um serviço ao cliente imediato, experiente e local.

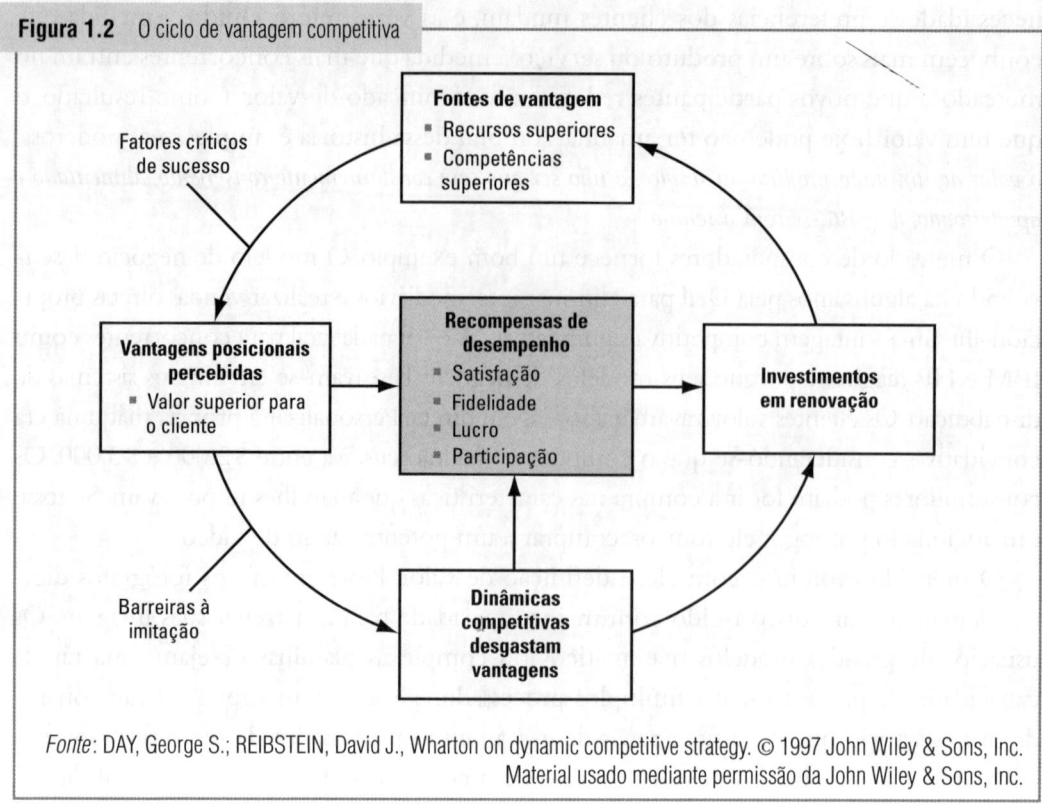

Figura 1.2 O ciclo de vantagem competitiva

Fonte: DAY, George S.; REIBSTEIN, David J., Wharton on dynamic competitive strategy. © 1997 John Wiley & Sons, Inc. Material usado mediante permissão da John Wiley & Sons, Inc.

A Figura 1.2 ilustra esse ciclo de vantagem competitiva. Ela mostra que, em dado momento, as empresas concorrem com um mix específico de recursos. Alguns dos recursos e competências de uma empresa são melhores que os dos concorrentes, enquanto outros, inferiores. Os recursos e competências superiores são a fonte para as vantagens posicionais.[6] Qualquer que seja a vantagem competitiva de uma empresa, ela deve esperar que a mudança contínua no ambiente estratégico e as ações de seus concorrentes trabalhem continuamente para desgastá-la. Assim, a estratégia competitiva tem um duplo propósito: (1) desacelerar o processo de desgaste, por meio da proteção das fontes atuais de vantagens contra a ação da concorrência; e (2) investir em novas competências que formem a base para a próxima posição de vantagem competitiva. Portanto, a criação e a manutenção da vantagem são um processo contínuo.

Estratégia significa criar opções

Quando caracterizamos a formulação de estratégias como posicionamento da organização para a vantagem competitiva, isso não significa decidir-se por um plano detalhado de longo prazo e segui-lo ao pé da letra. A rápida mudança no ambiente competitivo torna insustentável essa perspectiva da estratégia. No momento em que uma estratégia é criada, alguns de seus resultados são mais previsíveis que outros. Quando a Motorola investe em uma nova tecnologia, por exemplo, ela deve saber de antemão que essa tecnologia é promissora em vários mercados. No entanto, seus resultados exatos em diferentes aplicações podem permanecer incertos até muito tempo depois.[7] Portanto, formular estratégias significa criar uma *visão* de longo prazo para a organização, ao mesmo tempo que se mantém certo grau de flexibilidade quanto a como chegar lá e a como criar um portfólio de opções para adaptar-se à mudança. A *aprendizagem* é um componente essencial nesse processo. Assim que uma empresa implementa uma diretriz escolhida, começa a sentir o quanto ela está sintonizada com o ambiente competitivo, a probabilidade de reação da concorrência e até que ponto a empresa está bem preparada para tornar reais suas intenções competitivas.

Estratégia: uma perspectiva de ecossistema[8]

No atual mundo cada vez mais interconectado, em geral o enfoque de empresa única não é estrategicamente viável. A maioria das empresas recorre maciçamente a redes de parceiros, fornecedores e clientes, para ter sucesso no mercado e um desempenho sustentável. Essas redes de relacionamento funcionam como um ecossistema biológico, em que as empresas alcançam êxito ou fracasso como um todo coletivo.

Os ecossistemas de negócios disseminaram-se como um fenômeno em setores como o bancário, de biotecnologia, seguros e software. Assim como ocorre com os sistemas biológicos, as fronteiras de um ecossistema de negócios são fluidas e em alguns casos difíceis de definir. Esses ecossistemas permeiam setores inteiros e podem abranger toda a gama de organizações que influenciam o valor de um produto ou serviço.

Para atingir uma vantagem competitiva sustentável, as empresas necessitam alavancar as competências de toda sua rede e utilizar tecnologia altamente sofisticada para conectar seus diversos componentes. Uma boa estratégia melhora a saúde geral do ecossistema de negócios e sustenta o desempenho de cada empresa. Charles Schwab, eBay e Walmart são algumas das que efetivamente usam as estratégias de ecossistemas para coordenar o comportamento e influenciar os resultados no âmbito de suas próprias redes.

Cada vez mais, a tecnologia é o elo de ligação que faz o ecossistema funcionar, crescer e desenvolver-se de formas amplamente diversas. As corporações que visam elaborar uma estratégia eficaz de ecossistema devem ter uma infraestrutura técnica instalada que lhes permita compartilhar informações e estimular a cooperação, bem como integrar os sistemas que compõem o ecossistema. Por exemplo, o sucesso do Walmart como o maior varejista mundial baseia-se em parte nas decisões tomadas sobre tecnologia da informação que estão intimamente relacionadas com sua compreensão do ecossistema do qual depende. O Walmart mantém uma vasta cadeia de suprimentos que se estende do fabricante até o consumidor. Essa cadeia centralizada traz eficiência à empresa e também cria valor a seus fornecedores, sejam eles grandes ou pequenos, ao prover um novo canal de massa para atingir consumidores no mundo todo.

Uma perspectiva de estratégia baseada no ecossistema explicita a importância da interdependência no atual ambiente de negócios. De modo geral, estratégias isoladas não bastam mais, porque o desempenho de uma empresa depende cada vez mais de sua capacidade de influenciar ativos fora de seu controle direto.

A estratégia como forma de alinhamento

As estratégias demandam a implementação de inúmeras atividades que vão da aquisição e alocação de recursos até o desenvolvimento de competências, a modelagem da cultura corporativa e a instalação de sistemas adequados de suporte. Essas atividades visam *alinhar* os recursos e as competências organizacionais às metas da direção estratégica escolhida. O alinhamento estratégico pode ser direcionado para *preencher lacunas* (gaps) *de competência estratégica* ou *manter o foco estratégico*.

Os *gaps de competência estratégica* são disparidades substanciais em competências, habilidades e recursos entre o que os consumidores demandam ou provavelmente demandarão no futuro e o que a organização pode efetivamente entregar. Portanto, essa dimensão do alinhamento estratégico enfoca o preenchimento da lacuna existente entre *o que é necessário* para obter êxito no mercado e *o que a empresa está capacitada a fazer*. Exemplos de atividades nessa categoria são o desenvolvimento de melhores tecnologias, a criação de mecanismos mais rápidos de entrega, a adoção de um posicionamento de marca (*branding*) mais forte e a construção de uma rede de distribuição mais robusta.

Uma segunda dimensão do alinhamento refere-se à *manutenção do foco estratégico*. A formulação e a implementação da estratégia constituem atividades humanas e, por conseguinte, sujeitas a erro, obstrução e até uso indevido. Dessa forma, para executar bem uma estratégia escolhida, uma organização deve encontrar meios de garantir que *aquilo que é dito* — por grupos ou indivíduos em todos os níveis organizacionais — *seja realmente feito*. Certificar-se de que os objetivos estratégicos são comunicados com eficácia, alocar os recursos necessários e criar os devidos incentivos para um alinhamento bem-sucedido ilustram as atividades dessa categoria.

Toda estratégia é planejada?

Até mesmo os planos mais bem elaborados nem sempre geram os resultados pretendidos. Do momento em que se cria uma estratégia — isto é, quando os resultados *pretendidos* são especificados — ao momento de sua implementação, muita coisa pode mudar. Por exemplo, um concorrente pode ter lançado um produto, ou uma nova legislação pode ter sido aprovada. Assim, a estratégia *realizada* pode ser um pouco diferente da estratégia *pretendida*.[9]

Múltiplos níveis de estratégia

A formulação da estratégia ocorre nos níveis *corporativo*, de *unidade de negócios* e *funcional*. Em uma corporação diversificada, com vários negócios, a estratégia *corporativa* está concentrada em definir os tipos de negócio em que a empresa deve competir e em como o portfólio geral de negócios deve ser gerenciado. Em uma empresa de um único produto ou serviço, ou em uma divisão de uma organização de múltiplos negócios, a estratégia de *unidade de negócios* preocupa-se em decidir que produto ou serviço oferecer, como fabricá-lo ou criá-lo e como levá-lo ao mercado. As estratégias *funcionais* geralmente envolvem um domínio mais limitado, como o marketing, os recursos humanos ou a tecnologia. Os três fazem parte da administração ou gestão estratégica — a totalidade dos processos gerenciais usados para orientar o futuro de longo prazo de uma organização.

O papel dos *stakeholders*

A maioria das empresas depende, em grande medida, de uma rede de *stakeholders* externos — fornecedores, parceiros e até mesmo concorrentes — para criar valor para o cliente. A motivação de *stakeholders* internos — diretores, altos executivos, gerentes de nível médio e funcionários — também é fundamental para o sucesso. Um passo em falso na gestão dos fornecedores, um erro grave nas relações com os funcionários ou uma falta de comunicação com os principais acionistas pode retardar em anos o progresso de uma empresa. A importância dos diferentes *stakeholders* para a posição competitiva de uma empresa depende do interesse que eles têm na organização e do tipo de influência que podem exercer. Os *stakeholders* podem ter um interesse de propriedade (acionistas, diretores e outros), um interesse econômico (credores, funcionários, clientes, fornecedores) ou um interesse social (agências reguladoras, instituições de caridade, a comunidade local, grupos ativistas).[10] Alguns têm poder formal; outros têm poder econômico ou poder político. O poder formal é frequentemente associado a obrigações ou direitos legais; o poder econômico deriva de uma capacidade de manter produtos, serviços ou capital; já o poder político está fundamentado na capacidade de persuadir outros *stakeholders* a influenciar o comportamento de uma organização.

Visão e missão

Uma declaração de *visão* representa os objetivos de longo prazo da alta administração para a organização — uma descrição da posição competitiva que se deseja alcançar ao longo de certo período de tempo e de quais competências essenciais devem ser adquiridas para se chegar lá. Como tal, ela resume o foco estratégico de uma empresa para seu futuro. Uma declaração de *missão* documenta o propósito da existência de uma empresa. Declarações de missão com frequência contêm um código de conduta corporativa para orientar a gerência em sua implementação.

Ao criar uma declaração de *visão*, deve-se prestar atenção em duas lições importantes. Primeiro, a maior parte das empresas de sucesso concentra-se em um número relativamente pequeno de atividades e as desempenha extremamente bem. O McDonald's tornou-se bem-sucedido exatamente porque se limitou aos hambúrgueres, a H&R Block porque se concentrou na preparação de declarações de impostos e a Microsoft porque manteve seu foco em software. Isso sugere que o desenvolvimento eficaz de estratégias diz respeito *tanto a decidir o que não fazer quanto a escolher as atividades nas quais se concentrar*. A segunda lição é que a maioria das empresas de sucesso atingiu sua posição de liderança adotando uma visão muito maior do que sua base de recursos e competências permitiria. Para obter uma posição de liderança de mercado não basta o foco nos fatores que impulsionam a competição; é necessária uma visão voltada para a 'criação de um novo futuro'. Com essa percepção em mente, as disparidades entre recursos e metas passam a ser desafios em vez de restrições, e vencer torna-se uma obsessão corporativa capaz de sustentar um senso de urgência por um longo período de tempo.[11]

Uma declaração de visão proporciona tanto orientação estratégica como foco motivacional. Uma boa visão atende aos seguintes critérios:

- Deve ser clara, mas não tão limitada a ponto de restringir a iniciativa.
- Atende aos interesses legítimos e aos valores de todos os *stakeholders*.
- Deve ser factível, ou seja, passível de implementação.[12]

Declarações de visão ajudam a estruturar a ação estratégica. Quando Jack Welch assumiu a presidência da General Electric em 1981, a economia norte-americana estava em recessão. As altas taxas de juros e o dólar valorizado exacerbaram o problema. Para fazer a empresa seguir em frente e para alavancar o desempenho do diversificado portfólio de negócios da GE, o novo CEO desafiou cada negócio a ser "melhor do que o melhor". Esse desafio levou à adoção da declaração de visão de que cada negócio seria "...o concorrente número um ou número dois no setor — ou deveria ser fechado".[13]

Cada vez mais empresas em todo o mundo estão adotando as declarações formais de *valores* corporativos, a essência de uma declaração de *missão*, e os altos executivos passaram a rotineiramente identificar comportamento ético, honestidade, integridade e preocupações sociais como questões primordiais nas agendas de suas organizações. Um estudo recente conduzido por consultores da Booz Allen Hamilton, Inc. demonstrou que dos 89 por cento de empresas pesquisadas que possuíam uma declaração de valores corporativos, 90 por cento especificaram a conduta ética como a principal norma de procedimento. Além disso, 81 por cento acreditavam que suas práticas gerenciais estimulavam o comportamento ético dentro da equipe. A linguagem relacionada à ética nas declarações formais não só estabelece as expectativas corporativas para o comportamento dos funcionários, como também serve de escudo para as corporações em um ambiente cada vez mais complexo e global de leis e regulamentações. A pesquisa também mostrou que a importância de determinados valores e a forma como as empresas alinham esses valores a suas estratégias variam muito conforme a região. As asiáticas e europeias têm mais propensão do que as norte-americanas a enfatizar valores associados ao papel mais amplo da empresa na sociedade, tal como a responsabilidade socioambiental. Por fim, ao implementar uma estratégia baseada em valores, a postura do presidente importa. Oitenta por cento dos respondentes afirmaram que suas empresas contam com o apoio explícito da presidência para reforçar valores, enquanto 77 por cento dizem que esse apoio é uma das práticas "mais eficazes" para reforçar a capacidade da empresa de agir de acordo com seus valores. É considerada a prática mais eficaz dentre os respondentes de todas as regiões, setores e portes empresariais.[14]

A utilidade de uma declaração de missão cuidadosamente elaborada pode ser exemplificada pela história da Johnson & Johnson. Por mais de 50 anos, o Credo — uma declaração de crenças fundamentais sobre como a empresa define suas responsabilidades corporativas — tem guiado a J&J em todas as ações. Ele começa assim: "Acreditamos que nossa primeira responsabilidade seja com médicos, enfermeiros e pacientes, com mães e pais, bem como com todas as outras pessoas que usam nossos produtos e serviços...". O Credo continua definindo explicitamente as responsabilidades da empresa para com seus funcionários, a comunidade e os acionistas. Seu valor foi reafirmado durante as crises do Tylenol de 1982 e 1986, quando o produto foi adulterado com cianureto. Com o nome e a reputação da J&J em jogo, os executivos tomaram decisões importantes inspiradas no Credo da empresa, o que ajudou a conservar sua reputação e recuperar o negócio do Tylenol (paracetamol).

Propósito e extensão da estratégia

Um conceito correlato é o do *propósito estratégico*, que é ao mesmo tempo um sumário executivo das metas estratégicas adotadas por uma empresa e uma mensagem motivacional. Adequadamente articulada, uma declaração de intenção estratégica não apenas pinta uma visão do futuro, como também sinaliza o desejo de vencer e reconhece que estratégias de sucesso são construídas tanto em torno do que pode ser quanto do que realmente é. Ela foca a organização em alvos competitivos mais importantes e define metas sobre quais competências desenvolver, que tipo de recursos explorar e em que segmentos se concentrar. Em vez de se preocupar com o grau de adequação entre os recursos e as oportunidades atuais, ela transfere o foco para como preencher o *gap* existente de competência. Recursos e competências atuais tornam-se pontos de partida para o desenvolvimento de estratégias, e não restrições para sua formulação ou implementação.[15]

Uma ideia relacionada é o conceito de *extensão*. A extensão reflete o reconhecimento de que estratégias bem-sucedidas são construídas tanto em torno *do que pode ser* quanto *do que é*. Em última análise, toda empresa deve criar uma adequação entre seus recursos e suas oportunidades. A questão é: quanto tempo isso deve levar? Um período curto demais encoraja um foco mais na *adequação* que na *extensão*, na *alocação* de recursos em vez de na obtenção de mais valor a partir dos recursos existentes. O uso de um horizonte de tempo longo demais, por outro lado, cria um grau inaceitável de incerteza e ameaça transformar objetivos de extensão em metas irreais.

Estratégia e terceiro setor

O terceiro setor cresceu e atualmente inclui mais de um milhão de organizações. Coletivamente, essas instituições sem fins lucrativos contribuem em escala expressiva para a economia nacional. Como suas contrapartes com fins lucrativos, as organizações do terceiro setor também experimentam mudanças fundamentais em suas condições ambientais — mudanças que podem ameaçar seu bem-estar futuro. Isso explica o crescente interesse delas em se tornarem mais estratégicas em sua maneira de operar.

Assim como acontece com as corporações com fins lucrativos, toda organização sem fins lucrativos, independentemente de sua missão ou escopo, precisa de três tipos de métricas de desempenho: (1) medir seu sucesso em mobilizar os recursos necessários; (2) avaliar a eficácia de seu pessoal na consecução das tarefas que lhe foram atribuídas; e (3) avaliar seu progresso em direção à realização da missão escolhida. Por exemplo, uma organização ambiental pode avaliar o desempenho de sua equipe ao verificar a adoção de uma legislação específica de limpeza do ar ou da água, enquanto uma instituição de caridade pode escolher medir o número de pessoas que compareçam a seus eventos beneficentes.

As duas primeiras métricas são relativamente fáceis de criar e implementar. Entre as métricas para a mobilização dos recursos de uma organização sem fins lucrativos estão medidas como desempenho de levantamento de fundos, aumento do número de membros ou participação de mercado (*market share*). O número de pessoas atendidas por um dado programa e o número de projetos que uma organização completa são exemplos de indicadores simples de desempenho relacionados às equipes.

Definir e implementar o terceiro tipo de métrica — a medida do sucesso da organização em atingir seus objetivos estratégicos — é um dos maiores desafios para instituições sem fins lucrativos. No setor de empresas com fins lucrativos, a criação de valor é relativamente fácil de mensurar. As empresas podem adotar indicadores como valor para o acionista, lucratividade ou retorno sobre o investimento. Em comparação, as organizações sem fins lucrativos têm, em geral, missões amplas e qualitativas que são muito mais difíceis de mensurar. Por exemplo, como podemos determinar se o *Girl Scouts* dos Estados Unidos (movimento para incentivar meninas a se tornarem escoteiras) fez progressos quanto à realização de sua missão — ajudar meninas a atingir seu pleno potencial como cidadãs?

Uma pesquisa conduzida pela McKinsey & Co. mostrou que as organizações sem fins lucrativos, apesar dessas dificuldades, podem medir seu sucesso na realização de sua missão.[16] Três abordagens diferentes foram identificadas. A primeira opção é definir uma visão suficientemente restrita, que permita mensurar diretamente o progresso. A missão da Goodwill Industries, por exemplo, é tirar pessoas da pobreza por meio do trabalho. Portanto, a Goodwill pode medir seu sucesso simplesmente contando o número de pessoas que participam de seus programas de treinamento e encontram trabalho.

A segunda abordagem diz respeito a investir em pesquisa para determinar se as atividades da organização realmente ajudam a atingir sua missão declarada. A Jump$tart Coalition, dedicada a melhorar os resultados educacionais de crianças pobres, segue essa abordagem. Ela contrata periodicamente estudos estatísticos independentes, que mostram que crianças que passaram pela Jump$tart entram mais bem preparadas na pré-escola do que aquelas que não participaram do programa.[17]

Para muitas organizações sem fins lucrativos, no entanto, restringir o escopo da missão não é viável e encomendar pesquisas para avaliar resultados é proibitivo ou impraticável. Por exemplo, como a Nature Conservancy poderia medir o impacto de seus esforços em prol da biodiversidade total da Terra? Em tais casos, uma terceira opção para avaliação do sucesso deve ser considerada: o desenvolvimento de um conjunto abrangente de metas de 'micronível' que, se atingidas, implicam sucesso em uma escala mais ampla. Veja o que fez a Chesapeake Bay Foundation: sua missão é preservar a saúde do estuário do Rio Chesapeake, nos Estados Unidos. Para tornar esse objetivo mais concreto, criou nove indicadores da saúde da baía, como limpidez da água, níveis de oxigênio dissolvido, população de peixes migratórios e tamanho dos mangues circundantes. Para medir esse progresso, a Fundação coletou dados de referência para cada indicador e definiu alvos específicos de dez anos que representassem progressos significativos para a baía.[18] Uma vantagem importante dessa abordagem é o fato de ela ser facilmente entendida pelo público geral e por doadores em potencial e, assim, beneficiar o levantamento de fundos e outras formas de apoio.

O processo de formulação de estratégias

Etapas

O processo de criação de uma estratégia pode ser organizado com base em três perguntas básicas: *Onde estamos?*, *Para onde vamos?* e *Como chegaremos lá?* (Figura 1.3). Cada pergunta define uma parte do processo e sugere diferentes tipos de análise e avaliação. Elas também mostram que os componentes de uma análise estratégica se sobrepõem e que ciclos de *feedback* representam uma parte integrante do processo.

1. A parte do processo referente à pergunta *Onde estamos?* preocupa-se com a avaliação do estado atual do negócio ou da empresa como um todo. Ela começa pela reavaliação de questões fundamentais como: Qual é a missão da organização? Qual é a visão de longo prazo da gerência para a empresa? Quem são seus principais *stakeholders*? Outros componentes essenciais incluem uma avaliação detalhada do desempenho atual da empresa; das tendências pertinentes nos ambientes sociopo-

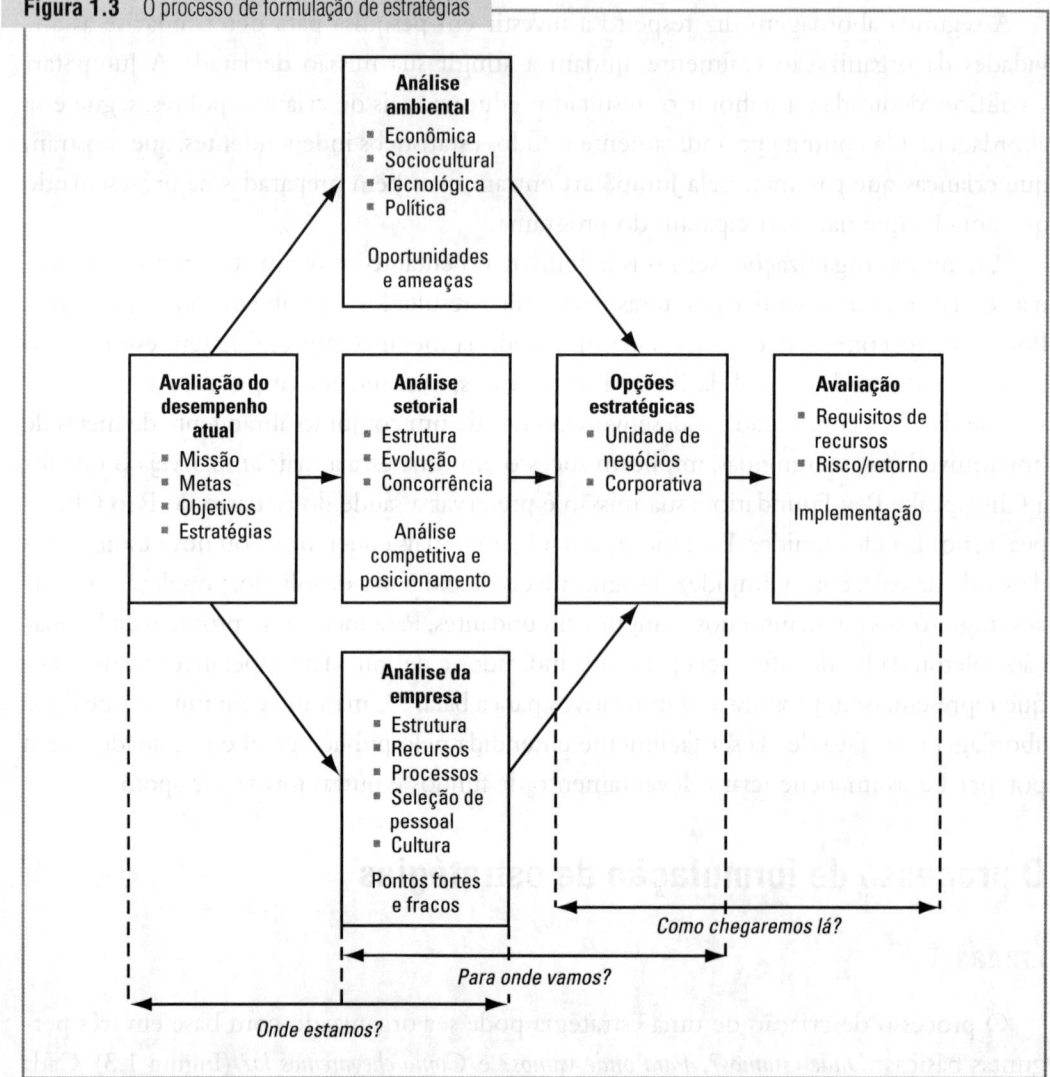

Figura 1.3 O processo de formulação de estratégias

lítico, econômico, legal e tecnológico mais amplos em que a empresa opera; de oportunidades e ameaças no ambiente setorial e de pontos fortes e fracos internos.

2. As perguntas do tipo *Para onde vamos?* destinam-se a gerar e explorar alternativas estratégicas baseadas nas respostas obtidas à primeira pergunta. No nível da unidade de negócios, por exemplo, podem ser consideradas opções como: focar o crescimento em alguns segmentos de mercado ou adotar um foco de mercado mais amplo; enfrentar o mercado sozinha ou se associar com outra empresa; ou ainda concentrar-se em soluções de alto valor agregado ou de baixo custo para os clientes. No âmbito corporativo, essa parte do processo concentra seu foco na formatação do portfólio de negócios dos quais a empresa participa e em fazer ajustes em filosofias e processos de desenvolvimento de novos negócios. Em ambos os níveis, o resultado é uma declaração de *propósito estratégico*, que identifica o conceito orientador de negócios ou a força motriz que impelirá a empresa para a frente.

3. O componente *Como chegaremos lá?* do processo está focado em como atingir os objetivos desejados. Uma das questões mais importantes abordadas nesse estágio é a de como preencher o *gap de competência* que separa as atuais habilidades e capacidades organizacionais daquelas que são necessárias para atingir o propósito estratégico declarado. Ela lida com o 'alinhamento estratégico' de *competências essenciais* com *necessidades emergentes do mercado* e com a identificação de *fatores críticos de sucesso* associados à implementação bem-sucedida da estratégia escolhida. O produto final é um conjunto detalhado de iniciativas para implementar a estratégia escolhida e exercer disciplina e controle estratégicos.

Estratégia e planejamento

Uma revisão da estratégia pode ser provocada por uma variedade de fatores — nova liderança, desempenho decepcionante, novos proprietários, o surgimento de novos concorrentes ou tecnologias — ou ser parte de um processo de revisão programado, geralmente anual.

A maioria das empresas emprega alguma forma de planejamento estratégico. O ímpeto de impor uma estrutura ao processo provém de duas pressões principais: (1) a necessidade de lidar com uma série cada vez mais complexa de questões — econômicas, políticas, sociais e legais, em escala global; e (2) a velocidade crescente com que o ambiente competitivo se altera. Um sistema formal garante que a quantidade requerida de tempo e recursos seja alocada ao processo, que as prioridades sejam estabelecidas, que as atividades estejam integradas e coordenadas e que se obtenha um *feedback* adequado.

Esse processo de planejamento é em geral organizado como um *ciclo de planejamento*. Esse ciclo frequentemente começa com uma revisão, no âmbito corporativo, do ambiente competitivo global e das orientações corporativas para as várias divisões e negócios. Em seguida, solicita-se que divisões e unidades de negócios atualizem suas estratégias de longo prazo e indiquem como essas estratégias se encaixam nas principais prioridades e metas da corporação. Em terceiro lugar, planos divisionais e de unidade de negócios são revistos, avaliados, ajustados, coordenados e integrados em reuniões entre gerentes corporativos e gestores da divisão ou da unidade de negócios. Por fim, planos operacionais detalhados são desenvolvidos no âmbito da divisão ou da unidade de negócios e obtém-se a aprovação final da matriz da corporação.

Um sistema de planejamento estratégico formal, ou ciclo de planejamento, por definição, tenta estruturar o desenvolvimento e a implementação da estratégia como um processo primariamente linear e sequencial. Mudanças ambientais e competitivas não respeitam, no entanto, um processo ditado pelo calendário. Quando surge um novo desafio ou oportunidade competitiva, a empresa não pode se dar ao luxo de esperar para reagir. Isso não significa que processos formais devam ser totalmente abandonados. Em vez disso, reforça a compreensão de que mesmo que a estratégia se refira a criar uma *visão* de longo prazo para a organização, ela deve manter certo grau de flexibilidade sobre como chegar lá e conservar opções de adaptação a eventuais mudanças.

Avaliação de opções estratégicas

Critérios

O teste definitivo de qualquer estratégia é verificar se ela produz vantagem competitiva com retornos acima da média. Assim, não é surpresa que, para muitos executivos, a avaliação da estratégia seja principalmente uma avaliação do desempenho da própria empresa ou negócio. Embora intuitiva, essa perspectiva não é satisfatória, pois medidas de desempenho atual não são necessariamente indicações de desempenho futuro. A avaliação da estratégia deveria estar focada na competitividade futura de uma empresa e deveria questionar se os objetivos de longo prazo são apropriados; se as estratégias escolhidas para alcançar esses objetivos são consistentes, suficientemente audaciosas e realizáveis; e se é provável que essas estratégias produzam uma vantagem competitiva sustentável com retornos acima da média.

Quantificar essas avaliações é difícil. Embora os retornos financeiros sejam importantes, a questão central é se o propósito estratégico e as propostas específicas destinadas para sua realização sempre podem ser reduzidos a uma previsão de fluxo de caixa. Claramente, o efeito financeiro na corporação decorrente de opções estratégicas específicas, tais como aquisições no âmbito corporativo ou a inclusão de novos produtos ou mercados específicos no âmbito da unidade de negócios, pode e deve ser quantificado. Pode-se argumentar, no entanto, que o pensamento estratégico não se presta a avaliações puramente quantitativas. Historicamente, estratégias corporativas e de unidades de negócios limitavam-se a iniciativas competitivas baseadas no mercado. Hoje, a análise de forças políticas e de outras forças não relacionadas ao mercado está se tornando um componente mais importante do pensamento estratégico.

Os executivos enfrentam enorme pressão dentro da organização e também de fontes externas, como a comunidade financeira, para prever o desempenho corporativo e das unidades de negócios e, implicitamente, para quantificar os resultados estratégicos antecipados. Tradicionalmente, o *retorno sobre o investimento* (ROI) era a medida mais comum para avaliar a eficácia de uma estratégia. Hoje, o *valor para o acionista* é uma das medições mais amplamente aceitas.

Valor para o acionista

A SVA (abordagem do valor para o acionista, do inglês, *shareholder value approach*) para a avaliação de estratégias propõe que o valor da corporação seja determinado pelos fluxos de caixa futuros descontados que ela é capaz de gerar. Em termos econômicos, o valor é criado quando as empresas investem capital a taxas de retorno que excedem o custo daquele capital. De acordo com esse modelo, novas iniciativas estratégicas são tratadas como qualquer outro investimento feito pela empresa e avaliadas com base no valor para o acionista. Uma perspectiva gerencial nova —VBM (gestão baseada em valor, do inglês, *value-based management*) — foi criada com base nisso.[19]

O uso do valor para o acionista ou de medidas relacionadas — como a do EVA (valor econômico agregado, do inglês, *economic value added*), definida como o lucro operacional após o pagamento dos impostos menos o custo do capital — como principal medida para avaliar propostas estratégicas alternativas é algo discutível. Além de problemas de implementação, há questões de transparência no relacionamento entre o valor para o acionista por um lado e o posicionamento pela vantagem competitiva sustentável do outro. Mesmo que o valor para o acionista e a formulação de estratégias digam respeito essencialmente à mesma coisa — geração de valor sustentável de longo prazo —, eles usam concepções diferentes de valor e veem o propósito da estratégia sob um ponto de vista fundamentalmente diferente.

Os estrategistas concentram-se em criar uma vantagem competitiva sustentável por meio do *valor entregue aos clientes*. Mas o SVA mede o *valor para os acionistas*. Embora no longo prazo ambos sejam altamente correlatos, propostas estratégicas individuais podem forçar decisões de curto prazo por um ou outro. Portanto, não é surpresa que o valor para o acionista não tenha sido universalmente aceito como o método preferido para a medição do potencial de uma estratégia. Isso também explica por que esquemas de avaliação menos restritivos, mas possivelmente menos rigorosos, como o *balanced scorecard*, que discutiremos mais à frente, obtiveram mais aceitação nos últimos anos.[20]

Notas

1. BARTLETT, Christopher A.; GHOSHAL, Sumantra, "Building competitive advantage through people", *Sloan Management Review*, 43 (2), 2002, p. 34–41.
2. PRAHALAD, C.K.; HAMEL, G. "The core competence of the corporation", *Harvard Business Review*, maio/jun. 1990, p. 79–91.
3. BARTLETT, Christopher A.; GHOSHAL, Sumantra, op. cit., 2002, p. 35.
4. IANSITI, Marco; LEVIEN, Roy. "Strategy as ecology", *Harvard Business Review*, mar. 2004, p. 68–78.
5. PORTER, Michael E. "What is strategy," *Harvard Business Review*, nov./dez. 1996, p. 61–78.
6. DAY, George S. "Maintaining the competitive edge: creating and sustaining advantages in dynamic competitive environments". In: DAY, George S.; REIBSTEIN, David J. (eds.), *Wharton on dynamic competitive advantage*. Nova York: John Wiley & Sons, 1997, Capítulo 2, p. 52.
7. Essas ideias são baseadas em LUEHRMAN, Timothy A. "Strategy as a portfolio of real options", *Harvard Business Review*, set./out. 1998, p. 89–99.
8. Esta seção é baseada em IANSITI, Marco. *The keystone advantage: what the new dynamics of business ecosystems mean for strategy, innovation, and sustainability*. Boston: Harvard Business School Press, 2004.
9. MINTZBERG, Henry, "Of strategies, deliberate and emergent", *Strategic Management Journal*, 6(3), 1985, p. 257–272.
10. FREEMAN, R.E. *Strategic management: a stakeholder approach*. Boston: Pittman, 1984.
11. HAMEL, Gary; PRAHALAD, C.K. "Strategic intent", *Harvard Business Review*, mai./jun. 1989, p. 63–76.
12. KOTTER, John. *A force for change*. Nova York: Free Press, 1990.
13. "GE's two-decade transformation: Jack Welch's leadership", Harvard Business School Case Study 9-399-150, Harvard Business School, 2005.
14. VAN LEE, Reggie; FABISCH, Lisa; e McGAW, NANCY. "The value of corporate values", *Strategy and Business*, verão 2005, Booz Allen Hamilton, Inc.
15. HAMEL, Gary; PRAHALAD, C.K. op. cit., 1989.
16. SAWHILL, John; WILLIAMSON, David. "Measuring what matters in nonprofits", *The McKinsey Quarterly*, (2), 2001.
17. Ibid.
18. Ibid.
19. Veja, por exemplo, COPELAND, Tom; KOL-LER, Tim; e MURRIN, Jack. *Valuation: measuring and managing the value of companies*. Nova York: John, Wiley & Sons, 1995.
20. KAPLAN, R.S.; NORTON, D.P. "Using the *balanced scorecard* as a strategic management system", *Harvard Business Review*, jan./fev. 1996, p. 75–85; KAPLAN, R.S.; NORTON, D.P. "The *balanced scorecard* — measures that drive performance", *Harvard Business Review*, jan./fev. 1992, p. 71–79.

CAPÍTULO 2

ESTRATÉGIA E DESEMPENHO

Introdução

Mesmo as estratégias cuidadosamente criadas geralmente entregam apenas uma fração do valor financeiro prometido. Por quê? Será porque os CEOs pressionam por uma melhor execução, quando na verdade necessitam de uma estratégia mais sólida? Ou será porque enfocam a criação de uma nova estratégia, quando a execução é o verdadeiro ponto fraco da organização? Existem outros motivos? E como tais erros podem ser evitados? Um bom ponto de partida é aprofundar a compreensão de como a estratégia e o desempenho estão relacionados.

Iniciamos este capítulo com uma discussão baseada em dois estudos amplamente citados sobre como as empresas alcançam grandeza sob o critério de um desempenho superior e sustentado. O primeiro, de autoria de Jim Collins e intitulado *Good to great: why some companies make the leap... and others don´t*, foi originalmente publicado em 2001 e trata sobre o que empresas 'boas' fazem para serem 'grandiosas'. As constatações desse estudo inspiraram muitos CEOs a mudar suas visões sobre o que leva ao sucesso. Elas demonstram que fatores como remuneração do CEO, tecnologia, fusões e aquisições e gestão de mudanças desempenham papéis relativamente menos importantes no fomento ao processo *Good to great* (do bom para o grandioso). Por outro lado, o sucesso em três áreas principais — *pessoas disciplinadas, pensamento disciplinado e ação disciplinada* — deve ser o fator mais significativo na determinação da capacidade de uma empresa para alcançar grandiosidade.

O segundo estudo, *What really works: the 4 + 2 formula for sustained business success*, de Joyce, Nohria e Roberson, em parceria com a McKinsey & Co., é pioneiro na identificação das práticas gerenciais indispensáveis à geração de resultados superiores. Como parte do assim chamado Evergreen Project, mais de 200 práticas gerenciais consolidadas foram avaliadas em sua utilização durante dez anos, por 160 empresas. Concluiu-se que oito dessas práticas — quatro primárias e quatro secundárias — estavam diretamente relacionadas com um desempenho corporativo superior sob o critério de retorno total aos acionistas. As empresas de sucesso alcançaram excelência em todas as quatro práticas primárias, mais duas das secundárias, inspirando o título do artigo 4 + 2 formula. As de fraco desempenho não atingiam isso.

Embora os dois estudos adotem metodologias substancialmente diferentes, suas constatações convergem. Decorre que estratégia corporativa, execução, liderança e talento da equipe, organização, processo e cultura organizacional são *todos* cruciais ao sucesso sustentado. Mais do que isso, *todos* estão intimamente relacionados e *juntos* determinam o desempenho. Para entender como essas variáveis interagem entre si, a terceira seção deste capítulo apresenta uma estrutura conceitual que associa a estratégia ao desempenho.

A seguir, introduzimos o conceito de *balanced scorecard* como um meio de criar foco nos esforços de uma empresa para implementar a estratégia escolhida. A estrutura do *balanced scorecard* força os executivos a tratar quatro questões essenciais de modo contínuo: (1) Como os clientes nos veem?; (2) Em que devemos ser excelentes?; (3) Podemos continuar a melhorar e criar valor?; (4) Como parecemos aos olhos de nossos acionistas? Essa estrutura também realça quaisquer lacunas nos conjuntos de habilidades dos funcionários, em tecnologia da informação e nos processos que possam obstruir a capacidade da empresa de executar determinada estratégia.

O capítulo é finalizado com uma análise do papel do conselho de administração de uma empresa na criação de um ambiente de alto desempenho, no monitoramento do progresso corporativo e na garantia da aderência.

Do bom para o grandioso — o conceito do porco-espinho e o efeito acelerador (*flywheel*)[1]

Jim Collins conduziu dois estudos amplamente citados e detalhados sobre desempenho corporativo superior e sustentado. O primeiro, publicado como *Built to last* em coautoria com Jerry Porras, explorou o que faz com que grandes empresas sejam grandes e como elas sustentam sua excelência ao longo do tempo. O segundo, o já mencionado *Good to great: why some companies make the leap... and others don't*, originalmente publicado em 2001, abordou uma questão mais complicada: o que empresas meramente boas podem fazer para se tornarem realmente grandiosas? Nesse contexto, Collins definiu o nível de grandiosidade em relação a um conjunto de métricas, incluindo desempenho financeiro que superasse a média do mercado por várias ordens de magnitude e por um período prolongado de tempo. Utilizando esses critérios, algumas empresas — Abbott, Fannie Mae, Circuit City, Gillette, Kimberly-Clark, Kroger, Nucor, Philip Morris, Pitney Bowes, Walgreens e Wells Fargo — foram selecionadas e analisadas em detalhes.

A qualidade e a natureza da *alta liderança* definiram uma diferença significativa entre empresas 'boas' e 'grandiosas'. Collins identifica o que ele denomina "liderança de nível cinco" como uma característica em comum entre as grandes empresas avaliadas no estudo. Esse tipo de liderança ocupa o topo de uma hierarquia de cinco níveis que vai da supervisão meramente competente à tomada de decisão executiva estratégica. Os líderes de nível cinco revelaram um conjunto incomum de intensa determinação e profunda humildade. Com frequência, esses líderes estão imbuídos do espírito de investir pessoalmente na empresa e em seu sucesso de longo prazo, geralmente cultivando uma ascenção profissional pelos níveis funcionais da empresa. O próprio ego e os ganhos financeiros não são tão importantes quanto o benefício duradouro da equipe e da empresa propiciado pelos verdadeiros líderes de nível cinco.

O próximo fator importante é a *natureza da equipe de liderança*. Especificamente, Collins propõe a ideia de que o processo de assegurar indivíduos de alto nível de qualidade e talento com habilidades de liderança de nível cinco deve ser empreendido *antes* que uma estratégia abrangente possa (e deva) ser desenvolvida. Com as pessoas certas nos lugares certos, muitos dos problemas de gestão que assolam as empresas e minam recursos valiosos automaticamente se dissiparão. Dessa forma, as empresas que buscam fazer a transição do 'bom' para o 'grandioso' deverão achar válido dispender energia e tempo extras em seleção de pessoal e a respectiva tomada de decisão.

Um terceiro elemento referente à habilidade única de algumas empresas para fazer a transição do 'bom' para o 'grandioso' é a *disposição de identificar e avaliar os fatores decisivos na empresa e no macroambiente de negócios*. No mercado atual, as tendências das preferências dos consumidores estão em constante mutação, e a incapacidade de acompanhar o ritmo dessas mudanças geralmente resulta no fracasso da empresa.

Ao avaliar a importância da estratégia, Collins usa a metáfora do porco-espinho para ilustrar o princípio aparentemente contraditório de que a simplicidade pode, em alguns casos, levar à grandiosidade. Quando atacado por predadores, a reação simples, porém surpreendentemente eficaz, do porco-espinho é de se enrolar como uma bola. Embora outros predadores, como a raposa, possam ser mais espertos, poucos são capazes de criar uma estratégia eficaz a ponto de superar a reação simples e repetitiva do porco-espinho. De modo análogo, Collins afirma que a forma de fazer a transformação do 'bom' para o 'grandioso' costuma estar em *não fazer muitas coisas bem, mas, em vez disso, fazer uma coisa melhor do que qualquer outro no mundo*. Pode-se levar algum tempo para identificar a única função de uma empresa que representará o 'conceito do porco-espinho', entretanto aquelas que conseguirem isso deverão ser recompensadas com um sucesso extraordinário. Para acelerar esse processo, o autor sugere o uso de três critérios: (1) determinar o que a empresa pode e não pode fazer melhor do que ninguém no mundo; (2) determinar o que impulsiona o motor econômico da empresa; e (3) determinar o que as pessoas da empresa fazem com intensa paixão.

Collins também salienta a importância de uma *abrangente cultura organizacional de disciplina*. Isso significa criar uma organização em que cada gerente e membro da equipe é movido por um senso de determinação incansável e interiorizado. Nesse tipo de empresa, cada indivíduo age como um empreendedor, com um investimento pessoal profundamente arraigado tanto em seu próprio trabalho quanto no sucesso empresarial. A disciplina manifesta-se sob a forma de uma devoção quase fanática aos objetivos, à adesão ao roteiro esboçado pelo 'conceito do porco-espinho' que fomentará a transformação do 'apenas bom' para o 'grandioso'.

Os negócios não devem depender somente da *tecnologia* para aumentar eficiência, reduzir custos indiretos e maximizar a vantagem competitiva. As empresas que dão o salto de grandiosidade abordam a perspectiva de novas e emergentes tecnologias com a mesma prudência e a deliberação cuidadosa que caracterizam todas as demais decisões corporativas. Além disso, essas empresas tendem a aplicar a tecnologia de modo a refletir seus 'conceitos do porco-espinho' — de modo geral selecionando e enfocando apenas o desenvolvimento de algumas tecnologias que são fundamentalmente compatíveis com seus pontos fortes e objetivos consolidados. Collins retrata o enfoque ideal à tecnologia com o seguinte ciclo: "Pare — Pense — Engatinhe — Ande — Corra".

Uma parcela significativa do valor do estudo *Good to great* está em sua orientação voltada ao *processo*. Collins descreve dois ciclos que demonstram o modo incremental como as decisões de negócios tendem a se acumular para o vantajoso ou o desvantajoso. Em ambos os casos, ocorre acúmulo — mais lento do que as pessoas imaginam — ao longo do tempo. O primeiro é o *ciclo vantajoso de negócios* que, em alguns casos, pode estimular a transição do bom para o grandioso; Collins chama a isso de "efeito acelerador". Ao tomar decisões e ações que reforçam e afirmam as competências de 'porco-espinho' da empresa, os executivos dão início a um movimento positivo. Isso, por sua vez, resulta no acúmulo de resultados positivos tangíveis, os quais servem para energizar e conquistar o investimento e a lealdade da equipe. Essa revitalização da equipe contribui para impulsionar o movimento. Se o ciclo continuar a se repetir dessa maneira, o salto para a grandiosidade provavelmente ocorrerá. Em contraste, o *doom loop* é caracterizado pela tomada de decisão reativa, uma disseminação excessiva por diversas áreas de concentração, seguindo tendências de vida curta, mudanças frequentes em liderança e pessoal, desânimo e resultados decepcionantes.

Relacionando esses resultados a seu trabalho anterior, *Built to Last*, Collins conclui que as empresas necessitam de um conjunto de *valores essenciais* para alcançar o sucesso sustentado no longo prazo; a busca por lucros não é suficiente. Esse propósito não precisa ser específico; mesmo que os valores compartilhados que impelem a empresa ao êxito sejam tão vagos quanto ser o melhor naquilo que fazem e atingir a excelência de modo consistente, isso deve bastar contanto que os membros da equipe estejam igualmente dedicados ao mesmo conjunto de valores.

A fórmula 4 + 2 para o sucesso sustentado nos negócios[2]

Joyce, Nohria e Roberson também conduziram, em parceria com a McKinsey & Co., um estudo revolucionário sobre a identificação das práticas gerenciais indispensáveis à geração de resultados superiores. Eles examinaram mais de 200 práticas gerenciais consolidadas que foram avaliadas em sua utilização durante dez anos, por 160 empresas.

O estudo demonstra que — sem exceção — as empresas que superaram seus concorrentes alcançaram excelência em quatro práticas gerenciais primárias — estratégia, execução, cultura e estrutura — e intensificaram suas forças nessas áreas com o domínio de duas (quaisquer) das quatro práticas gerenciais secundárias — talento, inovação, liderança e fusões e parcerias (daí a designação de 4 + 2). Os resultados indicam claramente que não importa se uma empresa implementa um dado sistema de software ou se opta por centralizar ou descentralizar seus processos de negócios. O que importa é como ela implementa essas decisões; que, qualquer que seja a tecnologia selecionada, sua implementação é impecável; que qualquer que seja a forma de organização escolhida, ela atenta para o impacto dessa decisão sobre sua capacidade de execução. Isso requer força em *todas* as quatro práticas primárias e *duas* ou *mais* das secundárias. Portanto, um desempenho vencedor depende de mais do que ter a estratégia certa; é necessário atingir excelência em seis ou mais dimensões de sucesso ao mesmo tempo. Mais do que isso, um único passo em falso em qualquer delas pode prejudicar com gravidade o desempenho empresarial ou, pior ainda, ser fatal.

Excelência nas quatro práticas primárias

O que significa alcançar a excelência ao estabelecer uma estratégia, executar, aculturar e estruturar? Inúmeras ferramentas, técnicas e estruturas — algumas das quais são descritas neste livro — foram desenvolvidas para ajudar executivos a dominar esssas práticas. Por exemplo, para melhorar a execução, eles utilizaram TQM (gestão de qualidade total, do inglês, *total quality management*), Kaizen e Seis Sigma, entre outras técnicas. O estudo de Nohria et al. demonstra que, embora essas ferramentas e técnicas sejam úteis, e até necessárias, para, digamos, racionalizar a execução ou desenvolver uma estratégia, não há uma única escolha óbvia que leve ao sucesso empresarial. Existem, no entanto, 'indicadores' de uma estratégia eficaz — execução, cultura e estrutura — que praticamente todas as empresas das mais bem-sucedidas em bases consistentes demonstraram por mais de dez anos.

Estratégia: criar e manter uma estratégia claramente definida e focada

Uma empresa pode optar por competir com baixos preços, alta qualidade ou excelente serviço, mas deve deixar claro qual é a estratégia escolhida e comunicá-la de modo consistente a clientes, funcionários, acionistas e outros *stakeholders* (grupos de interesse). Além disso, as estratégias de sucesso tendem a focar o crescimento; duplicar o tamanho do negócio principal e desenvolver um novo negócio de metade do porte do negócio principal a cada sete anos parecia ser o padrão das empresas de alto desempenho. Por fim, um evidente indicador de sucesso era que as estratégias eficazes começam com uma proposição de valor simples e focada, que esteja arraigada em um conhecimento profundo e certo sobre o púlbico-alvo de uma empresa e uma avaliação realista de suas competências.

Execução: desenvolver e manter uma execução operacional impecável

De acordo com o estudo, uma execução impecável é tão importante quanto uma estratégia sólida. As empresas vencedoras costumavam superar as expectativas dos clientes. Também aumentaram a produtividade em quase o dobro da média setorial e eram realistas sobre o que poderia ser atingido. Nenhuma empresa é capaz de superar seus concorrentes em todas as facetas de suas operações. Identificar quais processos são os mais importantes para atender às necessidades dos consumidores e concentrar as energias e os recursos corporativos em otimizar a eficiência desses processos é, portanto, de fundamental importância.

Cultura: desenvolver e manter uma cultura orientada ao desempenho

A cultura desempenha um papel significativo no sucesso empresarial. Desenvolver a cultura certa — aquela que promova um alto nível de desempenho e o comportamento ético, em vez de meramente propiciar um ambiente divertido — é essencial. De acordo com o estudo, nas empresas vencedoras, todos se dedicam ao máximo. Eles agem no contexto de uma cultura que estimula as contribuições individuais e grupais fora de série, aquela que tornam os funcionários — não só os gerentes — responsáveis pelo sucesso. Além disso, os vencedores não só se comparam com seus concorrentes imediatos, mas também buscam fora de seu setor um parâmetro adequado. Por exemplo, quando uma empresa de sucesso supera a concorrência em, digamos, eficiência logística, ela pode se perguntar: "Por que não podemos fazer isso melhor do que a FedEx?" Mesmo que a meta seja inatingível, ela pode representar uma oportunidade significativa a funcionários e gerentes de alto desempenho ao questionarem: "Se não podemos ser os melhores em logística, por que não terceirizar essa atividade a um parceiro que possa?"

Estrutura: desenvolver e manter uma organização rápida, flexível e horizontalizada

O excesso de foco em protocolos e procedimentos bem como de entraves burocráticos pode obstruir o progresso, sufocar o entusiasmo dos funcionários e minar a energia. As empresas de alto desempenho buscam eliminar a burocracia desnecessária — níveis extras de gerência, abundância de regras e regulamentações, formalidades obsoletas. Elas se esforçam para simplificar ao máximo suas estruturas e processos, não só para os funcionários, mas também para fornecedores e clientes. Novamente, essas constatações confirmam que o 'como' costuma ser mais importante do que o 'o quê' na estrutura organizacional. Nenhuma estrutura organizacional em particular diferenciou as empresas vencedoras das demais. Fez pouca diferença se elas se organizavam por função, geografia ou produto, ou ainda se responsabilizavam suas unidades de negócios por lucros e perdas. O que realmente importava era se a estrutura organizacional simplificava o trabalho.

Adesão a duas das quatro práticas secundárias

De muitas maneiras, as constatações do estudo sobre as quatro práticas gerenciais primárias são tão óbvias quanto intuitivas. Por outro lado, as conclusões sobre as práticas secundárias — talento, inovação, liderança e fusões e parcerias — são mais surpreendentes. Muitos executivos, em particular, tendem a crer que a excelência em dois dos fatores — talento e liderança — é no mínimo tão importante para o sucesso sustentado do que a excelência em cada uma das quatro práticas primárias. O estudo chega a conclusões diferentes. As empresas vencedoras complementaram seus pontos fortes nas quatro práticas primárias com um desempenho superior em *duas quaisquer* das secundárias. Não importava quais duas; não se identificou nenhum padrão dominante nas combinações delas. Mais do que isso, não fez diferença se a excelência foi alcançada em todas as quatro práticas secundárias em vez de apenas em duas; superar o '4 + 2' não trazia recompensa adicional.

Talento: reter os talentos e encontrar mais

O melhor teste de qualidade da base de talentos de uma empresa é a facilidade com que qualquer executivo que a deixe para se juntar a um concorrente pode ser substituído internamente. As empresas vencedoras contrataram seus principais executivos externamente com metade da frequência das empresas de baixo desempenho. De modo geral, cultivar talento internamente custa menos, é mais confiável e promove a continuidade e a lealdade. As organizações que focam o desenvolvimento de talentos dedicam recursos robustos — incluindo a atenção pessoal dos altos executivos — a criar e reter uma força de trabalho e uma equipe gerencial eficaz.

Inovação: realizar inovações que transformem o mercado

As empresas que atingem excelência em inovação concentram-se em descobrir novas ideias de produtos ou avanços tecnológicos que tenham o potencial de transformar seus setores de atuação, não apenas com melhorias marginais. Nessas empresas, a inovação extrapola o desenvolvimento de novos produtos e serviços; elas também aplicam novas tecnologias a seus processos de negócios, que podem render substanciais economias e, em alguns casos, têm o poder de transformar um segmento.

Liderança: encontrar líderes comprometidos com o negócio e as pessoas

Escolher o CEO certo pode elevar o desempenho em índices significativos. Dentre as qualidades mais importantes do principal executivo de uma empresa está a habilidade de construir relacionamentos interpessoais em todos os níveis da organização e de inspirar a equipe gerencial a fazer o mesmo. Outra delas é a capacidade do líder de identificar oportunidades e problemas precocemente. Alguns contam com a intuição; outros formam grupos especiais dentro da organização com a tarefa de estar a par das mudanças em todas as questões, desde as políticas até as demográficas. Ainda, outros contratam consultores externos ou acadêmicos para observar as tendências de mercado. Embora seus métodos possam variar, os líderes eficazes contribuem com a manutenção do sucesso de suas corporações, aproveitando as oportunidades antes de seus concorrentes e solucionando problemas antes que prejudiquem o desempenho em curso.

Fusões e parcerias: buscar o crescimento por meio de fusões e parcerias

Após a inovação, a busca por fusões e parcerias é a segunda rota mais procurada rumo ao crescimento. Embora muitas das organizações estudadas se envolvessem em algum tipo de fusão, somente um pequeno número delas — menos de um quarto — conseguiu fazer disso uma prática vencedora. Aquelas que estabelecem acordos relativamente modestos em bases consistentes têm mais chance de sucesso do que outras que fazem transações de grande vulto, porém ocasionais. As vencedoras fizeram as melhores escolhas: criaram valor na maioria dos acordos firmados, gerando em três anos retornos que ultrapassaram o prêmio pago. Em contraste, as empresas de baixo desempenho destruíram o valor para o acionista na maioria de seus acordos. Os bem-sucedidos não trataram as aquisições e parcerias de modo casual ou pontual. Investiram substanciais recursos financeiros e humanos no desenvolvimento de um processo eficiente e contínuo voltado ao fechamento de acordos; por exemplo, formar equipes dedicadas, compostas por indivíduos com as necessárias habilidades investigativa, financeira, comercial e de negociação. Era comum as empresas vencedoras terem um código de princípios — lições extraídas da experiência — que as capacitassem a escolher de forma mais consistente os parceiros certos e integrá-los rapidamente.

Estratégia e desempenho: uma estrutura conceitual

Embora haja divergência de ênfase ou detalhamento em parte das conclusões dos estudos citados, existe uma notável consistência nessas constatações. Elas demonstram claramente que no atual ambiente complexo de negócios, nenhum indivíduo sozinho — ou mesmo duas ou três pessoas de alto nível — pode fazer tudo que for necessário para tornar uma empresa bem-sucedida. O sucesso corporativo depende cada vez mais da disposição e da capacidade de cada gerente de não só cumprir suas responsabilidades funcionais ou divisionais, mas também pensar como suas ações afetam o desempenho organizacional como um todo. Sob essa perspectiva, o desempenho organizacional é, no fim das contas, o resultado de milhares de decisões e *trade-offs* feitos todos os dias por indivíduos em todos os níveis da organização. As escolhas desses indivíduos refletem suas aspirações, conhecimentos e incentivos e são, em geral, sensíveis ao contexto do que cada um sabe, enxerga e entende.[3]

Quando as estratégias não são implementadas com eficácia, não é muito útil questionar a racionalidade das pessoas. Também é igualmente improdutivo simplesmente reforçar as aspirações da organização ou estimular os funcionários a se esforçarem mais. Em vez disso, o foco deve estar em mudar o ambiente organizacional para encorajar tomadas de decisão alinhadas com os objetivos globais da empresa. Isso significa reexaminar quem toma quais decisões, assim como quais informações, restrições, ferramentas e incentivos afetam a maneira como eles avaliam tais decisões. Entender por que e onde se tomam decisões insatisfatórias é o primeiro passo para realinhar o ambiente organizacional com a estratégia escolhida.

A implementação bem-sucedida de estratégias só pode ocorrer quando as pessoas certas — munidas das informações corretas e motivadas pelos incentivos certos — têm autoridade clara para tomar decisões cruciais. Assim, desenvolver o modelo organizacional correto requer a identificação das atividades que são mais importantes para se atingir uma estratégia escolhida e também a definição dos atributos organizacionais que devem estar presentes para encorajar os comportamentos certos. Portanto, as empresas devem se concentrar em três dimensões fundamentais: pessoas, conhecimento e incentivos.

A Figura 2.1 mostra uma estrutura conceitual que retrata os vínculos complexos entre a estratégia e o desempenho de uma empresa. Ela possui três componentes inter-relacionados. O primeiro vincula o propósito corporativo à estratégia e à liderança. O segundo descreve o ambiente organizacional com cinco componentes, que interagem entre si: estrutura, sistemas, processos, pessoas e cultura. O terceiro associa a definição de desempenho corporativo a duas filosofias distintas de controle. Essa estrutura é útil na identificação de desafios e obstáculos reais ou potenciais para a implementação bem-sucedida de uma orientação estratégica escolhida. Ela também pode ser usada para analisar o processo de mudança estratégica.

Estratégia, propósito e liderança

O paradigma *estratégia–estrutura–sistemas* dominou por muitos anos o pensamento sobre o papel dos líderes corporativos. Desenvolvido na década de 1920, quando empresas como a General Motors começavam a experimentar estratégias de diferenciação, ele sustentava que a chave para se executar com sucesso uma estratégia complexa era criar uma estrutura organizacional correta e sistemas disciplinados de suporte ao planejamento e ao controle. Dessa maneira, pensava-se ser possível sistematizar o comportamento e minimizar ações ineficazes ou prejudiciais, e, portanto, ajudar os gerentes a lidar com a crescente complexidade associada a um empreendimento de múltiplos negócios.

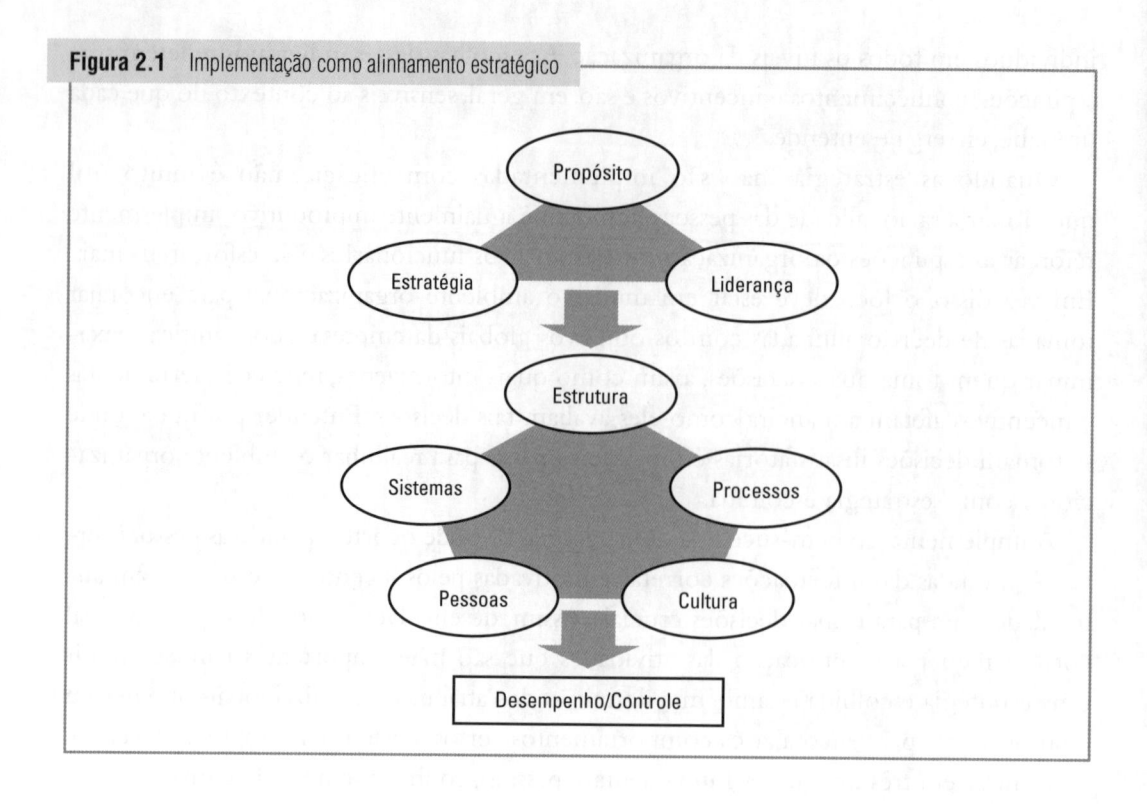

Figura 2.1 Implementação como alinhamento estratégico

- Propósito
- Estratégia
- Liderança
- Estrutura
- Sistemas
- Processos
- Pessoas
- Cultura
- Desempenho/Controle

Essa doutrina predominou durante a maior parte do século XX e ajudou as empresas a lidar com o crescimento rápido, a integrar suas operações horizontalmente, a gerenciar seus portfólios diversificados de negócios e a se expandir internacionalmente. Contudo, o advento da concorrência global e a revolução tecnológica reduziram muito sua eficácia. O que fora seu principal ponto forte — a minimização da iniciativa humana — tornou-se seu principal ponto fraco; as novas realidades competitivas pediam um novo impulso gerencial focado no desenvolvimento de competências corporativas, como inovação, empreendedorismo, coordenação horizontal e tomada de decisão descentralizada.[4]

Para lidar com a concorrência global mais intensa, os líderes corporativos começaram a articular um propósito estratégico de longo prazo mais amplo, fundamentado em um senso claro de propósito corporativo. Na verdade, eles redefiniram sua tarefa de 'estrategistas-chefe' para 'facilitadores-chefe' e procuraram formas de envolver funcionários de todos os níveis no processo de gestão estratégica. Altos executivos começaram a incluir em suas agendas itens como criar impulso organizacional, divulgar valores essenciais, desenvolver o capital humano e reconhecer as realizações individuais. No processo, a preocupação com soluções estruturais foi substituída por um foco no processo, e o raciocínio por trás dos sistemas foi redirecionado para o suporte ao desenvolvimento de competências e à liberação do potencial humano, em vez de ao controle do comportamento do funcionário.[5] Essa visão mais ampla e humanista da liderança estratégica reconhece que a disciplina e o controle estratégicos são garantidos pelo comprometimento, e não pelo simples cumprimento.

A parte superior da Figura 2.1 sintetiza essas importantes relações entre *a estratégia, a liderança e o senso de propósito* de uma empresa. O desenvolvimento e a implementação bem-sucedidos de uma estratégia requerem que esses elementos se reforcem mutuamente como uma base para se obter compromisso, foco e controle em todos os níveis da organização.

Estratégia e mudança organizacional

Muitos fatores — desde a rigidez estrutural e cultural até a falta de recursos adequados à aderência a processos não funcionais — podem reduzir a capacidade de uma empresa para absorver a mudança. Portanto, é importante que os executivos encarregados do desenvolvimento e da implementação de novas orientações estratégicas entendam a dinâmica das várias forças organizacionais em ação no ambiente de trabalho.

A parte intermediária da Figura 2.1 mostra cinco variáveis organizacionais — *estrutura, sistemas, processos, pessoas* e *cultura* — que são essenciais para a consecução de uma mudança organizacional efetiva. Como já foi dito, elas são interrelacionadas, o que explica por que a implementação bem-sucedida de uma nova estratégia geralmente exige uma mudança em todas as variáveis. Em outras palavras, esforços de implementação focados em apenas uma dessas variáveis estão fadados ao fracasso. Por exemplo, uma reorganização corporativa implementada sem a devida atenção a outras variáveis será, provavelmente, contraproducente. Estilo, habilidades e metas superordenadas — valores ao redor dos quais se constrói uma organização — são tão importantes quanto a estratégia ou a estrutura para viabilizar mudanças fundamentais em uma organização.

Estrutura

Para serem mais competitivas, muitas empresas livraram-se de níveis gerenciais inteiros e adotaram estruturas organizacionais mais 'horizontais'. À medida que se tornaram mais enxutas, o problema de 'como organizar' passou de uma divisão de tarefas para outra situação com o foco em questões de coordenação. Portanto, a questão da *estrutura* não se refere somente a decidir pela centralização ou pela descentralização da tomada de decisões. Em vez disso, envolve a identificação de dimensões essenciais para que uma organização seja capaz de se adaptar e evoluir estrategicamente e também a adoção de uma estrutura que lhe permita alterar seu foco conforme e quando for necessário.

Escolher o modelo correto para uma organização é difícil. A maioria delas não foi criada para apoiar uma estratégia específica, mas evoluiu com o tempo em resposta a uma variedade de forças de mercado conhecidas e desconhecidas. Encontrar o modelo correto torna-se ainda mais difícil à medida que as organizações vão ficando maiores, pois o crescimento aumenta a complexidade. Com o aumento da complexidade, o alinhamento dos interesses de um indivíduo com os da empresa torna-se muito mais difícil. Ainda assim, a meta deve ser a criação de um ambiente organizacional que aloque recursos de forma eficaz e que seja capaz de se corrigir naturalmente, sempre que forem necessárias mudanças estratégicas.[6]

Ao se considerarem opções estruturais, é importante perceber que não há 'uma forma certa de organização'; cada solução estrutural tem vantagens e desvantagens específicas. Além disso, as organizações não são entidades homogêneas; o que é certo para uma parte de uma organização ou para um determinado conjunto de tarefas pode não ser a melhor solução em outro caso. Entretanto, qualquer que seja a forma de organização utilizada, a *transparência* é essencial; a implementação de uma estratégia não ocorrerá de forma eficaz, se as linhas de autoridade não estiverem claras ou se as responsabilidades forem mal definidas.

As estruturas corporativas geralmente refletem uma das cinco abordagens dominantes para a organização: (1) Estruturas organizacionais *funcionais* fazem sentido quando uma tarefa específica requer esforços de um número substancial de especialistas. (2) Estruturas *geográficas* são úteis quando uma empresa opera em diversas regiões geográficas. (3) Estruturas *descentralizadas* (divisionais) têm provado ser capazes de reduzir a complexidade em ambientes de múltiplos negócios. (4) *Unidades estratégicas de negócios* ajudam a definir agrupamentos de negócios que compartilham elementos estratégicos principais. (5) *Estruturas matriciais* permitem múltiplos canais de autoridade e são as preferidas quando a coordenação entre diferentes interesses é essencial.

A importância crescente do capital humano e intelectual como fonte de vantagem competitiva tem encorajado as empresas a experimentar novos formatos organizacionais. Algumas delas estão criando estruturas organizacionais centradas na criação e na disseminação do conhecimento. Outras, em um impulso para se tornarem mais enxutas e ágeis, estão restringindo a propriedade ou o controle apenas àqueles recursos físicos e intelectuais que são essenciais para seu processo de criação de valor. Fazendo isso, elas ficam cada vez mais virtuais e dependentes de uma rede externa de fornecedores, fabricantes e distribuidores.

Sistemas e processos

Ter os *sistemas* e os *processos* corretos aumenta a eficácia organizacional e facilita a administração da mudança. Se forem mal alinhados, podem representar um obstáculo poderoso à capacidade de adaptação de uma organização. Portanto, é aconselhável verificar o efeito que sistemas e processos em vigor podem ter sobre a capacidade de implementação de uma estratégia específica.

Os *sistemas* de suporte de uma empresa, como os de planejamento, orçamento, contabilidade, informação e recompensa e incentivo, podem ser fundamentais para a implementação bem-sucedida das estratégias. Embora não definam, por si sós, uma vantagem competitiva sustentável, sistemas de suporte bem elaborados ajudam a empresa a se adaptar com mais rapidez e eficácia às necessidades em mudança. Um sistema de *planejamento* bem projetado garante que o processo seja ordenado, obtenha a atenção necessária dos altos executivos e tenha um equilíbrio entre o foco interno e o externo. Sistemas de *orçamento e contabilidade* são valiosos por oferecerem dados históricos precisos e definirem *benchmarks*, alvos e medidas de desempenho. Um sistema de *informação* de última geração apoia todos os demais sistemas corporativos e facilita a análise, assim como a comunicação interna e externa. Por fim, um sistema de *recompensa e incentivo* adequadamente estruturado é essencial para criar energia positiva por meio da motivação e do compromisso.

Um *processo* representa uma forma sistemática de fazer as coisas. Eles podem ser formais ou informais; definem os papéis e relacionamentos organizacionais e podem facilitar ou obstruir a mudança. Alguns processos ultrapassam as questões imediatas de implementação e têm foco explícito no desenvolvimento de uma capacidade maior de adaptação à mudança. Processos destinados a criar uma organização que aprende (*learning organization*) e a incentivar o aperfeiçoamento contínuo são bons exemplos.

Pessoas

Atrair, motivar e reter as *pessoas* certas passaram a ser importantes objetivos estratégicos. Depois de vários episódios de *downsizing* e *rightsizing* irresponsáveis, muitas empresas descobriram como é caro substituir conhecimento e talento. Como resultado, está se dando uma ênfase muito maior a atrair, recompensar e reter talentos, em todos os níveis da organização. O foco na melhoria contínua, por meio do desenvolvimento de habilidades, é um elemento importante dessa estratégia. Muitas empresas perceberam que desenvolver as habilidades de amanhã — individual e coletivamente — é a chave para a flexibilidade estratégica. Habilidades de liderança, especificamente, são cada vez mais demandadas. A concorrência mais intensa criou uma necessidade maior de liderança em todos os níveis da organização. A velocidade das mudanças e o crescimento da incerteza no ambiente estratégico também aumentaram a dificuldade de se oferecer uma liderança eficaz.[7]

Cultura

O desempenho de uma empresa está vinculado à força da cultura corporativa. Entre os elementos comuns de uma cultura forte podem ser incluídos: líderes que demonstram fortes valores alinhados com as condições competitivas; um compromisso da empresa para operar sob princípios bem disseminados e que não sejam facilmente abandonados; e uma preocupação com os funcionários, clientes e acionistas. Por outro lado, o desempenho abaixo da média nos lucros está associado a culturas corporativas fracas. Funcionários que trabalham nessas culturas relatam experiências de isolamento dentro da organização, o desenvolvimento de 'feudos', a prevalência de manobras políticas e a hostilidade à mudança.

A cultura corporativa é um sistema compartilhado de valores, premissas e crenças entre os funcionários e oferece orientação sobre como pensar, perceber e agir. Manifesta-se por instrumentos, valores compartilhados e premissas básicas. *Instrumentos* são processos visíveis ou audíveis, políticas e procedimentos que sustentam uma crença cultural importante. *Valores compartilhados* explicam por que as coisas devem ser como são; de uma forma geral, reforçam áreas de vantagem competitiva e podem ser encontrados na linguagem corporativa interna. As palavras podem ser bem definidas em declarações de missão e códigos de ética, ou ambiguamente incorporadas no linguajar da empresa. De um modo ou de outro, essas palavras ou frases são usadas para definir a imagem que uma empresa quer transmitir. Por exemplo, a Microsoft advoga uma cultura de alta energia, impulso, intelecto e empreendedorismo. Sua linguagem cotidiana está cheia de 'nerdismos' como 'superlegal' e 'totalmente aleatório'. Funcionários considerados como tendo 'maior envergadura' (pensadores criativos e agitados) são os mais respeitados.[8] Por fim, as *premissas básicas* são as razões invisíveis pelas quais os membros de um grupo percebem, pensam e se sentem de determinada maneira sobre questões operacionais. Elas são, algumas vezes, demonstradas em mitos e histórias que destacam os valores corporativos. Essas lendas têm um valor considerável, pois os funcionários podem se identificar com elas e compartilhá-las facilmente com os outros.

Devido a seu efeito acentuado sobre o comportamento e a eficácia dos funcionários, cada vez mais as empresas admitem que a cultura corporativa pode diferenciá-las dos concorrentes. Na United Parcel Service (UPS), por exemplo, a cultura é considerada um recurso estratégico, de importância crescente: "Gerenciar essa cultura para obter vantagem competitiva envolve três prioridades: recrutar e reter as pessoas certas, estimular a inovação e construir um 'modelo mental' do cliente".[9] Os executivos da UPS acreditam que a cultura é importante a ponto de a empresa gastar milhões de dólares, anualmente, em programas de treinamento e educação dos funcionários, sendo que uma grande parcela dessas despesas envolve a apresentação da cultura corproativa aos novos funcionários.

Uma cultura corporativa forte pode ser uma vantagem ou um empecilho em tempos de mudanças rápidas. Por um lado, a continuidade de valores fundamentais pode ajudar os funcionários a aceitar melhor os novos desafios e práticas ou a se ajustar a elas. Por outro, a cultura organizacional predominante de uma empresa pode inibir ou derrotar um esforço de mudança quando se teme as consequências dessa mudança. Por exemplo, em uma empresa em que a norma é a decisão pelo consenso, haverá certamente resistência a um estilo de tomada de decisões mais *top-down*. Similarmente, uma organização cujo foco está em resultados trimestrais vai resistir culturalmente a uma mudança para um horizonte de tempo de longo prazo. Essas reações não constituem uma resistência declarada à mudança. Em vez disso, representam respostas previsíveis estimuladas pelos elementos culturais há muito arraigados na organização. A falha em reconhecer os elementos culturais prevalecentes e trabalhar no âmbito deles pode frustrar planos de mudanças. Por exemplo, uma grande companhia farmacêutica que atua no mercado global descobriu que profissionais de P&D (pesquisa e desenvolvimento) resistiam a promoções para cargos gerenciais. Um estudo revelou que a resistência provinha de um viés da cultura organizacional, que pregava que eles evitassem competir com seus pares por promoções na carreira.[10]

O *balanced scorecard*

Os sistemas tradicionais de gestão de desempenho são geralmente planejados com base no orçamento e no plano operacional anuais e tendem a promover um comportamento tático de curto prazo. Para se criar uma mudança estratégica efetiva, é possível que esses sistemas tradicionais tenham de ser substituídos por um conjunto cuidadosamente selecionado de medidas que promovam um comportamento focado no desempenho e na estratégia.

O *balanced scorecard* é um conjunto de medidas que se propõe a fornecer a estrategistas uma visão rápida, mas ainda assim abrangente, dos negócios (Figura 2.2).[11] Desenvolvido por Robert Kaplan e David Norton, o *scorecard* impele os gerentes a olhar seu negócio sob as seguintes perspectivas: clientes, competências da empresa, inovação e aprendizagem e finanças. Ele fornece respostas para quatro perguntas básicas:

1. Como os clientes nos veem?
2. Em que devemos ser excelentes?
3. Podemos continuar a melhorar e criar valor?
4. Como parecemos aos olhos de nossos acionistas?

O *balanced scorecard* exige que os gerentes traduzam uma declaração de missão ampla *voltada para o cliente* em fatores que se relacionem diretamente às preocupações dele, tais como: qualidade do produto, entrega no prazo, desempenho do produto, serviço e custo. Medidas são definidas para cada fator, com base nas perspectivas e expectativas dos clientes, e os objetivos para cada medida são articulados e traduzidos em métricas específicas de desempenho. A Apple Computer Corporation usa o *balanced scorecard* para introduzir métricas de satisfação do cliente. Historicamente, era uma empresa com foco na tecnologia e no produto, que competia projetando computadores melhores. Fazer com que os funcionários se concentrassem em métricas de satisfação do cliente permitiu à Apple funcionar como uma empresa voltada para o cliente.

Medidas baseadas nos clientes são importantes, mas devem ser traduzidas naquilo que a empresa precisa fazer internamente para atender às expectativas deles. Uma vez que essas medidas estejam traduzidas em objetivos operacionais, tais como duração do ciclo de produção,

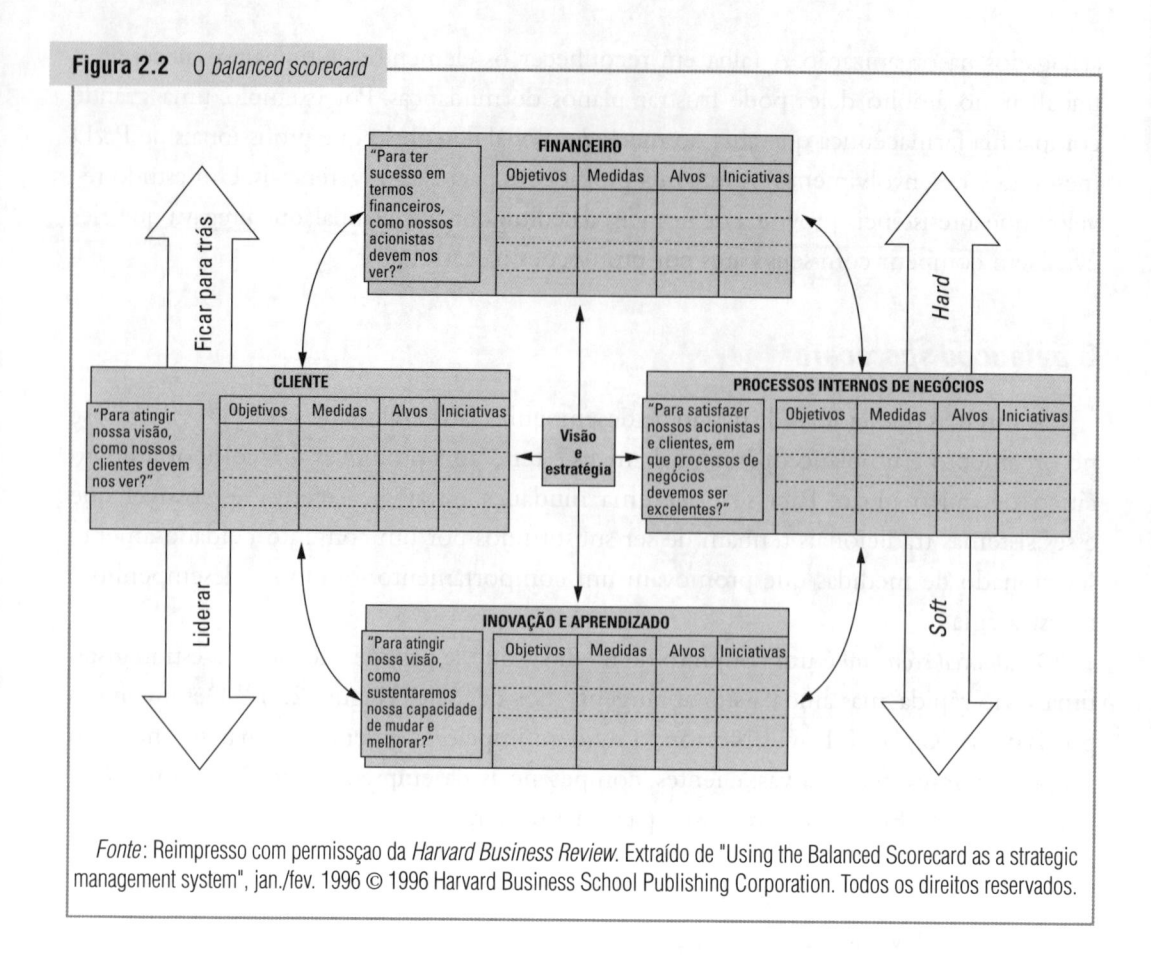

Figura 2.2 O *balanced scorecard*

FINANCEIRO
"Para ter sucesso em termos financeiros, como nossos acionistas devem nos ver?"

Objetivos	Medidas	Alvos	Iniciativas

CLIENTE
"Para atingir nossa visão, como nossos clientes devem nos ver?"

Objetivos	Medidas	Alvos	Iniciativas

Visão e estratégia

PROCESSOS INTERNOS DE NEGÓCIOS
"Para satisfazer nossos acionistas e clientes, em que processos de negócios devemos ser excelentes?"

Objetivos	Medidas	Alvos	Iniciativas

INOVAÇÃO E APRENDIZADO
"Para atingir nossa visão, como sustentaremos nossa capacidade de mudar e melhorar?"

Objetivos	Medidas	Alvos	Iniciativas

Ficar para trás / Liderar / Hard / Soft

Fonte: Reimpresso com permissçao da *Harvard Business Review*. Extraído de "Using the Balanced Scorecard as a strategic management system", jan./fev. 1996 © 1996 Harvard Business School Publishing Corporation. Todos os direitos reservados.

qualidade do produto, produtividade e custo, os gerentes devem se concentrar nos processos internos de negócios que possibilitem à empresa atender às necessidades de seus clientes.

As medidas de processos internos de negócios e baseadas no cliente relacionam-se diretamente com o sucesso competitivo. A capacidade de criar novos produtos, fornecer valor para os clientes e melhorar a eficiência operacional proporciona a base para a entrada em novos mercados, que impulsionam o aumento de receita, as margens e o valor para o acionista. Medidas de desempenho financeiro sinalizam se a estratégia da empresa e sua implementação estão atingindo os objetivos corporativos que se relacionam com lucratividade, crescimento e valor para o acionista. Medidas como fluxo de caixa, crescimento de vendas, receita operacional, participação de mercado, retorno sobre os ativos, retorno sobre o investimento, retorno sobre o patrimônio e preço das ações quantificam os efeitos financeiros das estratégias e vinculam-nas a outros elementos do *balanced scorecard*. Uma falha na conversão de uma melhoria no desempenho operacional, medido no *scorecard*, em uma melhoria no desempenho financeiro deveria forçar os executivos a repensar a estratégia da empresa.

A aplicação do *balanced scorecard* evoluiu para um sistema de gestão completo. Em essência, o *scorecard* engloba quatro processos gerenciais: traduzir uma visão, comunicar metas e vincular recompensas ao desempenho, melhorar o planejamento do negócio e acumular *feedback* e aprendizado. Separadamente, e combinados, os processos contribuem para atrelar objetivos estratégicos de longo prazo a ações de curto prazo.[12]

O objetivo de *traduzir uma visão* é esclarecer e obter apoio do funcionário para aquela visão. Para que as pessoas sejam capazes de atuar de maneira eficaz de acordo com uma declaração de missão, esta deve ser expressa como um conjunto integrado de objetivos e medidas baseados em reconhecidos impulsionadores de sucesso de longo prazo. A aplicação do *scorecard* é útil também para evidenciar *gaps* nos conjuntos de habilidades dos funcionários, na tecnologia da informação e em processos que possam tolher a capacidade de uma empresa de executar determinada estratégia.

Uma *comunicação* completa e abrangente é essencial para garantir que os funcionários entendam os objetivos da empresa e as estratégias que são desenvolvidas para atingi-los. Objetivos individuais e das unidades de negócios devem, então, ser alinhados com os corporativos para criar senso de propriedade e responsabilidade. A *vinculação de recompensas* ao *balanced scorecard* é um meio direto de mensurar e recompensar contribuições para o desempenho estratégico. Incentivos e medidas de desempenho objetivos e claramente definidos são essenciais para a criação do ambiente motivacional correto.

Criar um *balanced scorecard* força as empresas a integrar seus processos de planejamento estratégico e de orçamento. O resultado do processo de planejamento de negócios consiste em um conjunto de alvos de longo prazo em todas as quatro áreas do *scorecard* (clientes, processos internos, inovação/aprendizagem e finanças), um conjunto de iniciativas claramente definidas para atingir os alvos, uma alocação de recursos consensual para apoiar essas iniciativas e um conjunto de medidas apropriadas para monitorar o progresso. Nesse processo, o orçamento financeiro continua importante, mas não controla nem se sobrepõe aos outros elementos. Por fim, os gerentes devem obter *feedback* constante sobre as medidas de curto prazo do *balanced scorecard* para monitorar o progresso na consecução da estratégia de longo prazo e para aprender como o desempenho pode ser melhorado. Qualquer desvio dos resultados esperados indica que premissas sobre as condições do mercado, pressões competitivas e capacidades internas precisam ser revistas. Dessa maneira, esse *feedback* ajuda a avaliar se uma estratégia escolhida precisa ser revisada à luz de informações atualizadas sobre as condições competitivas.

Desempenho e controle

A maioria dos métodos de mensuração e avaliação do desempenho em diferentes níveis organizacionais — do valor econômico agregado ao *balanced scorecard*, passando pela análise de *gap* — tem seu foco no *controle dos resultados*: atingir alvos específicos na busca por metas específicas. O controle de resultados é obtido principalmente pela alteração da estrutura de incentivos para as unidades de negócios, para as equipes executivas e para gerentes individuais. No entanto, quando mudar uma cultura corporativa existente for fundamental para melhorar o desempenho ou implementar uma nova orientação estratégica, como, por exemplo, no caso de uma fusão ou de uma aquisição, a gestão dos resultados pode não ser suficiente. Em vez disso, pode ser necessário um estilo de gestão de *controle do comportamento*. Sob esse controle, a empresa monitora diretamente o comportamento de unidades específicas de negócios, equipes executivas ou cada gerente, por exemplo, pela aprovação de solicitações de dispêndio de capital ou decisões específicas de contratação ou promoção.

O papel do conselho

Criar uma cultura de alto desempenho é crucial para a principal missão de um conselho de administração, que consiste em 'dirigir os negócios da empresa'. A primeira e fundamental responsabilidade de um conselho é determinar e dar prioridade aos elementos sobre os quais ele deve focar sua atenção e esforços, dadas as circunstâncias singulares de uma empresa em particular.[13] Em suma, para criar uma cultura de alto desempenho, um conselho deve:

1. *Definir seu papel, sua pauta e suas necessidades de informação.* Os conselhos devem definir suas prioridades e uma visão do que mais importa ao sucesso da empresa. Dessa forma, poderão prover orientação e apoio significativos ao corpo gerencial. O conselho necessita conhecer o negócio da empresa e o ambiente competitivo em que ela atua, em cooperação — mas sem relação de dependência — com a gerência. Essa tarefa é importante, pois até os melhores gerentes enfrentarão potenciais conflitos ou pontos cegos sobre desempenho, estratégia ou riscos.
2. *Assegurar que a gerência não só execute, mas execute com integridade.* Selecionar, monitorar e remunerar os executivos da empresa e, quando necessário, substituí-los continua residindo no cerne da atividade do conselho. A diretoria deve avaliar a integridade de seu corpo gerencial não só no momento inicial da decisão de sua contratação, mas também em bases contínuas, ao analisar questões propostas e apresentadas pela gerência, avaliar seu desempenho, determinar sua remuneração e planejar sua sucessão e desenvolvimento gerencial.
3. *Estabelecer expectativas sobre a postura e a cultura da empresa.* Associado à avaliação contínua da integridade dos executivos, o conselho exerce um papel importante ao garantir que eles estejam promovendo uma cultura ética adequada dentro da empresa. Somente o conselho está em posição de examinar se a alta gerência adota a postura e

a cultura apropriadas, tanto nas mensagens que disseminam pela organização quanto as expressas no comportamento gerencial. Os padrões de ética e conduta empresarial que são seguidos — ou não — por toda a empresa impactam o resultado financeiro de muitas maneiras. 'Dar o tom' deve ser uma prioridade a permear todos os níveis organizacionais e não meramente uma questão de aderência.

4. *Formular a estratégia corporativa em conjunto com a gerência.* Após contratar a melhor e mais confiável equipe gerencial disponível, o conselho deve desafiá-la a propor e continuamente refinar a estratégia corporativa. Uma vez aprovado o rumo estratégico em conjunto com a gerência, o conselho deve determinar os *benchmarks* que evidenciarão o sucesso ou o fracasso na consecução dos objetivos estratégicos, para então regularmente monitorar o desempenho em relação a esses objetivos. Isso tudo requer profundo conhecimento da empresa, seu segmento de atuação e cenário competitivo, além de exigir do conselho um controle ativo sobre sua pauta e as informações disponíveis para isso. Também demanda o desenvolvimento de uma clara compreensão entre o conselho e a equipe da alta gerência sobre exatamente quais assuntos devem ser levados ao conselho e em qual prazo, além de sob quais circunstâncias ele deve ser informado de uma questão crucial emergente.

5. *Assegurar que a cultura corporativa, a estratégia acordada, a remuneração de incentivo à gerência e a abordagem da empresa a auditoria e contabilidade, controles internos e demonstrações financeiras sejam consistentes e estejam alinhadas.* Um conselho que esteja ativamente engajado na supervisão estratégica e que possua um profundo conhecimento sobre os principais impulsionadores do desempenho e da cultura corporativos, está em boa posição para garantir que o enfoque da empresa a remuneração, demonstrações financeiras, controles internos, risco e aderência às normas sejam complementares entre si.

6. *Ajudar a gerência a compreender as expectativas dos acionistas e órgãos reguladores.* Os conselhos agregam substancial valor quando contribuem para que a gerência saiba lidar com o complexo contexto em que a empresa atua e receba apoio para se concentrar nos interesses de longo prazo da empresa e de seus acionistas.

Kocourek, Burger e Birchard propõem 12 perguntas que os conselhos deveriam fazer ao desempenhar suas responsabilidades de supervisão:

1. A gerência tem uma estratégia e um plano operacional abrangentes para possibilitar que a empresa realize seu potencial de desempenho? (Orientação estratégica)
2. Os recursos humanos, financeiros, físicos e outros de suporte necessários ao sucesso estão disponíveis e adequadamente alocados? (Alocação de recursos)
3. O CEO proporciona a liderança exigida pela empresa e a organização tem um plano de sucessão para essa posição? (Gestão)

4. Os sistemas de informação financeira, os processos de controle e de delegação de decisões e as responsabilidades de prestação de contas estão estabelecidos e auditados? (Responsabilidade financeira)
5. A gerência usa um sistema eficaz de indicadores-chave de desempenho para monitorar e controlar o desempenho operacional? (Controles operacionais)
6. Existem mecanismos para assegurar a conformidade com leis e normas de proteção ao consumidor, aos funcionários e à comunidade? (Proteção às partes envolvidas)
7. A gerência relata, controla e subsidia todas as disputas de natureza legal, financeira ou reguladora de maneira adequada? (Litígio e disputas)
8. Existem processos eficazes de gestão de riscos para impedir ou corrigir crises físicas ou financeiras? (Crises e contingências)
9. O conselho entende e apoia adequadamente a definição de prioridades de curto, médio e longo prazos da gestão? (Prioridades da gestão)
10. Como o desempenho financeiro e de mercado da empresa se comparam com seu desempenho histórico, desempenho projetado e desempenho de seus concorrentes? (Desempenho passado e presente)
11. Que pontos fortes e fracos competitivos, forças de mercado ou impulsionadores da dinâmica de lucro determinaram os resultados de desempenho? (Causas subjacentes)
12. Quais são os objetivos e os limites aceitáveis para o crescimento da empresa, a lucratividade e o aumento do valor para o acionista? (Potencial de desempenho)[14]

Essas questões sugerem que um foco estreito, com base apenas em dados contábeis, é inadequado; os membros do conselho precisam ter acesso a um mix de indicadores para serem capazes de julgar o desempenho de uma corporação. O modelo ideal para obtenção de informações é a abordagem *push and pull*, na qual as empresas fornecem regularmente ao conselho manuais padronizados com informações atuais, abrangentes e apresentadas de forma consolidada e em ordem de importância, permitindo que os diretores solicitem — e recebam com razoável rapidez — quaisquer outras informações que desejem.

Notas

1. COLLINS, Jim. *Good to great: why some companies make the leap... and others don't*, Nova York, Harper Collins, 2001; e COLLINS, Jim; PORRAS, Jerry I. *Built to last: successful habits of visionary companies*, Nova York, Harper Collins, 1994.
2. JOYCE, William; NOHRIA, Nitin; e ROBERSON, Bruce. *What really works: the 4 + 2 formula for sustained business success*, Nova York, Harper Collins, 2003.
3. BENNETT, Jeffrey W.; PERNSTEINER, Thomas E.; KOCOUREK, Paul F.; e HEDLUND, Steven B. "The organization vs. the strategy: solving the alignment paradox", *Strategy + Business*, último trimestre 2000.

4. BARTLETT, Christopher; GOSHAL, Sumantra. "Changing the role of top management: from strategy to purpose", *Harvard Business Review*, nov. 1994, p. 79.
5. Obviamente não é coincidência que, durante esse mesmo período, a visão do pensamento estratégico baseada em recursos ultrapassou a perspectiva de economia industrial. Veja o Capítulo 1.
6. NEILSON, Gary; KLETTER, David; e JONES, John. "Treating the troubled corporation", *Strategy +Business*, primeiro trimestre 2003.
7. KOTTER, John P. *The leadership factor*. Nova York: The Free Press, 1988, p. 12.
8. REBELLO, K.; SCHWARTZ, E.I. "Microsoft: Bill Gates's baby is on top of the world. Can it stay there?", *Business Week*, 19 abr. 1999.
9. SOUPATA, L. "Managing culture for competitive advantage at United Parcel Service", *Journal of Organizational Excellence*, 20 (3), 2001, p. 19–26.
10. ROSS, J.R. "Does corporate culture contribute to performance?", *American International College Journal of Business*, primavera 2000, p. 4–9.
11. KAPLAN, R.; NORTON, D.P. "Building a strategy focused organization", *Ivey Business Journal*, mai./jun. 2001, p. 12–17.
12. KAPLAN, R.; NORTON, D.P. "Leading change with the Balanced Scorecard", *Financial Executive*, set. 2001, p. 64–66.
13. MILLSTEIN, Ira M.; GREGORY, Holly J.; e GRAPSAS, Rebecca C. "Six priorities for boards in 2006", Weil Briefing: Corporate Governance, jan. 2006.
14. KOCOUREK, Paul F.; BURGER, Christian; e BIRCHARD, Bill "Corporate governance: hard facts about soft behaviors", *Strategy + Business*, primeiro trimestre 2003.

CAPÍTULO 3

ANÁLISE DO AMBIENTE ESTRATÉGICO EXTERNO

Introdução

Mudanças no amplo *ambiente econômico, tecnológico, político e sociocultural*, que geralmente fogem ao controle de qualquer organização individual, podem ter um efeito profundo no sucesso de uma empresa. A globalização tem aumentado a interdependência entre as principais economias mundiais e intensificado a concorrência em muitos setores. No processo, setores inteiros se reestruturaram com base na desconstrução de cadeias de valor, novas formas de competição emergiram e 'corporações virtuais' se tornaram uma realidade. Mudanças demográficas ou sociais, como o envelhecimento da população, a entrada de grande número de mulheres no mercado de trabalho ou a renovação do interesse em questões de qualidade de vida, criaram novas oportunidades e impuseram uma ameaça a diversos negócios existentes. A revolução tecnológica mudou a forma como vivemos, trabalhamos e descansamos e fez proliferar diversos setores totalmente novos.

Com a intensificação da competição global, os vencedores não serão aqueles que controlam recursos naturais ou mesmo capital físico, mas sim os detentores de ideias e tecnologia — recursos que não são restringidos por propriedade ou geografia nem governados por regras tradicionais de escassez ou de economias de escala. Ao mesmo tempo, o centro de gravidade da atividade econômica continuará a se deslocar. Nos próximos anos, o crescimento global dos negócios provavelmente não terá mais origem nos Estados Unidos, na Europa Ocidental ou no Japão, mas nos países em desenvolvimento.

Neste capítulo, analisaremos como o processo da globalização em geral e as tendências globais específicas, tais como o envelhecimento da população mundial, a urbanização e o uso da tecnologia da informação, estão remodelando o ambiente estratégico empresarial e apresentaremos uma estrutura para analisar a incerteza, que é essencial para o desenvolvimento eficaz de uma estratégia em um contexto de mudança. Também abordaremos a análise de cenário, uma técnica para definir e avaliar alternativas de futuro. Concluiremos levando em consideração o frequente questionamento sobre se o composto entre negócios e sociedade está mudando e qual o provável impacto disso sobre a formulação de estratégias e o comportamento corporativo.

Globalização

A globalização como força política, econômica, social e tecnológica parece incontrolável. Embora fronteiras entre países e regiões tenham significados políticos, elas desapareceram por completo no mapa competitivo global. O fluxo de informações cada vez mais acelerado pelo mundo permitiu às pessoas conhecer os gostos, as preferências e o estilo de vida dos cidadãos de outros países. Por meio desse fluxo de informações estamos nos tornando — em diferentes velocidades e, pelo menos, em termos econômicos — cidadãos globais. Essa 'californização da demanda'* é controversa, e até ofensiva, para aqueles que consideram a globalização uma ameaça a sua identidade e seu estilo de vida. Não é de surpreender, portanto, que a globalização tenha evocado forças de contra-ataque destinadas a preservar, se não aprofundar, um senso de identidade local. Ainda assim, ao mesmo tempo, cada vez mais tiramos proveito daquilo que a economia global tem a oferecer — usamos celulares da Nokia, dirigimos BMWs, calçamos tênis Nike, bebemos Coca-Cola e café da Starbucks, comemos hambúrgueres do McDonald's e compramos no eBay. Isso é igualmente verdadeiro para os hábitos de compra das empresas. As fronteiras de mercado para os serviços da IBM ou para as turbinas de avião da GE não são mais definidas em termos políticos ou geográficos. Em vez disso, é o valor intrínseco que define sua atratividade. Gostemos ou não, estamos vivendo em uma economia global.

Entendendo a globalização

Quando falamos em 'globalização', é importante discutir os termos que a definem. Os economistas dão destaque ao comércio e consideram o fluxo livre de capital como base da definição. Uma caracterização diferente da globalização está centrada no fluxo de tecnologia avançada e de informação em tempo real como aspectos importantes da moderna economia mundial. Outros ainda apontam para a crescente influência de atores não estatais em relação àquela dos Estados nacionais, sejam eles organizações não governamentais (ONGs), corporações multinacionais ou organizações supranacionais. Existem também inúmeras caracterizações religiosas e culturais.[1]

Subjacente a esses pontos de vista existe uma diferenciação entre os aspectos políticos, econômicos, tecnológicos e, agora, psicológicos da globalização. Embora esteja entre nós há mais de cem anos, a ideia de globalização como um processo primário de remodelação

---

* A tese do consultor japonês Keinichi Ohmae sobre hábitos de consumo, chamada de 'californização da demanda', sustenta que a globalização de marcas famosas homogeneizaria a demanda e que grifes como Versacce, Gucci, Ferrari, Rolex incendiariam indistintamente as fantasias de consumo de todos os povos da Terra. Algo como imaginar que todos sonhariam galgar o status de consumidores sofisticados, como os da Califórnia (N. da T).

do mundo coincide com o colapso do comunismo em 1989, que marcou o início da *globalização política*.² Como resultado, muitos países optaram pela democracia e por economias de mercado; eles desregulamentaram setores, privatizaram empresas estatais e liberaram fluxos de capital. O comércio e os investimentos nos países aumentaram, e a livre iniciativa começou a florescer em escala mundial, assim pondo em movimento a *globalização econômica*. O ritmo acelerado da globalização econômica que se seguiu não teria ocorrido sem uma terceira força potente: a *globalização tecnológica*. Nos últimos 20 anos, esses três componentes do processo de globalização se alimentaram mutuamente e juntos criaram uma nova força que molda muitos dos desafios estratégicos de hoje: a *globalização psicológica*, definida como a *convergência gradual das expectativas humanas em uma escala global*.

Regionalismo: um ponto de partida no caminho rumo a uma economia global?

A globalização ainda é, em grande parte, um trabalho inacabado. O comércio e os investimentos estrangeiros entre os chamados países da Tríade — Estados Unidos, União Europeia e Japão — ainda respondem pela maior parte da atividade econômica global, e mais de quatro quintos das 500 maiores empresas de capital aberto ainda estão sediados na Tríade.³

Dados do Banco Mundial indicam que os *blocos de comércio regional* respondem por cerca de 60 por cento do comércio mundial. A recém-ampliada União Europeia (UE) cresceu, passando a responder por quase um quarto de todo o comércio mundial. O Nafta (Acordo de Livre Comércio da América do Norte) possui atualmente apenas três membros — Canadá, Estados Unidos e México —, mas responde por aproximadamente 8 por cento do comércio mundial. A Asean (Associação de Nações do Sudeste Asiático) coordena as políticas de comércio e promove a cooperação econômica no sudoeste da Ásia. O Euromed é um grupo composto por 12 países mediterrâneos que concordaram em estabelecer uma zona de livre comércio até 2010. A Apec (Cooperação Econômica da Ásia e do Pacífico) consiste em 18 países do Extremo Oriente que esperam criar "livre comércio e investimentos na região" até 2010 para seus membros de alta renda e até 2020 para os demais. Por fim, o Mercosul (Mercado Comum do Sul) é um pequeno bloco de comércio, que representa 0,3 por cento do comércio mundial, tendo como membros Argentina, Brasil, Paraguai, Uruguai e Venezuela.

Alguns analistas veem o regionalismo como um ponto de partida em direção a uma economia verdadeiramente global; outros argumentam que ele é simplesmente um substituto para as 'soluções reais' dos problemas e pressões criados pelo processo de globalização. Se esse último argumento for verdadeiro, o regionalismo pode na verdade aumentar tensões à medida que países e sociedades 'semelhantes' criem estruturas econômicas e políticas que sejam difíceis de mudar posteriormente. Isso sinalizaria também que o livre comércio em escala global provavelmente não se tornaria realidade em um futuro próximo.

Potências emergentes: Índia e China

Na segunda metade do século XX, o Japão ganhou proeminência econômica. Atualmente, a Índia e a China estão no limiar de um avanço semelhante. O PIB da Índia registrou um crescimento anual de mais de 5 por cento nos últimos cinco anos, e, segundo algumas medidas, a economia da China já é maior que a da Alemanha.

Na Índia, os investimentos estão crescendo; há um afluxo de capital externo e de tecnologia, uma concorrência no estilo ocidental está se estabelecendo e a intervenção estatal está diminuindo. Ela se tornou o país de escolha para desenvolvimento de software e prestação de muitos outros serviços para empresas ocidentais e asiáticas.

A China tornou-se o país preferido para atividades de manufatura. Sua imensa população proporciona uma oferta contínua de mão de obra barata. Com a conclusão das conversações da Rodada Uruguai, além da inclusão da China na Organização Mundial de Comércio (OMC), grande parte das barreiras tradicionais ao fluxo global de bens e capital foi eliminada. Ao escancarar suas portas aos investimentos estrangeiros, enfatizar a formação de tecnólogos e proporcionar grandes incentivos à transferência de tecnologia, a China combinou mão de obra barata com tecnologia para criar uma importante vantagem competitiva global. E já é o maior parceiro comercial do Japão, da Coreia e de muitas outras economias-chave da Ásia.

Entretanto, o progresso econômico chinês ainda é irregular. Em algumas regiões, a Coca-Cola está disponível, mas é distribuída por mulas; a maior parte da distribuição ainda é feita por bicicletas ou motonetas. Mesmo assim, reconhecendo o grande potencial do país, um número substancial de empresas norte-americanas, como KFC, Motorola, Elizabeth Arden e Nike, começou a fazer negócios na China. Guangdong é o maior mercado de xampu da Procter & Gamble fora dos Estados Unidos. A Coca-Cola domina o mercado de refrigerantes, com engarrafadoras em 24 localidades e muitas outras sendo planejadas. Outras empresas norte-americanas que fizeram grandes investimentos na China são ARCO, Amoco, United Technologies, Pepsico, Lucent Technologies, General Electric, General Motors, Hewlett-Packard e IBM.

Uma questão crucial para as empresas ocidentais que fazem negócios com a China é que o governo ainda controla muitos aspectos do ambiente empresarial. As que tentam competir com empresas nacionais pelo mercado chinês talvez não encontrem um caminho tão fácil quanto aquelas que geram produtos de alta tecnologia ou exportações que os líderes chineses estão tão ávidos por ver expandir. A Motorola é estimulada a vender telefones celulares contanto que os produza na China. A Boeing vende aviões a jato para o país, mas deve envolver subcontratantes locais e o treinamento de cidadãos chineses para manutenção. O desafio de desenvolver uma presença na China é, portanto, muito diferente daquele encontrado nos Estados Unidos ou na Europa Ocidental. Na China, existem poucas empresas totalmente norte-americanas. A maioria são *joint-ventures*, frequentemente com intermediários, tanto do território chinês como de outra parte do Sudeste da Ásia.

A China também não conta ainda com um sistema judiciário consistente, de fácil compreensão e aplicado universalmente. Existem apenas proteções legais rudimentares e limitadas das quais as empresas estrangeiras podem se valer. Isso faz com que vultosos investimentos, em um mercado considerado fundamentalmente atraente, seja algo de extremo risco.

À medida que as economias asiáticas decolam, cada vez mais as multinacionais ocidentais tradicionais enfrentam forte concorrência de rivais asiáticas recém-emergentes, focadas em fazer grandes incursões tanto nos mercados ocidentais quanto nos asiáticos. Por exemplo, a Ranbaxy Laboratories, a maior indústria farmacêutica da Índia, já se tornou um dos principais fabricantes de genéricos na Europa e nos Estados Unidos. A Samsung Electronics e o HSBC seguiram um caminho semelhante para o sucesso global; cada uma delas desenvolveu competências únicas em seus mercados domésticos para então transferi-las com eficiência para a Europa e os Estados Unidos.

A tectônica global e suas implicações estratégicas[4]

Embora há 20 anos pouquíssimas empresas pudessem ser chamadas de globais, hoje em dia praticamente todas são afetadas pela globalização. A maturidade de muitos mercados ocidentais forçou as empresas a se expandirem além dos limites do mundo desenvolvido para áreas com maior potencial, que carregam um risco muito maior do que aquele com o qual elas estão acostumadas. Uma maior participação nos mercados internacionais significa aventurar-se em outras culturas, frequentemente desconhecidas, lidar com diferentes agências e estruturas regulatórias e expor-se a um nível mais elevado de riscos políticos e monetários. A incerteza geopolítica tornou-se um fator cada vez mais importante na formulação da estratégia corporativa. Empresas multinacionais atuam no momento em pelo menos 70 países classificados como de 'médio' a 'extremo' risco, e mais de $150 bilhões estão investidos em 50 países classificados como 'consideravelmente' ou 'muito' corruptos, segundo o índice de percepção de corrupção *Transparency International Corruption Perceptions*, do *Control Risks Group*, uma empresa de consultoria sediada em Londres.[5]

Tectônica global

Recentemente, o Penn State Center for Global Business Studies completou um estudo abrangente sobre as mais prováveis tendências globais que representarão os desafios mais significativos aos líderes empresariais no futuro. Os autores usam o termo 'tectônica global' para descrever o processo pelo qual as tendências em desenvolvimento na tecnologia, na natureza e na sociedade lentamente revolucionam o ambiente de negócios, de modo análogo à forma como as placas tectônicas da Terra movimentam o solo sob nossos pés.

O projeto classifica os movimentos tectônicos em sociais, tecnológicos ou ambientais. Os *ambientais* surgem das interações entre as pessoas e seu ambiente, tais como o crescimento da população mundial ou o fenômeno da urbanização. Eles impactam a gestão de recursos, a saúde e a qualidade de vida das pessoas ao redor do mundo. Os *tecnológicos* — avanços em biotecnologia, nanotecnologia e sistemas de informação — potencializam o crescimento e o desenvolvimento econômico, a integração global e a velocidade com que a economia global torna-se uma economia do 'conhecimento'. Os *sociais* representam as mudanças em governança internacional e nos valores políticos e culturais, tais como a atual onda de democratização, desregulamentação e reforma governamental.

Doze tendências globais

O Projeto identificou 12 tendências globais que mais provavelmente representarão os desafios mais significativos nos próximos 30 anos. Desdobramentos em áreas como demografia, doenças infecciosas, degradação de recursos, integração econômica, nanotecnologia, conflito internacional e governança acarretarão sérias consequências à estratégia corporativa. Elas podem reformular empresas ou setores inteiros. As empresas que estiverem em sintonia com esses desafios, prepararem-se para enfrentá-los e reagirem adequadamente terão mais chances de prosperar; aquelas que os ignorarem arriscarão a própria sorte.

1. *Tendências demográficas.* Por todo o planeta, as tendências demográficas transformam sociedades, mudam padrões de atividade econômica, criam novas dependências econômicas e sociais e alteram o cenário geopolítico:
    - A população mundial está crescendo — rápido — dos 6,4 bilhões atuais para uma expectativa de 7,8 bilhões até 2025 e 9 bilhões até 2050.
    - Ao mesmo tempo, a taxa de crescimento da população global está diminuindo, sobretudo nos países avançados, tornando improvável uma 'explosão demográfica global'.
    - O crescimento é mais elevado nas áreas do mundo menos capacitadas a sustentá-lo.
    - O crescimento global assimétrico mudará a equação política global e poderá gerar atritos.
    - Novos padrões de migração e imigração surgirão.
    - Populações idosas na Europa, nos Estados Unidos e no Japão representarão os principais desafios tanto para o setor público quanto para o privado.

As implicações estratégicas desses movimentos são de longo alcance. À medida que os mercados das nações avançadas forem amadurecendo, as economias das nações em desenvolvimento vão decolar, dessa forma alterando o crescimento econômico, o fluxo de capital, os gostos e as preferências dos consumidores, bem como o uso dos recursos naturais e 'estratégicos', incluindo alimentos, água e energia.

Nas economias avançadas, onde os mercados foram amplamente moldados pelos valores, hábitos e preferências da população mais jovem, um novo e potencialmente mais lucrativo nicho formado por indivíduos com mais de 50 anos está surgindo para um crescente número de produtos e serviços. Na área financeira, essa divisão já ocorreu. A população abaixo de 45 anos — com uma perspectiva de longo prazo e um perfil de risco diferente dos aposentados — possui objetivos de investimento bastante diversos do grupo acima de 50 anos, que estão principalmente interessados em fundos mútuos ou renda vitalícia (*deferred annuities*). De modo análogo, os mais idosos consomem uma parcela maior de serviços e outros bens intangíveis, enquanto os mais jovens preferem adquirir bens tangíveis.

O gradual envelhecimento da população nos países avançados também está criando uma divisão no mercado de trabalho em duas forças distintas, de forma geral composta pelos abaixo de 50 anos e os acima dessa faixa etária, respectivamente. Essas duas forças de trabalho tendem a se distinguir acentuadamente em suas necessidades e comportamentos bem como nas funções que ocupam. O grupo mais jovem buscará uma renda constante de um emprego permanente, ou ao menos uma sucessão de empregos em período integral. O grupo que envelhece rapidamente terá mais escolhas e conseguirá combinar empregos tradicionais, formas de trabalho não convencionais e lazer na proporção que melhor lhes convier. O contingente de mulheres, que atualmente supera o de homens na educação de nível superior nos Estados Unidos, cada vez mais busca oportunidades flexíveis de trabalho nas novas tecnologias do conhecimento. Uma enfermeira, uma técnica em informática ou uma assistente jurídica podem agora tirar alguns anos de licença para cuidar dos filhos antes de retornar ao trabalho em período integral. Tais empregos são os primeiros na história da humanidade a se adaptarem bem às necessidades especiais das mulheres e a sua crescente longevidade.

2. *Urbanização*. A migração das áreas rurais para as urbanas rapidamente assume as proporções de um grande desafio. Embora atualmente menos de metade da população mundial viva nas cidades, até 2030 esse número deve aumentar para quase 60 por cento. Quais são as implicações disso?
   - Os governos locais e federais serão mais pressionados a fornecer a necessária infraestrutura e serviços sociais.
   - Crescente potencial para volatilidade social, econômica e de saúde e segurança.
   - Megacidades — com 10 milhões ou mais de habitantes — vão se tornar lugares-comuns; o desenvolvimento rural pode arrastar-se.

Essas tendências apresentam grandes oportunidades de negócios. Para oferecer boas condições de vida, as megacidades dependem de inovação, investimento e crescimento econômico. Setores como os de transporte, habitação, tratamento de resíduos e reciclagem terão que se adequar. Também haverá oportunidades nas áreas rurais para preencher a lacuna que se expande entre as economias urbanas e rurais.

3. *Disseminação de doenças infecciosas.* À medida que crescem os níveis de migração e de fluxo de trabalho e bens entre fronteiras, aumenta a probabilidade de ocorrência de epidemias e a disseminação de doenças infecciosas. O impacto disso sobre o crescimento econômico e o desenvolvimento pode ser enorme; em muitos países em desenvolvimento, o vírus HIV da AIDS prejudicou a força de trabalho e sobrecarregou sistemas sociais, como educação e saúde. A ameaça de terrorismo biológico também se torna mais real a cada dia.

Muitas das soluções para esses problemas terão de ser supridas pela iniciativa privada — desde a provisão de uma infraestrutura de saúde até o desenvolvimento de novas gerações de medicamentos e de sistemas de resposta a calamidades.

4. *Tratamento de resíduos.* As estratégias de muitas empresas ao redor do mundo dependem da disponibilidade de recursos essenciais como água, alimentos e energia. O acesso à água potável em abundância constitui uma preocupação fundamental em muitas áreas e um fator determinante de crescimento e investimentos locais. Previsões conservadoras sugerem que conflitos futuros sobre os recursos hídricos tendem a aumentar. A disponibilidade de alimentos é impactada por e afeta o crescimento demográfico, a tecnologia e a governança. Aumentar a produção agrícola, enriquecer os alimentos com vitaminas e melhorar os sistemas de distribuição serão cruciais. A disponibilidade de energia é uma preocupação contínua em muitos setores industriais e tem gerado inovação e investimentos em uma nova gama de fontes renováveis de energia.

5. *Degradação ambiental.* O 'aquecimento global' costumava ser um termo incomum usado por alguns cientistas preocupados com os efeitos de décadas de poluição nos padrões climáticos de longo prazo. Atualmente, a ideia de aquecimento global é bem difundida, embora nem sempre bem compreendida. Os possíveis efeitos do aquecimento global incluem a inundação de países costeiros devido à elevação do nível do mar, maior frequência de tempestades severas e a retração das geleiras e das calotas polares. Mudanças menos abruptas também podem ocorrer em decorrência da elevação das temperaturas médias. Nas regiões de clima temperado com as quatro estações, a temporada de cultivo pode prolongar-se e incluir mais precipitações. As regiões menos temperadas do mundo tendem a ter temperaturas em

elevação e um acentuado declínio das chuvas, ocasionando longos períodos de seca e a potencial formação de desertos.

Os efeitos mais devastadores e também os mais difíceis de prever serão aqueles sobre os ecossistemas do mundo. Muitas espécies de plantas e animais vão se adaptar ou mover para lidar com a mudança climática, mas outras estão fadadas à extinção. O custo humano do aquecimento global é difícil de quantificar. Milhares de vidas podem ser perdidas por ano com idosos ou enfermos sofrendo ataques cardíacos e outras doenças do coração. A população pobre e as nações subdesenvolvidas sofreriam as piores consequências, por falta de recursos financeiros para administrar os problemas advindos de uma elevação na temperatura. Um grande número de pessoas poderia morrer de fome, se um declínio das chuvas limitasse a produção agrícola, e de doenças, se as inundações costeiras levarem à disseminação de doenças transmitidas pela água.

O aquecimento global não constitui somente uma questão ambiental. A poluição das águas, o desmatamento, a desertificação e a erosão também podem representar uma considerável ameaça ao meio ambiente. As soluções desses problemas exigirão uma parceria entre a iniciativa privada e as autoridades regulatórias em escala global. Um pequeno progresso já teve início. Automóveis menores e mais econômicos e fontes de energia não fóssil, como a energia hidrelétrica e a solar, os motores a hidrogênio e as células a combustível, prometem significativos cortes nos gases de efeito estufa, caso se popularizem. No nível internacional, o Protocolo de Kyoto foi redigido para reduzir as emissões de dióxido de carbono e outros gases de efeito estufa no mundo. Trinta e cinco nações industrializadas comprometeram-se a reduzir a produção desses gases em vários níveis.

6. *Integração econômica.* Níveis mais elevados de atividade econômica internacional aumentaram a interdependência entre as economias mundiais e criaram um sistema plenamente integrado em escala global. O consórcio Airbus exemplifica bem esse caso. As asas do avião são fabricadas na Inglaterra, sua fuselagem e cauda na Alemanha. Uma empresa espanhola fabrica as portas, enquanto a construção da cabine de pilotagem e a montagem final ocorrem na França. Ao todo, mais de duas mil empresas, localizadas em mais de 30 países, fornecem componentes, peças de reposição ou serviços. Cada vez mais esse cenário se repete em diversos setores e ilustra o poderoso papel desempenhado pelas corporações multinacionais na economia globalizada contemporânea.

Alguns setores são mais regulamentados do que outros. Por exemplo, no ramo siderúrgico a presença ou não de práticas comerciais favoráveis, padrões técnicos, políticas e regulamentações e concorrentes ou clientes administrados ou subsidiados pelo governo exercem influência direta sobre as opções estratégicas globais de uma empresa. No passado, as multinacionais dependiam quase exclusivamente dos governos para negociar as regras da concorrência global. Entretanto, à medida que as políticas e as economias globais interligaram-se mais intimamente, as empresas estão prestando mais atenção às dimensões não mercadológicas de suas estratégias globais dirigidas à modelagem do ambiente competitivo global que lhes seja favorável. No setor de telecomunicações, a queda de barreiras comerciais e outros movimentos de desregulamentação estimularam as empresas a buscar enfoques mais globalizados a seus negócios. A ameaça de protecionismo ou de reativação das regulamentações no mercado do aço, no entanto, inibe a globalização setorial e leva as empresas a adotarem um foco menos global.

7. *Disseminação de conhecimento*. O surgimento de uma economia global baseada no conhecimento e nas ideias alterou a própria *natureza* das oportunidades e dos riscos estratégicos. O conhecimento está mudando a *natureza* dos bens e serviços comercializados pelas empresas e os *modelos de negócios* utilizados para desenvolver e administrar essas ofertas. Em uma economia do conhecimento baseada na Internet, as ideias são disseminadas pelo mundo praticamente da noite para o dia a um custo muito baixo, facilitando para que empresas pequenas, novas e localizadas nos países em desenvolvimento possam competir com as estabelecidas de países industrialmente avançados. Os produtos chamados *inteligentes* — aqueles interativos que ficam mais inteligentes quanto mais são usados e que podem ser personalizados — constituem o principal foco do desenvolvimento de produtos modernos.[6] Um pneu que informa ao motorista sua calibragem e uma roupa que aquece ou resfria em resposta a mudanças de temperatura são versões iniciais de produtos baseados no conhecimento, ou *inteligentes*, já disponíveis no mercado. O conhecimento também está mudando a forma *como* as empresas fazem negócios. Agricultores usam o sistema de mapeamento da Massey Ferguson para maximizar a produção de cada hectare de suas plantações. O sistema conecta o trator a um GPS (sistema de posicionamento global, do inglês, *global positioning system*), que registra a latitude, longitude e produção de cada hectare plantado. Os dados são automaticamente enviados ao computador do agricultor, permitindo que ele examine as áreas selecionadas e analise as variações em produtividade. Com o tempo, esse sistema baseado no conhecimento tornou-se mais valioso do que o negócio principal da Massey Ferguson.*
8. *Tecnologia da informação*. Há três décadas, a Internet ainda era um sonho. Hoje em dia, os clientes acessam rotineiramente o banco de dados de rastreamento de encomendas da Federal Express para checar o *status* de sua remessa; *googling* (pesquisar no site do

---

* Atualmente, a Massey Ferguson é marca proprietária da AGCO, uma fabricante e distribuidora de equipamentos agrícolas (N. do R.T.).

Google) tornou-se um verbo aceito na língua inglesa; o monitoramento remoto está se tornando uma realidade na prestação de assistência médica. Nesse ínterim, muitas empresas criaram intranets para suas bases de informação, de forma que os funcionários puderam realocar investimentos em seu plano de previdência privada, trabalhar em conjunto com filiais da empresa ao redor do mundo e conectar-se com suas casas.

A tecnologia também está mudando a qualidade de vida das pessoas. Para muitas delas, as estressantes horas no trânsito para ir ao trabalho e voltar dele fazem parte do passado. Horários flexíveis de trabalho, o surgimento do *home office* — o escritório em casa — totalmente equipado e as novas formas de comunicação possibilitam novos estilos de vida e permitem uma combinação de trabalho com vida familiar.

9. *Biotecnologia*. Os rápidos avanços da capacidade humana em entender e manipular os elementos básicos da vida devem alterar fundamentalmente a pesquisa científica e permitir soluções para problemas que antes não podiam ser resolvidos. A revolução da biotecnologia deverá ter um potencial maior em três áreas: medicina, agricultura e meio ambiente. Algum dia, os agricultores poderão cultivar plantas que produzam plástico — em quantidade suficiente para minimizar nossa dependência do petróleo, novos medicamentos permitirão a erradicação de muitos tipos de doença, e avanços importantes na redução da poluição se tornarão possíveis. No longo prazo, os avanços nas biociências também revolucionarão o mundo da eletrônica e tornarão o silício obsoleto. Empresas como a Motorola já começaram a estudar o potencial da engenharia genética na computação — o primeiro passo em direção ao computador baseado em DNA.
10. *Nanotecnologia*. A capacidade de criar novos materiais a partir de um átomo está remodelando de maneira fundamental nossa visão do futuro, com materiais mais fortes e mais leves que diminuirão o custo de transporte e a poluição; o advento da manufatura molecular que reduz resíduos; e a 'nanomedicina' que será capaz de monitorar, reparar e controlar os sistemas biológicos humanos.
11. *Conflitos*. A queda do Muro de Berlim em 1989 mudou a natureza do conflito internacional de primordialmente bilateral entre superpotências para confrontos civis múltiplos e internos de um país, a maioria deles concentrados no mundo em desenvolvimento. O terrorismo representa uma grande ameaça — tanto para os negócios quanto para a sociedade civil — e continua a ameaçar a estabilidade da política nacional e da ordem econômica.

As implicações para os negócios dessas fontes de incerteza são profundas — as empresas devem desenvolver padrões e políticas de segurança em âmbito mundial, proteger seus sistemas de informações e redes de computadores contra-ataques ciber-néticos e criar redundâncias em suas cadeias de suprimentos, tudo isso a um elevado custo.

12. *Governança*. As sociedades e as empresas estão conectadas por dois conjuntos inter-relacionados de leis. O primeiro é o Estado de direito definido por legislaturas locais e nacionais, acordos multilaterais e um corpo de leis internacionais. Essas estruturas legais variam muito de uma parte do mundo para outra. A maioria possui raízes profundas e antigas; elas foram modeladas durante séculos de mudanças culturais, políticas e econômicas; e exibem alto grau de inércia. A convergência proativa dessas estruturas, portanto, é improvável, mas uma nova estrutura regulatória global pode muito bem ser necessária.

O mercado define o segundo conjunto de leis. Neste caso, temos um cenário bastante diferente. Seja onde for que uma empresa atue ou o que quer que ela produza, essas leis afetam, ou até determinam, seu destino. Por conseguinte, não deve surpreender o fato de que esse segundo conjunto de leis esteja se tornando — dentro dos limites das estruturas legais aplicáveis — a força dominante na evolução das práticas de governança corporativa em todo o mundo.

O movimento impulsionado pelo mercado em direção a uma convergência ao menos parcial das práticas de governança corporativa possui várias dimensões. Em primeiro lugar, as corporações adaptaram suas estruturas e práticas *gerenciais* para competir em mercados cada vez mais globais de bens e de capitais e para lidar com estruturas regulatórias globais emergentes. Relacionada a esse desdobramento está a segunda, e mais sutil, tendência. Com a aceleração do ritmo da globalização, a *cultura de negócios* está começando a mudar. Em uma parte cada vez maior do mundo, a interferência governamental no dia a dia dos assuntos empresariais diminui; cada vez mais as realidades do 'mercado de produtos' definem as regras do engajamento competitivo. Ao mesmo tempo, os executivos devem lidar de forma explícita com as potenciais consequências de níveis mais altos de volatilidade econômica global e cuidadosamente equilibrar as identidades, as lealdades e os conflitos globais e locais. Uma terceira força baseada no mercado que pressiona a governança é o recente e substancial aumento dos investimentos através das fronteiras. Transações internacionais mundiais de fusões e aquisições chegam a $ 500 bilhões, algo entre um por cento e dois por cento do PIB mundial, e espera-se que aumentem mais. Muitas dessas transações envolvem empresas, instalações e investimentos de infraestrutura nos países em desenvolvimento, que carregam expressivos riscos. Esses padrões de investimento representam o desdobramento natural da quarta força — a necessidade de buscar receitas no exterior. Para a maioria das empresas globais na atualidade, uma parcela significativa e em expansão de suas receitas e lucros advém de fora do país de origem. Para acomodar uma presença cada vez mais global, elas também necessitam explorar mais e mais os mercados internacionais de dívida e de capitais (*equity*). Tal expansão global deu margem à quinta fonte de pressão sobre a governança corporativa.

Comercializar em novos mercados, administrar o risco global e conquistar credibilidade em novos ambientes políticos e regulatórios exigem uma sagacidade global que poucos conselhos de administração possuem. Por fim, as demandas por vezes irrealistas dos investidores globais por um envolvimento significativo no processo de governança e por liquidez instantânea, por resultados consistentes de curto e longo prazo, bem como por comportamento empreendedor e por desempenho propenso ao risco e previsível, ilustram a enormidade do dilema da governança global.

A economia global do conhecimento: implicações estratégicas

O surgimento de uma economia global do conhecimento apresenta uma série de características que acarretam profundas implicações estatégicas:

1. A nova economia não é governada pelas leis da escassez, mas pelas da abundância. Ao contrário da maioria dos recursos que se esgotam quando são utilizados, a informação e o conhecimento podem ser compartilhados e, na realidade, crescer com sua aplicação.
2. O efeito da localização é reduzido. Usando a tecnologia e os métodos adequados, é possível criar mercados e organizações virtuais que ofereçam benefícios como velocidade e agilidade, operação ininterrupta e alcance global.
3. Leis, barreiras e impostos nacionais são difíceis de aplicar. A informação e o conhecimento 'vazam' para onde a demanda é maior e as barreiras são menores.
4. Produtos ou serviços aprimorados por conhecimento podem impor preços superiores em comparação a produtos que incorporam pouco conhecimento, mas a determinação de preços e o valor dependem fortemente do contexto. Portanto, a mesma informação ou conhecimento pode assumir valores diferentes para pessoas diferentes em épocas diferentes.
5. O conhecimento, quando confinado em processos e sistemas, assume um valor inerente maior do que quando 'transita' na cabeça das pessoas.
6. O capital humano — na forma de habilidades e competências adquiridas — é o componente-chave do valor em uma empresa baseada no conhecimento.[7]

A transferência rápida de tecnologia também implica ciclos de vida de produto menores, assim como janelas de oportunidade menores para levar os produtos ao mercado. Conforme as cadeias de suprimento vão-se tornando multinacionais, as empresas podem concentrar-se em partes específicas da cadeia de valor ou desempenhar papéis expandidos como parceiros estratégicos, proporcionando não apenas serviços de manufatura, mas também participando do planejamento e do desenvolvimento de produtos. Empresas virtuais, baseadas apenas em um conhecimento sofisticado dos desejos do cliente e em como entregar esse valor melhor, sem instalações internas de manufatura ou de outro tipo, tendem a se tornar mais viáveis, comuns e multinacionais à medida que cresce o uso da tecnologia em rede.

A fragmentação dos mercados e o reduzido apelo das abordagens do marketing de massa também são a marca da nova economia global. A Procter & Gamble, pioneira nesse tipo de marketing, está mudando seu foco de venda: em vez de ser voltada para uma vasta multidão anônima, passará seu foco para milhões de consumidores particulares. Assim também estão agindo a Coca-Cola, o McDonald's, a General Motors, o Grupo Unilever, a American Express e muitos outros gigantes de bens de consumo. O McDonald's agora dedica menos de um terço de seu orçamento de marketing nos Estados Unidos para redes de televisão, comparado aos dois terços de cinco anos atrás, e o restante é gasto com mídias como programação de esportes para transmissão em circuito fechado, revistas especializadas e vídeos exibidos nas lojas.[8]

Risco e incerteza

Muitas escolhas estratégicas envolvem eventos futuros que são difíceis de prever. O sucesso do lançamento de um produto, por exemplo, pode depender de fatores como a reação dos concorrentes atuais e potenciais, a qualidade dos componentes adquiridos de fornecedores externos e o estado da economia. Para entender a falta de previsibilidade, situações de tomada de decisão são frequentemente descritas ao longo de um intervalo, variando de *certeza* a *risco* a *incerteza*. Sob condições de certeza, ficam disponíveis informações precisas e mensuráveis sobre os resultados de cada alternativa considerada. Quando um evento é arriscado, não podemos prever seu resultado com segurança, mas temos informação suficiente para avaliar sua probabilidade. Sob condições de incerteza, pouco se sabe sobre as alternativas e seus resultados.

Para tornar a análise do ambiente estratégico mais concreta, é preciso avaliar o grau de *incerteza* associado a eventos relevantes, a *velocidade* com que se espera que as mudanças ocorram e os possíveis *resultados* que elas prenunciam. Condições de certeza e risco prestam-se à análise formal; a incerteza apresenta problemas singulares. Algumas mudanças ocorrem gradualmente e são reconhecíveis, se não previsíveis. Talvez não seja possível determinar com exatidão quando e como elas afetam um setor ou um aspecto específico, mas seu efeito geral é entendido com relativa facilidade. A globalização do clima competitivo e a maior parte das tendências enquadram-se nessa categoria. A perspectiva de regulamentação de novos setores cria um tipo de incerteza mais imediato — a nova estrutura regulatória que será adotada ou não. O desaparecimento de fronteiras entre setores constitui mais um cenário: as forças de mudança, propriamente ditas, podem ser identificáveis, mas seus resultados talvez não sejam previsíveis. Por fim, existem forças de mudança, como a queda repentina de governos estrangeiros, a eclosão de guerras ou importantes descobertas tecnológicas, que são de natureza inerentemente aleatória e não podem ser previstas com facilidade.

Análise de cenário

Originalmente desenvolvida na Royal Dutch/Shell em Londres, a *análise de cenário* é uma das técnicas mais amplamente utilizadas para a construção de alternativas plausíveis futuras para o ambiente externo de um negócio. Sua finalidade consiste em analisar os efeitos de várias forças incontroláveis de mudança sobre o campo estratégico e testar a resiliência de alternativas estratégicas específicas. É mais intensamente utilizada por empresas, como companhias de energia, que são altamente sensíveis a forças externas.

A análise de cenário é um método disciplinado para imaginar e examinar futuros possíveis.[9] Ela divide o conhecimento em duas categorias: (1) coisas sobre as quais acreditamos que sabemos algo e (2) elementos que consideramos incertos ou desconhecidos. A primeira categoria concentra-se, principalmente, na projeção futura de forças de mudança conhecidas. Por exemplo, podemos, com segurança, fazer suposições sobre mudanças demográficas ou sobre os efeitos decorrentes da substituição por novas tecnologias. Exemplos óbvios de aspectos incertos — a segunda categoria — são as taxas de juros futuras, o preço do petróleo, o resultado de eleições políticas e as taxas de inovação. Como os cenários ilustram futuros possíveis, mas não estratégias específicas para lidar com eles, faz sentido convidar para participar do processo pessoas de fora, como clientes e fornecedores importantes, representantes de órgãos reguladores, consultores e membros da comunidade acadêmica. O objetivo é ver o futuro de forma abrangente no tocante a tendências e incertezas fundamentais e construir uma estrutura compartilhada para o pensamento estratégico que estimule a diversidade e as percepções mais aguçadas sobre mudanças externas e oportunidades.

O processo de desenvolvimento de cenários envolve quatro passos:

1. Decidir quais possíveis acontecimentos futuros investigar, quais tendências incluir — mudança tecnológica, tendências demográficas ou questões de recursos — e que horizonte de tempo considerar.
2. Identificar quais forças ou acontecimentos têm, possivelmente, mais capacidade de moldar o futuro.
3. Construir um conjunto abrangente de cenários futuros baseados em diferentes combinações de resultados possíveis. Algumas combinações serão de mais interesse que outras, seja porque têm mais efeito sobre o assunto estratégico em questão, seja porque têm maior ou menor probabilidade de ocorrer. Como resultado, geralmente emergem poucos cenários, que se tornam o foco de uma análise mais detalhada.

4. Gerar previsões de cenário específicas que permitam uma avaliação das implicações dos futuros alternativos para posturas e escolhas estratégicas.

Futuros globais: o grupo de cenário global[10]

Um bom exemplo da força da análise de cenário é fornecida pelo trabalho do Global Scenario Group, reunido pelo Stcokholm Environment Institute em 1995. Para examinar as perspectivas do desenvolvimento mundial no século XXI, ele criou uma série de cenários baseados em três visões sociais fundamentalmente diferentes do futuro: *mundos convencionais*, *barbarização* e *grandes transições*.

A visão de *mundos convencionais* vislumbra o sistema global do século XXI evoluindo sem grandes surpresas, interrupções drásticas ou transformações fundamentais na base da civilização humana. Os valores e as instituições dominantes moldam o futuro, a economia mundial cresce em ritmo acelerado e os países em desenvolvimento gradualmente convergem para as normas estabelecidas pelos países altamente industrializados. Os cenários abrangem:

- *Cenário 1: Forças de mercado.* Este cenário incorpora projeções de nível intermediário da população e do desenvolvimento, além de premissas tecnológicas convencionais sobre a mudança. O problema de solucionar o estresse social e ambiental decorrente do crescimento demográfico e econômico global é deixado para a lógica de autocorreção dos mercados competitivos.
- *Cenário 2: Reformas políticas.* Esta variante agrega uma ação governamental forte, abrangente e coordenada, exigida em muitas discussões politicamente orientadas de sustentabilidade, para atingir maior igualdade social e proteção ambiental. A vontade política evolui para o fortalecimento dos sistemas gerenciais e a rápida disseminação de tecnologia ambientalmente correta, no contexto da busca proativa pela sustentabilidade como prioridade estratégica.

Os cenários sob a segunda visão social — *barbarização* — vislumbram a austera possibilidade de deterioração das bases da civilização, à medida que os problemas que surgem ultrapassem a capacidade de ajuste tanto dos mercados quanto das reformas políticas.

- *Cenário 3: Colapso.* Neste cenário, as crises se juntam e escapam ao controle, levando a conflito desenfreado, desintegração institucional e colapso econômico.
- *Cenário 4: Mundo fortaleza.* Esta variante caracteriza uma resposta autoritária à ameaça de colapso. Abrigada em enclaves protegidos, as elites salvaguardam seu privilégio ao controlar uma maioria empobrecida e ao administrar recursos naturais cruciais, enquanto fora da fortaleza há repressão, destruição ambiental e miséria.

A visão de *grandes transições* explora soluções visionárias ao desafio da sustentabilidade, incluindo novos arranjos socioeconômicos e mudanças fundamentais de valores. Elas retratam a transição a uma sociedade que preserva os sistemas naturais, provê altos níveis de bem-estar por meio da suficiência material e da distribuição equânime e desfruta um forte senso de solidariedade social. Os níveis populacionais são estabilizados a níveis moderados e os fluxos materiais através da economia são radicalmente reduzidos por meio de um consumismo mais contido e do uso generalizado de tecnologias verdes.

- *Cenário 5: Eco-comunalismo.* Este cenário incorpora a visão verde do biorregionalismo, a defesa dos interesses locais, a democracia face a face, pequena tecnologia e autarquia econômica.
- *Cenário 6: Novo paradimgma de sustentabilidade.* Esta variante compartilha alguns objetivos do cenário do *eco-comunalismo*, mas busca mudar o caráter da situação urbana, industrial, em vez de substituí-la, para construir uma civilização mais humana e igualitária em vez de retrair-se na defesa de interesses locais.

Um novo acordo entre negócios e sociedade?

Como se evidencia na discussão precedente, cada vez mais as considerações a respeito da sociedade forçam as empresas a reconsiderar seu foco na estratégia essencial e no desenho do modelo de negócios. Lidar de modo mais eficaz com toda a gama de *stakeholders* (grupos de interesse) de uma empresa constitui outro imperativo estratégico emergente. Historicamente, na elaboração de estratégias, tem sido limitada a atenção destinada a esses *stakeholders*, outras partes além das diretamente afetadas, como funcionários e principais investidores. As questões relativas a comunidades, meio ambiente, saúde e bem-estar dos funcionários, bem como a violações aos direitos humanos nas cadeias globais de suprimentos e a organizações ativistas não governamentais (ONGs), entre inúmeras outras questões, eram tratadas pelo departamento de relações públicas da empresa ou por seus advogados.

Nesse ambiente em ascensão, as empresas descobrirão que os 'hábitos consagrados' nos negócios podem não ser mais uma opção e que as estratégias tradicionais das empresas para crescer, cortar custos, inovar, diferenciar e globalizar estão agora sujeitas a um conjunto de novas leis que regem a condução dos negócios em relação à sociedade:[11]

1. *Tamanho significa exposição.* Quanto maior a empresa, maior seu domínio de mercado, maior a atenção e a demanda que ela enfrenta por um desempenho exemplar no tocante ao comportamento ético, a boa governança, as práticas de recursos humanos, o desenvolvimento de produto que melhora a qualidade de vida, o suporte às comunidades, o marketing honesto e assim por diante.

2. *Cortar custos aumenta a exposição ao risco.* Quanto mais as empresas usam meios tradicionais de cortar custos — recorrendo a fabricantes de baixos salários em países menos desenvolvidos, pressionando fornecedores, fazendo *downsizing*, sacrificando a qualidade e assim por diante — maior o potencial para crises relacionadas a práticas antiéticas. Os riscos envolvidos perante o atendimento às expectativas da sociedade quanto aos aspectos de comportamento ético, segurança, responsabilidade civil, práticas ambientais e bom tratamento a todos os *stakeholders* podem muito bem superar os benefícios resultantes desses tipos de racionalização de custos.
3. *A estratégia deve envolver a sociedade.* Para empresas progressistas, os problemas sociais e ambientais representam oportunidades de crescimento no futuro. Por exemplo, a GE está orientada a solucionar desafios relacionados à escassez de recursos naturais globais e às mudanças demográficas, enquanto a IBM fez da inovação social sua prioridade em paralelo à inovação de produtos e processos.
4. *Redução de riscos significa conquista de confiança.* As estratégias clássicas de gestão de risco devem expandir-se além da análise financeira e monetária para incluir tendências e eventos desestabilizadores que emanam da sociedade. Líderes inteligentes percebem que nenhuma empresa conseguirá administrar esses riscos, se não conquistar a confiança dos líderes da sociedade e de suas comunidades.
5. *A satisfação dos acionistas implica a satisfação dos stakeholders.* No longo prazo, a empresa que esteja atenta ao relacionamento negócios–sociedade acaba atendendo aos interesses de seus investidores porque (a) sua antena está mais bem sintonizada para a identificação do risco; (b) ela é capaz de conquistar a confiança de seus *stakeholders;* e (c) está bem posicionada para desenvolver bens e serviços que a sociedade valoriza.
6. *O crescimento global requer ganhos globais.* Cada vez mais o crescimento depende de uma perspectiva global que reconheça a importância de comunidades fortes que forneçam infraestrutura, mantenham climas organizacionais estáveis, atraiam capital de investimento, ofereçam trabalhadores saudáveis e qualificados e sustentem o crescimento que gera consumidores com maior poder de compra. Mas o crescimento de longo prazo também requer desenvolvimento. Por exemplo, até 2012, os custos de telefonia cairão a ponto de permitir acesso ao telefone móvel a quatro bilhões de pessoas. Os visionários do setor percebem que as empresas que atenderem não só à demanda do consumidor por aparelhos de qualidade, mas também a sua demanda por qualidade de vida, abocanharão maior participação de mercado.
7. *A produtividade requer sustentabilidade.* As empresas têm observado que o compromisso com a gestão ambiental e a segurança no local de trabalho leva a baixos custos e maior produtividade. Além disso, aquelas que assumem o desafio de balizar seu comportamento com o comprometimento com a cidadania corporativa encontram novo alento para inovar e competir. Quanto mais as empresas inovarem, mais produtivas e sustentáveis elas serão.

8. *A diferenciação depende da reputação.* Nos Estados Unidos, estimados 50 milhões de pessoas, representando mais de $ 225 bilhões por ano em poder de compra, formam a base de consumo de 'estilos de vida saudáveis e sustentáveis'. À medida que a influência desses consumidores ativistas cresce, eles demandarão empresas que demonstrem reputações e compromissos irrefutáveis com a sociedade.
9. *A boa governança necessita de boa representação.* A recente sequência de escândalos corporativos está gerando rigorosos controles e reformas de governança. Contudo, por trás dessas mudanças está uma revolução mais profunda que exige das empresas a inclusão dos *stakeholders* na governança formal.

Essas 'leis' tendem a desempenhar um papel central na formulação de estratégias para o futuro. As empresas que as aceitarem, compreenderem e adotarem constatarão que ser um 'bom cidadão' tem um significativo valor estratégico e não reduz suas chances de sucesso nos negócios, pelo contrário, na verdade as potencializa. Embora o finado economista norte-americano Milton Friedman pudesse ter problemas em aceitar essa nova realidade, o 'negócio dos negócios é a boa cidadania'.

Notas

1. LAGON, Mark P. "Visions of globalization: pretexts for prefabricated prescriptions — and some antidotes", *World Affairs*, 01-01, 2003, p. 142.
2. Como Paul Krugman, famoso economista, observou em *Geography and trade* (Cambridge, 1993), o mundo no século XIX era considerado mais internacional em relação aos fluxos de capital e de produto do que a economia atual.
3. RUGMAN, Alan M. *The end of globalization*. Londres: Random House Business Books, 2001.
4. Esta seção é substancialmente baseada em Fariborz Ghadar e Erik Peterson, *Global tectonics — what every business needs to know*, Penn State Center for Global Business Studies, 2005.
5. BEHRENDT, Sven; KHANNA, Parrag. "Risky business: geopolitics and the global corporation", *Strategy + Business*, outono 2003, p. 68–75.
6. DAVIS, S.; BOTKIN, J. "The coming of knowledge-based business", *Harvard Business Review*, set. 1994, p. 65.
7. David J. Skyrme Associates. "The knowledge economy and its implications for markets", 1997.
8. "The vanishing mass market", *Business Week*, 12 jul. 2004.
9. A descrição é baseada em SCHOEMAKER, P.J.H.; VAN DE HEIJDEN, C.A.J.M. "Integrating scenarios into strategic planning at Royal Dutch/Shell", *Planning Review*, 20, 1992, p. 41–46.
10. Veja www.gsg.org.
11. ROCHLIN, Steve. "The new laws for business success", *Corporate Citizen 2006*, uma publicação do Center for Corporate Citizenship, Carroll School of Management, Boston College, 2006.

CAPÍTULO 4

ANÁLISE DE UM SETOR

Introdução

Temos o costume de pensar em um setor como um grupo de empresas ou organizações que competem diretamente entre si no mercado. Apesar de intuitiva, a simplicidade dessa definição mascara uma questão complexa. Em diversas situações, há mais de uma maneira de definir apropriadamente um setor. Será que os fabricantes de aparelhos de fax competem entre si, competem com fabricantes de computadores e de PDAs (assistente pessoal digital, do inglês, *personal digital assistant*), com as empresas telefônicas, com o serviço postal e as empresas de entrega expressa, ou com todos? A concorrência ocorre essencialmente entre produtos, empresas ou redes de alianças empresariais? Devemos analisar a rivalidade no nível de unidades de negócios ou no nível corporativo? Devemos distinguir entre a competição regional e a global? Como essas questões sugerem, decidir quais são as fronteiras que separam os setores é uma tarefa difícil. Além disso, a especificação errada de um setor pode ser extremamente custosa. O uso de definições muito limitadas pode levar à miopia estratégica e fazer com que executivos negligenciem importantes oportunidades ou ameaças, tal como aconteceria caso se considerasse que ferrovias competem com outras ferrovias. O uso de uma definição muito abrangente, como identificar o setor de uma empresa como sendo simplesmente de 'alta tecnologia', pode impedir uma avaliação expressiva do ambiente competitivo.

O que é um setor?

Um setor é mais bem definido se levarmos em conta quatro dimensões: (1) *produtos*, (2) *clientes*, (3) *geografia* e (4) *estágios no processo de produção–distribuição*.[1] A primeira dimensão — produtos — pode ser subdividida em dois componentes: função e tecnologia. *Função* refere-se ao que o bem ou serviço faz. Alguns eletrodomésticos assam. Outros assam e tostam. Ainda há aqueles que fritam e cozem. A funcionalidade pode ser real ou percebida. Alguns medicamentos não controlados para congestão nasal, por exemplo, são posicionados como antigripais, enquanto outros de composição semelhante são anunciados como antialérgicos. A diferença é tanto uma questão de posicionamento e percepção quanto da real função do produto. *Tecnologia* é o segundo fator de distinção: alguns fornos e fogões usam gás, enquanto outros são elétricos; alguns antigripais estão disponíveis na forma líquida, enquanto outros são vendidos em comprimidos.

Definir as fronteiras de um setor requer a consideração simultânea de todas essas dimensões. Além disso, é importante distinguir entre o *setor* em que uma empresa compete e o mercado ou os mercados em que ela atua. Por exemplo, uma empresa pode competir em um grande *setor* de eletrodomésticos, mas escolhe atender ao *mercado* de geladeiras. Isso pode ser ilustrado como uma coleção de células (adjacentes) tridimensionais, cada qual caracterizada por uma combinação particular de funções/usos, tecnologias/materiais e tipos de cliente. Portanto, a tarefa de definir setores consiste em identificar as células de mercado que são mais relevantes para a análise estratégica da empresa.

No processo de geração de alternativas estratégicas, normalmente é bastante útil usar múltiplas definições de setores. Avaliar o potencial de crescimento de uma empresa, por exemplo, pode exigir mais o uso de uma definição diferente de setor/mercado do que avaliar sua posição atual de custo relativo.

Estrutura do setor e o modelo das cinco forças de Porter

O modelo das *cinco forças* de Michael Porter é uma ferramenta bastante útil para a análise de setores e competitividade.[2] Esse modelo sustenta que o potencial de lucro de um setor é em grande parte determinado pela intensidade da *rivalidade competitiva* nesse setor, e essa rivalidade, por sua vez, é explicada por cinco forças: (1) a *ameaça de novos concorrentes*, (2) o *poder de barganha dos clientes*, (3) o *poder de barganha dos fornecedores*, (4) a *ameaça de bens ou serviços substitutos* e (5) a *rivalidade entre os concorrentes atuais* (Figura 4.1).

A ameaça de novos concorrentes

Quando é relativamente fácil entrar em um mercado, espera-se que o setor seja altamente competitivo. Novos concorrentes potenciais ameaçam aumentar a capacidade do setor, intensificar a disputa por participação no mercado e desestabilizar o equilíbrio entre demanda e oferta. A probabilidade de que o mercado tenha novos concorrentes depende (1) das barreiras existentes à entrada e (2) de como os concorrentes já estabelecidos provavelmente reagirão.

Existem seis grandes barreiras à entrada em um mercado: (1) economias de escala, (2) diferenciação do produto (*brand equity*), (3) requisitos de capital, (4) desvantagens em custos que independem do tamanho da empresa, (5) acesso aos canais de distribuição e (6) regulamentação governamental. Considere, por exemplo, a dificuldade de entrar no setor

Figura 4.1 Modelo das cinco forças de Porter

```
                    ┌─────────────────────┐
                    │ Novos concorrentes  │
                    │     potenciais      │
                    └─────────────────────┘
                              │
                         Ameaça de
                      novos concorrentes
                              ↓
                    ┌─────────────────────┐
     Poder de barganha │  Concorrentes   │ Poder de barganha
     dos fornecedores  │    do setor     │ dos clientes
┌──────────────┐  →    │       ↻         │  ←   ┌──────────────┐
│ Fornecedores │       │   Rivalidade    │      │  Compradores │
└──────────────┘       │ entre empresas  │      └──────────────┘
                       │    existentes   │
                    └─────────────────────┘
                              ↑
                       Ameaça de bens
                        ou serviços
                         substitutos
                    ┌─────────────────────┐
                    │    Substitutos      │
                    └─────────────────────┘
```

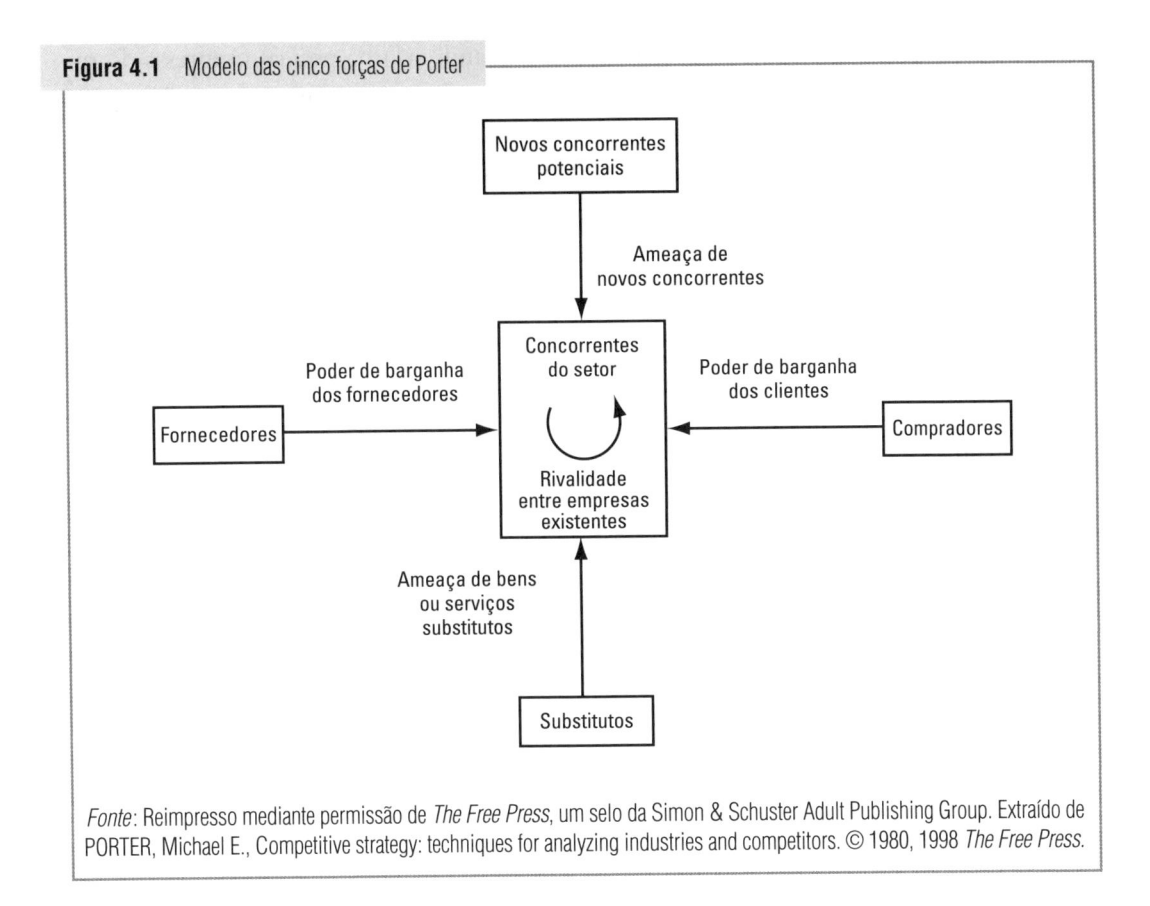

Fonte: Reimpresso mediante permissão de *The Free Press*, um selo da Simon & Schuster Adult Publishing Group. Extraído de PORTER, Michael E., Competitive strategy: techniques for analyzing industries and competitors. © 1980, 1998 *The Free Press*.

de refrigerantes e competir com gigantes da propaganda como Coca-Cola e Pepsi, ou o empenho de microcervejarias contra grandes empresas, como a Anheuser-Busch, na tentativa de conquistar canais de distribuição para suas marcas de cerveja. Em setores de alta tecnologia, os requisitos de capital e a experiência acumulada representam as principais barreiras. No entanto, as condições de um setor podem mudar e resultar na abertura de 'janelas' estratégicas de oportunidades. Um exemplo importante é a desregulamentação. Quando houve a desregulamentação do transporte aéreo nos Estados Unidos, em 1980, novas empresas puderam entrar no setor.

Fornecedores e compradores poderosos

Compradores e fornecedores influenciam a competição em determinado setor exercendo pressão sobre os preços, a qualidade ou a quantidade demandada ou vendida. As engarrafadoras de refrigerantes, por exemplo, sofreram uma redução de suas margens de lucro quando produtores de xarope aumentaram seus preços drasticamente no fim da década de 1980, e elas não podiam repassar esse aumento aos consumidores por causa da feroz competição no varejo.

Geralmente, fornecedores são mais poderosos quando: (1) há poucas empresas dominantes e estão mais concentradas que o setor a que servem; (2) o componente fornecido é diferenciado, tornando difícil a mudança para outros fornecedores; (3) há poucos substitutos; (4) fornecedores podem integrar-se 'para a frente' (ou seja, acrescentar atividades mais próximas do cliente final em sua cadeia de valor); e (5) o setor gera apenas uma pequena parcela da receita dos fornecedores.

Compradores têm considerável poder quando: (1) são poucos ou compram em grande quantidade; (2) o produto é relativamente pouco diferenciado, tornando fácil a mudança para outros fornecedores; (3) os pedidos dos compradores representam boa parte da receita dos fornecedores; e (4) compradores podem integrar-se 'para trás' (ou seja, podem passar a realizar atividades até então desenvolvidas pelos fornecedores).

Bens e serviços substitutos

Bens e serviços substitutos ameaçam continuamente a maioria dos setores e, com efeito, impõem um teto nos preços e na lucratividade. A HBO e o sistema *pay-per-view* são substitutos para o negócio de locação de vídeos e limitam efetivamente o valor que o setor pode cobrar por seus serviços. Ademais, quando estruturas de custos podem ser alteradas, por exemplo, empregando-se uma nova tecnologia, substitutos podem tomar uma substancial fatia de mercado dos negócios existentes. A crescente disponibilidade de entretenimento *pay-per-view* em operadoras de TV a cabo, por exemplo, desgasta a posição competitiva das locadoras de vídeos. Portanto, sob uma perspectiva estratégica, os bens e serviços substitutos que merecem mais atenção são aqueles que: (1) demonstram melhorias em preço e desempenho em relação à média do setor e (2) são produzidos por empresas com grandes recursos financeiros.

Rivalidade entre participantes

A intensidade da competição em um setor também depende do número, do tamanho relativo e da capacidade competitiva de seus participantes; da taxa de crescimento do setor e de características correlatas. Espera-se uma rivalidade intensa quando: (1) os concorrentes são muitos e relativamente equivalentes em tamanho e poder; (2) o crescimento do setor é lento e a batalha competitiva gira mais em torno dos clientes existentes do que em criar novos clientes; (3) os custos fixos são altos ou o bem ou serviço é perecível; (4) os aumentos de capacidade são garantidos em grandes incrementos; e (5) as barreiras de saída são grandes, tornando proibitivamente dispendioso descontinuar operações.

Andrew Grove, fundador da Intel, sugeriu a adição de uma sexta força ao modelo de Porter: a influência de *produtos complementares*. Computadores precisam de software, e software precisa de hardware; carros precisam de gasolina, e gasolina precisa de carros. Quando os interesses dos setores estão alinhados aos dos produtos complementares, o *status quo* é preservado. Todavia, novas tecnologias ou abordagens podem interferir na ordem existente e levar os caminhos dos complementares a divergirem.[3] Um exemplo é a mudança de padrões tecnológicos, que levam bens e serviços, *anteriormente* compatíveis, à incompatibilidade.

A influência dessas forças continua a se modificar à medida que as estruturas dos setores e os modelos de negócios mudam. Por exemplo, as empresas estão intensificando o uso da Internet para agilizar sua aquisição de matérias-primas, componentes e serviços acessórios. Na medida em que isso aumenta o acesso à informação sobre bens e serviços e facilita a avaliação de fontes alternativas de fornecimento, eleva o poder de barganha dos produtores sobre os fornecedores. Entretanto, a mesma tecnologia pode diminuir as barreiras de entrada para novos fornecedores e proporcionar canais diretos para consumidores finais, reduzindo assim o poder dos intermediários. O efeito da Internet na possível ameaça de bens e serviços substitutos é igualmente ambíguo. De um lado, ao aumentar a eficiência, ela pode expandir mercados. De outro, conforme novos usos da Internet são descobertos, a ameaça de substitutos aumenta. Ao mesmo tempo, a rápida expansão da Internet reduziu barreiras de entrada e acirrou a rivalidade entre concorrentes já existentes em muitos setores. Isso ocorreu porque modelos de negócios baseados na Internet geralmente são difíceis de proteger contra imitação e, como geralmente estão focados na redução de custos variáveis, criam um foco indesejado em preço. Assim, apesar de a Internet não alterar fundamentalmente a natureza das forças que afetam a rivalidade de um setor, ela muda suas influências relativas sobre a lucratividade e a atratividade.[4]

Evolução do setor

A estrutura dos setores muda com o tempo. Barreiras à entrada podem cair, como no caso da desregulamentação, ou aumentar consideravelmente, como já aconteceu com vários setores em que a identidade de marca tornou-se uma importante arma competitiva. Algumas vezes, setores tornam-se mais concentrados à medida que os benefícios reais ou percebidos de escala e o escopo levam à consolidação de negócios. Modelos de *evolução setorial* podem ajudar a entender como e por que ocorrem mudanças com o tempo. Talvez a palavra *evolução* seja um tanto ilusória; ela sugere um processo de mudança lenta e gradual. Mas mudanças estruturais podem ocorrer com uma rapidez notável, como no caso em que uma grande inovação tecnológica aumenta as perspectivas de algumas empresas em detrimento de outras.

As quatro trajetórias de mudança[5]

Um estudo recente sugere que os setores evoluem de acordo com uma dentre quatro trajetórias distintas de mudança — radical, progressiva, criativa e intermediária. Dois tipos de obsolescência definem esses caminhos de mudança: (1) uma ameaça às *atividades essenciais* de um setor, que respondem por uma parte significativa do lucro de um setor; e (2) uma ameaça aos *ativos essenciais* de um setor, que são valorizados como diferenciadores. A contínua queda de importância das atividades tradicionais de vendas de um representante, com o aumento das compras on-line, é um bom exemplo do primeiro tipo de obsolescência. O decrescente valor de marca de muitos medicamentos prescritos, em face da competição dos genéricos, ilustra o segundo.

A Figura 4.2 mostra a relação entre esses dois tipos de obsolescência e as quatro trajetórias de mudança dos setores. A mudança *radical* ocorre quando um setor é ameaçado com a obsolescência simultânea de suas atividades e seus ativos essenciais. McGahan cita como exemplo as grandes mudanças no negócio de viagens. À medida que as companhias aéreas se modernizaram e começaram a competir mais diretamente com sistemas de reserva aprimorados, e clientes em viagens de negócios se voltaram para provedores de serviços baseados na Internet, como Expedia e Travelocity, muitos tradicionais agentes de viagem tiveram de se reinventar para conseguir sobreviver.

A mudança *progressiva* pode ser esperada quando nenhuma das duas formas de obsolescência é iminente. Essa é a forma mais comum de mudança nos setores. O setor de transporte rodoviário já sofreu mudanças, mas sua proposta básica de valor permanece a mesma. Em tais ambientes, estratégias competitivas e de inovação estão normalmente voltadas para os aumentos de eficiência por meio da redução de custos e do ganho de escala.

Figura 4.2 Trajetórias de mudança dos setores

		Atividades essenciais	
		Ameaçadas	Não ameaçadas
Ativos essenciais	Ameaçados	Mudança radical (Agências de viagem)	Mudança criativa (Estúdios de cinema)
	Não ameaçados	Mudança intermediária (Museus)	Mudança progressiva (Transporte rodoviário)

Fonte: Reimpresso mediante permissão de *Harvard Business Review*. Extraído de McGAHAN, A. M., "How industries change", 10/04. © 2004 Harvard Business School Publishing Corporation. Todos os direitos reservados.

Caminhos de mudança *criativa* e *intermediária* são definidos pela dominância de uma das duas formas de obsolescência. Sob mudança criativa, os ativos essenciais estão ameaçados, mas as atividades essenciais retêm seu valor. Estrategicamente, esse cenário pede a renovação dos valores dos ativos; pense em um estúdio de cinema que precisa produzir outro sucesso de bilheteria. Sob a mudança intermediária, os ativos essenciais mantêm-se valiosos, mas as atividades essenciais são ameaçadas. Museus são altamente valiosos como depósitos de arte, por exemplo, mas métodos modernos de comunicação reduziram seu poder como educadores.

Estrutura, concentração e diferenciação de produtos dos setores

De modo geral, é útil analisar as mudanças nos setores como o movimento de uma estrutura inicialmente *vertical* para outra mais *horizontal* ou vice-versa, como uma mudança na *concentração* de setores ou ainda como um aumento ou diminuição no grau de *diferenciação de produtos*.

Essas dimensões são ilustradas pela convergência de três setores que surgiram em um espaço de 50 anos: telecomunicações, computação e televisão. Essa convergência impulsionou um setor de multimídia integrado, em que as fronteiras setoriais tradicionais desapareceram por completo. Em vez de consistir em três negócios distintos, no qual estar integrado verticalmente seria a chave para o sucesso, o setor evoluiu para cinco segmentos primordialmente horizontais, nos quais os negócios podem competir com sucesso: conteúdo (produtos e serviços), pacotes (conteúdo agregado a funcionalidades adicionais), rede (infraestrutura física), transmissão (distribuição) e dispositivos de exibição. Nessa nova estrutura, a vantagem competitiva para muitas empresas é determinada, sobretudo, por sua posição relativa em um dos cinco segmentos. Entretanto, a integração vertical tem a probabilidade de voltar a ser uma estratégia de negócio primordial quando a economia de escala e o escopo se tornarem elementos fundamentais para o sucesso competitivo e uma força motriz importante para outra rodada de consolidação setorial.

Quando as economias de escala são importantes e a participação de mercado e o custo total unitário são inversamente relacionados, de modo geral as estruturas setoriais estão *concentradas*. Nesses setores, a distribuição de tamanho das empresas é geralmente desequilibrada, e a chamada 'Regra de três e quatro' é aplicável. Essa regra sustenta que em muitos mercados estáveis há apenas três concorrentes significativos e que a participação de mercado desses concorrentes ocorre basicamente na proporção 4:2:1, refletindo um nível de concentração de aproximadamente 70 por cento das vendas totais do setor em três empresas.

Estudos também mostraram que, conforme os mercados amadurecem, eles algumas vezes se tornam menos concentrados, sugerindo que a relação entre a participação relativa e a posição de custo é menos pronunciada para mercados *maduros* do que para os *imaturos*. Isso explica por que empresas maiores frequentemente perdem participação de mercado à medida que o setor amadurece: sua vantagem de custo diminui com o tempo. Em contrapartida, nos setores *fragmentados*, caracterizados por um grau relativamente *baixo* de *concentração*, nenhum participante único detém uma parte substancial do mercado. Encontramos esses setores em muitas áreas da economia. Alguns são altamente *diferenciados*, como o de aplicativos de software; outros tendem ao *status* de *commodity*, como no caso do setor madeireiro. Na ausência de forças importantes de mudança, setores fragmentados podem permanecer nessa condição por muito tempo.

Análise de ciclo de vida do produto

O *modelo de ciclo de vida do produto* — baseado na teoria da difusão de inovações e de sua contraparte lógica, o padrão de aceitação de novas ideias — talvez seja o modelo mais conhecido de evolução de setor. Ele sustenta que um setor passa por diversos estágios: introdução, crescimento, maturidade e declínio. Os diferentes estágios são definidos por mudanças na taxa de crescimento das vendas do setor, geralmente representada por uma curva em 'S', que reflete o resultado cumulativo da primeira e de repetidas adoções de um produto ou serviço ao longo do tempo.

O ciclo de vida do produto pode ser uma ferramenta analítica útil para o desenvolvimento de estratégia. Pesquisas têm mostrado que a evolução de um setor ou de uma classe de produto depende da interação de uma série de fatores, incluindo as estratégias competitivas de empresas concorrentes, mudanças no comportamento de clientes e influências legais e sociais. A Tabela 4.1 mostra reações competitivas típicas às mudanças que acompanham a transição do estágio de introdução de um mercado para o de crescimento, maturidade e, por fim, declínio.

Um alto nível de incerteza caracteriza o estágio introdutório ou embrionário do ciclo de vida de um produto ou setor. Concorrentes frequentemente ficam indecisos sobre quais segmentos focar e como fazê-lo. Clientes potenciais não estão familiarizados com o novo bem ou serviço, os benefícios que ele oferece, onde adquiri-lo ou quanto pagar. Por conseguinte, uma quantidade substancial de experimentação caracteriza os setores em estágio embrionário. Ambientes de *crescimento* geram menos incerteza e uma competitividade mais intensa. Nesse estágio de evolução de um setor, o número de concorrentes costuma ser maior. Portanto, reviravoltas competitivas são comuns à medida que o estágio de crescimento chega ao fim. Setores *maduros*, embora mais estáveis no tocante à competitividade, são relativamente estagnados em termos de crescimento de vendas. Entretanto, inovações podem gerar novos surtos de crescimento em segmentos específicos, avanços tecnológicos podem alterar o curso do desenvolvimento do mercado e interferir na ordem competitiva, e oportunidades globais podem oferecer acesso a um crescimento adicional. Setores *em declínio* são tradicionalmente tidos como sem atratividade, mas estratégias inteligentes podem produzir lucros substanciais. Voltaremos a esses diferentes cenários no Capítulo 7, quando serão consideradas estratégias específicas para cada estágio do ciclo de vida do produto.

Embora seja útil como estrutura geral para entender como o princípio da difusão pode moldar as vendas de um setor ao longo do tempo, o conceito de ciclo de vida do produto tem pouco valor preditivo. Estudos empíricos mostraram que a curva de crescimento de um setor nem sempre segue o padrão em forma de 's'. Em algumas situações, os estágios são muito curtos. Mais importante, o conceito de ciclo de vida

Tabela 4.1 Características estratégicas das fases do ciclo de vida do produto

Características	Introdução	Crescimento	Maturidade	Declínio
Concentração de concorrentes	Alta; poucos pioneiros	Declinante à medida que entram novos concorrentes	Crescente após reviravolta	Alta; poucos participantes remanescentes
Diferenciação de produto	Baixa, se houver	Crescente; imitações e variações	Alta; crescente segmentação de mercado	Decrescente à medida que os concorrentes saem do mercado
Barreiras à entrada	Altas, se o produto puder ser protegido	Decrescentes; aumento de transferência de tecnologia	Crescentes à medida que aumenta a intensidade de capital	Alta intensidade de capital, baixo retorno
Barreiras à saída	Baixas; poucos investimentos	Baixas, mas crescentes	Altas para grandes empresas	Decrescentes; fim de jogo
Elasticidade de preço da demanda	Inelástica; poucos clientes	Crescentemente elástica	Inelástica apenas em segmentos	Muito elástica; alto poder de barganha dos compradores
Razão custo fixo/ custo variável	Geralmente baixa	Crescente	Alta	Decrescente
Economias de escala	Poucas, geralmente sem importância	Crescente intensidade de capital	Altas	Altas
Efeitos da curva de experiência	Grandes ganhos iniciais	Muito altos; grande volume de produção	Magnitude decrescente	Poucos
Integração vertical dos concorrentes	Baixa	Crescente	Alta	Alta
Risco envolvido no negócio	Baixo	Crescente	Crescente	Barreiras de saída decrescentes

Fonte: ROWE, A.J.; MASON, R.O.; DICKEL, K.E.; e SNYDER, N.A.; Strategic management: a methoological approach, 3. ed. Glenview: Addison-Wesley Longman, 1989. Utilizado com permissão do Dr. Alan J. Rowe.

do produto não reconhece, de modo explícito, a possibilidade de que empresas possam afetar o formato da curva de crescimento por meio de ações estratégicas, tais como aumentar o ritmo de inovação ou reposicionar suas ofertas. Portanto, considerar a curva de crescimento de um setor como definitiva pode não necessariamente se tornar uma profecia autorrealizável.

Novos padrões

Muitos setores novos, como o de telefonia celular ou de TV de alta definição, evoluem por meio de certa convergência nos *padrões tecnológicos*. Com frequência, a competição por padrões ou formatos é travada no âmbito de um grupo de empresas entre o desenvolvedor de um padrão e aquelas companhias favoráveis a um padrão diferente. A competição por domínio de um padrão ou formato é importante porque o vencedor proporcionará a seus adeptos uma parcela substancial de lucros futuros. Batalhas por padrões de tecnologia de telefonia celular e de conversores de sinais, por exemplo, decidem quem ganha participação de mercado.

Para setores em que a competição por padrões é um fator importante de sucesso estratégico, C.K. Prahalad propôs um modelo que descreve a evolução de setores em três fases.[6] Na primeira fase, a competição está focada basicamente em *ideias, conceitos de produto, opções de tecnologia* e na *construção de uma base de competência*. O principal objetivo nesse estágio é conhecer melhor o potencial futuro do setor e os principais fatores que determinarão seu sucesso ou fracasso. Na segunda fase, a competição diz mais respeito a *criar uma coalizão viável de parceiros que apoiarão um padrão contra formatos concorrentes*. Empresas que cooperam nesse estágio podem competir acirradamente na terceira fase do processo — *a batalha por participação no mercado dos produtos finais e por lucro*.

À medida que a globalização da competição é intensificada, ocorre que os setores consolidam-se, a tecnologia difunde-se mais e as linhas divisórias entre clientes, fornecedores, concorrentes e parceiros tornam-se cada vez mais indistinguíveis. Com uma frequência cada vez maior, empresas que competem em um mercado colaboram em outros. Por vezes, podem tornar-se clientes ou fornecedoras umas das outras. Por causa dessa complexa justaposição de papéis, prever com precisão a estrutura futura de um setor passa a ser extremamente difícil, e basear-se em modelos de evolução simples e estilizados torna-se bastante perigoso. À medida que as fronteiras ficam mais permeáveis, mudanças estruturais em setores *adjacentes* (aqueles que atendem a mesma base de clientes com bens ou serviços diferentes, ou que usam tecnologias e processos de produção similares) ou em setores *relacionados* (aqueles que fornecem componentes, tecnologias ou serviços complementares) influenciam de forma crescente a perspectiva futura para um setor. Por fim, algumas vezes a mudança é simplesmente uma função da experiência. Os compradores geralmente se tornam mais seletivos à medida que se familiarizam com um produto e seus substitutos e, como consequência, tendem a ser mais explícitos em suas exigências por melhorias.

Métodos para análise de setor

De modo geral, um setor é analisado com base em um método de segmentação estratégica que enfoca um subconjunto do mercado total de clientes, uma análise de concorrentes que se concentra em corporações individuais ou suas principais unidades, ou uma análise de grupo estratégico de todas as empresas que enfrentam ameaças e oportunidades semelhantes.

Segmentação

Segmentação estratégica é o processo de dividir um setor ou mercado em segmentos relativamente homogêneos, minimamente sobrepostos, que se beneficiam de estratégias competitivas distintas. Ela está associada a um processo de seis etapas, em que há escolha de um segmento como *alvo estratégico* e o *posicionamento* da empresa para vantagem competitiva no(s) segmento(s) visado(s) (Figura 4.3). A segmentação estratégica é o processo de identificação de segmentos que oferecem as melhores perspectivas para resultados sustentáveis e de longo prazo. Esse processo considera a capacidade de defesa no longo prazo de diferentes segmentos por meio da análise de barreiras à entrada como: intensidade de investimento de capital, tecnologias proprietárias e patentes, localização geográfica, tarifas e outras barreiras comerciais.

A segmentação é complexa porque existem muitas maneiras de dividir um setor ou mercado. As categorias mais utilizadas de variáveis de segmentação incluem *características do cliente* e *variáveis relacionadas a um bem ou serviço*. As descrições do cliente podem incluir geografia, tamanho da empresa, tipo, estilo de vida ou variáveis como idade, renda

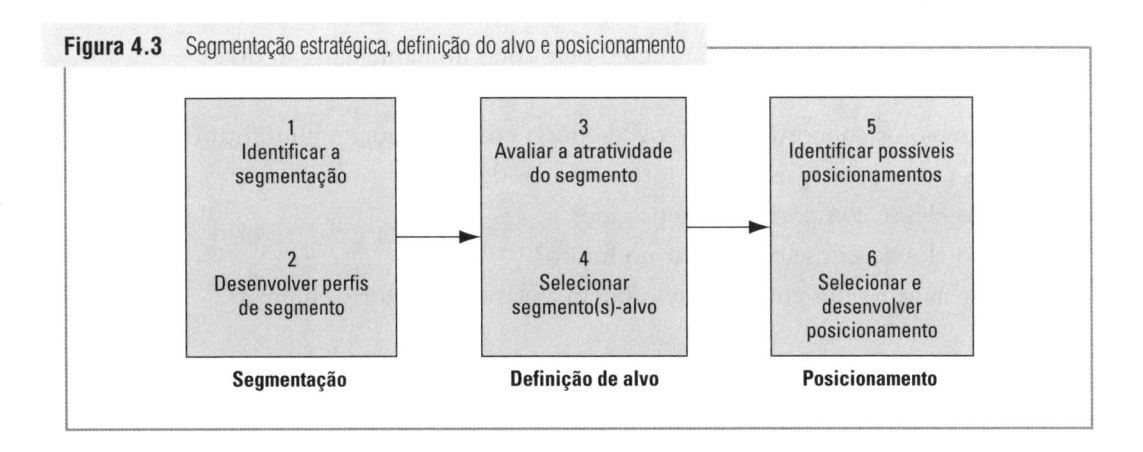

Figura 4.3 Segmentação estratégica, definição do alvo e posicionamento

1 Identificar a segmentação	3 Avaliar a atratividade do segmento	5 Identificar possíveis posicionamentos
2 Desenvolver perfis de segmento	4 Selecionar segmento(s)-alvo	6 Selecionar e desenvolver posicionamento
Segmentação	**Definição de alvo**	**Posicionamento**

ou sexo. Esquemas de segmentação relacionados a bens ou serviços dividem o mercado com base em variáveis como tipo de usuário, nível de uso, benefícios almejados, ofertas concorrentes, frequência de compra e lealdade, ou sensibilidade a preço.

Análise da concorrência

Como as estruturas de setor e os padrões de evolução estão se tornando mais complexos, com frequência as premissas tradicionais de negócios não são mais sustentáveis. Muitos mercados perderam distinção, assim como fronteiras bem definidas; a competição não diz respeito essencialmente à conquista de uma fatia de mercado; perfis de clientes e concorrentes mudam constantemente e a competição ocorre simultaneamente nos níveis corporativo e de unidade de negócios (UEN). Essa nova realidade requer que os executivos adotem uma perspectiva mais ampla de estratégia e que façam novas perguntas. As empresas B2C (voltadas para o consumidor final) competem no nível de unidade de negócios, no nível corporativo ou em ambos? As empresas competem como entidades independentes ou como famílias ampliadas que incluem sua base de fornecedores? Quando uma empresa define sua concorrência, os executivos devem focar no portfólio corporativo do qual a UEN faz parte? Quais são as vantagens competitivas de um portfólio de negócios em relação a negócios únicos (independentes)? O que é mais importante para uma vantagem competitiva sustentável: acesso a capital ou a tecnologia de informação?

Como essas perguntas sugerem, a análise competitiva deve ser acompanhada de uma análise das forças motrizes da evolução do setor. Por conseguinte, as estratégias não podem ser compartimentadas, de forma nítida, nos níveis corporativo ou de UEN. Um raciocínio importante por trás desse conceito de corporação diversificada é que os benefícios de um portfólio transcendem a força financeira. Um portfólio de negócios relacionados reflete um conjunto de recursos integrados — competências essenciais que transcendem unidades de negócios — e tem o potencial para desenvolver uma vantagem corporativa sustentável que deve ser considerada com os fatores de competitividade no nível de unidade de negócios.

Para analisar *concorrentes imediatos*, cinco perguntas fundamentais são úteis:

1. Quem são os concorrentes diretos de nossa empresa agora e num futuro próximo?
2. Quais são os principais pontos fortes e fracos deles?
3. Como eles se comportaram no passado?
4. Como eles devem se comportar no futuro?
5. Como as ações dos concorrentes podem afetar nosso setor e empresa?

É importante para o desenvolvimento estratégico adquirir um entendimento sólido de quem são os concorrentes diretos de uma empresa e o que motiva seu comportamento competitivo. Uma análise dos principais pontos fortes e fracos e do comportamento passado dos concorrentes, por exemplo, pode sugerir oportunidades competitivas atraentes ou identificar ameaças iminentes. Entender por que um concorrente comporta-se de determinada maneira ajuda a determinar o que esperar como provável iniciativa estratégica ou retaliatória. Saber em que os concorrentes são particularmente bons e em que falharam também ajuda a prever seu comportamento futuro. Por fim, uma análise da estrutura organizacional e da cultura de um concorrente pode ser esclarecedora; aquele que estiver focado em custo e for altamente estruturado tem pouca probabilidade de criar um desafio bem-sucedido com uma estratégia de mercado baseada em inovação.

Ao analisar padrões de competitividade, pode ser muito útil atribuir papéis a concorrentes em particular. Em muitos mercados é possível identificar um *líder*, um ou mais *desafiadores* e um número de *seguidores* e *nichers* (atuantes em nichos). Embora rotular concorrentes seja uma atitude bastante simplista, tal análise pode fornecer um *insight* para a dinâmica competitiva do setor.

Líderes tendem a concentrar-se na expansão da demanda total por meio da atração de novos usuários, do desenvolvimento de novos usos para seus bens ou serviços e do estímulo de um uso maior de seus bens ou serviços atuais. Defender a participação de mercado é importante, mas eles podem não querer participar do mercado de seus concorrentes imediatos de forma agressiva, porque fazer isso pode ser mais oneroso do que expandir o mercado, ou porque eles podem querer evitar o escrutínio de agências reguladoras. A Coca-Cola, por exemplo, está mais preocupada em desenvolver novos mercados no exterior do que em tomar uma fatia da Pepsi no mercado norte-americano.

Desafiadores concentram-se normalmente em um alvo único — o líder. Algumas vezes eles o fazem diretamente, como no caso do desafio da Fuji à Kodak. Em outras ocasiões, usam estratégias indiretas. A Computer Associates, por exemplo, adquiriu diversos concorrentes menores antes de embarcar em uma estratégia competitiva direta com os maiores.

Seguidores e *nichers* competem com objetivos estratégicos mais modestos. Alguns seguidores usam uma estratégia de imitação inovadora, enquanto outros optam por competir seletivamente em alguns segmentos ou com uma oferta mais limitada de bens ou serviços. Os *nichers* geralmente buscam uma fatia mais estreita do mercado por meio da concentração, por exemplo, em consumidores finais específicos, geograficamente, ou da oferta de bens ou serviços especializados.

A identificação de concorrentes *potenciais* é mais difícil. Empresas que no momento não fazem parte do setor, mas que podem entrar a um custo relativamente baixo, devem ser consideradas, da mesma forma que aquelas para as quais existe uma sinergia óbvia para que participem do setor. Clientes ou fornecedores que podem integrar-se para a frente ou para trás, constituem outra categoria de concorrentes potenciais.

Grupos estratégicos

Diversos setores têm inúmeros concorrentes, muito mais do que é possível analisar individualmente. Nesses casos, a aplicação do conceito de *grupos estratégicos* torna a tarefa de análise do concorrente mais administrável. Trata-se de um conjunto de empresas que se depara com ameaças e oportunidades semelhantes, que diferem das ameaças e oportunidades com que se deparam outros conjuntos de empresas do mesmo setor. A rivalidade costuma ser mais intensa dentro dos grupos estratégicos do que entre eles, porque os membros de um mesmo grupo estratégico concentram-se nos mesmos segmentos de mercado com estratégias e recursos similares. No setor de *fast-food*, por exemplo, redes especializadas em hambúrguer tendem a competir mais diretamente com outras redes de hambúrguer do que com redes de frango ou pizza. Da mesma forma, no setor farmacêutico, os grupos estratégicos podem ser definidos com relação às categorias de doenças que as empresas focam. A análise de grupos estratégicos ajuda a revelar como a concorrência evolui entre competidores com foco estratégico semelhante. Os grupos estratégicos podem ser mapeados por meio de preço, diversidade da linha de produtos, grau de integração vertical e outras variáveis que diferenciam concorrentes de um mesmo setor.

Analisando o escopo de produto/mercado

Os *insights* à atratividade competitiva do escopo de produto/mercado de uma empresa podem ser obtidos por meio de quatro técnicas analíticas: análise de mercado, análise do vetor de crescimento, análise de *gap* e análise de lucro consolidado.

Análise de mercado

A segmentação e a análise de concorrentes são úteis para identificar oportunidades e ameaças competitivas. Para quantificar a atratividade de um setor ou segmento em particular, uma *análise de mercado* deve ser realizada. Essa análise também é útil para desenvolver um melhor entendimento dos fatores críticos de sucesso e das competências essenciais de que uma empresa precisa para alcançar seus objetivos estratégicos.

A *análise de mercado* inclui a avaliação de: (1) tamanho potencial e real do mercado, (2) crescimento de mercado e segmento, (3) lucratividade de mercado e segmento, (4) estrutura subjacente de custos e tendências, (5) sistemas de distribuição atuais e emergentes, (6) importância de questões regulatórias e (7) mudanças tecnológicas.

Análise do vetor de crescimento

Uma empresa pode aumentar seu escopo estratégico oferecendo mais produtos/tecnologias/serviços para abranger mais segmentos de clientes. O grupo de combinações produto–mercado que uma empresa atende define seu escopo produto/mercado (Figura 4.4). O crescimento *dentro* do escopo de mercado existente é chamado de *concentração*; o crescimento experimentado por se atender segmentos de clientes relacionados ou novos é conhecido como *desenvolvimento de mercado*; e o crescimento baseado na oferta de produtos novos ou relacionados é *o desenvolvimento de produto/tecnologia*. Uma mudança em segmentos de clientes atendidos e produtos/tecnologias oferecidos, ao mesmo tempo, é chamada de *diversificação*, e será discutida mais detalhadamente no Capítulo 9.

Ao se avaliarem direções alternativas de crescimento, torna-se útil realizar uma análise semelhante de concorrentes importantes. A análise combinada permite aos executivos determinar se as suposições originais sobre o crescimento, a posição competitiva da empresa e o potencial de melhoria ainda são sustentáveis, assim como ganhar uma percepção sobre as intenções dos concorrentes e a maneira como os mercados de produtos específicos estão evoluindo. As empresas que se atêm a suas competências essenciais e concentram seu crescimento em mercados e produtos relacionados são mais bem-sucedidas do que outras que diversificam sua atuação de forma ampla.

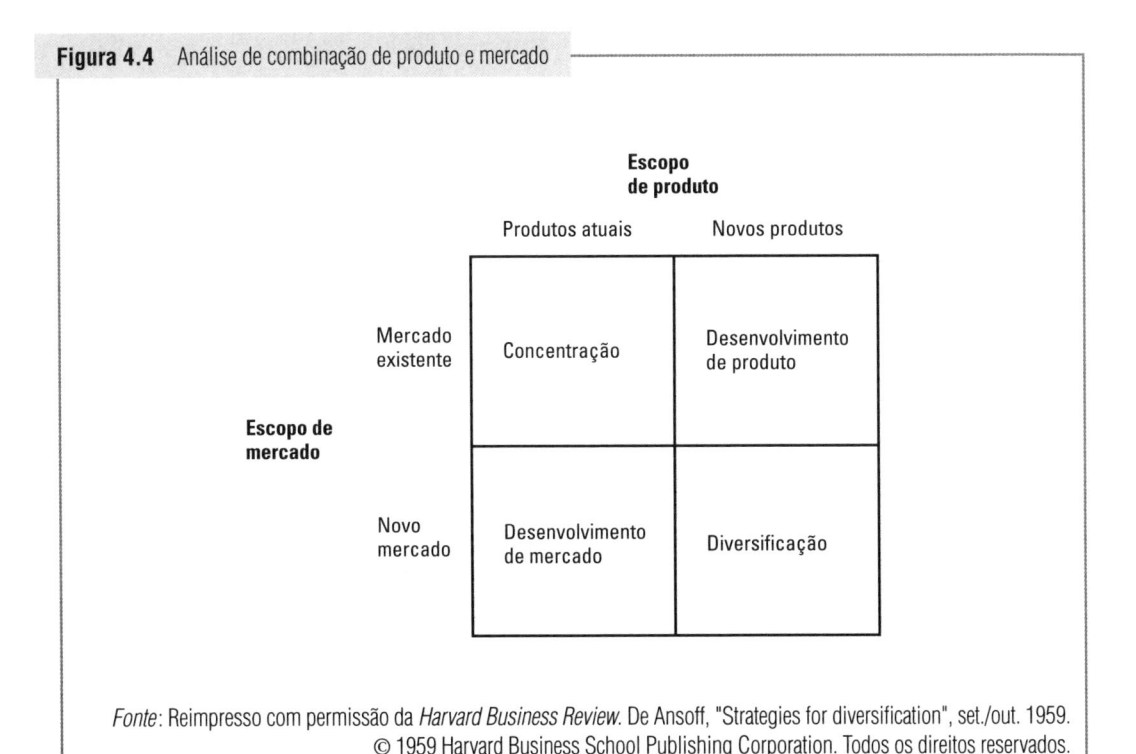

Figura 4.4 Análise de combinação de produto e mercado

	Escopo de produto	
	Produtos atuais	Novos produtos
Mercado existente	Concentração	Desenvolvimento de produto
Novo mercado	Desenvolvimento de mercado	Diversificação

Escopo de mercado

Fonte: Reimpresso com permissão da *Harvard Business Review*. De Ansoff, "Strategies for diversification", set./out. 1959. © 1959 Harvard Business School Publishing Corporation. Todos os direitos reservados.

Análise de *gap*

Traçar vetores de crescimento para uma empresa e seus principais concorrentes frequentemente revela *lacunas*, ou *gaps*, na forma como o mercado está sendo atendido, em que as vendas do setor estão abaixo de seu potencial. A *análise de gap* — o processo de comparação do potencial de mercado de um setor com a penetração de mercado atual de todos os concorrentes combinados — pode levar à identificação de espaços adicionais de crescimento. A Figura 4.5 ilustra esse processo. *Gaps* entre o potencial de um mercado e o nível de vendas atual pode ser o resultado de: (1) *gaps* de linha de produto — a indisponibilidade de versões de produto para aplicações específicas ou situações de uso; (2) *gaps* de distribuição — segmentos negligenciados de clientes que têm dificuldade em acessar o produto; (3) *gaps* de uso — aplicações pouco desenvolvidas para o produto; e (4) *gaps* competitivos — oportunidades de desalojar concorrentes que apresentem uma oferta fraca de produtos ou um desempenho questionável.

Análise de lucro consolidado

O *profit pool* (lucro consolidado) de um setor é o lucro total obtido em todos os pontos ao longo de sua cadeia de valor, — que é, como vimos no Capítulo 6, constituída pelas atividades primárias e de suporte que são desenvolvidos e que vão adicionando valor durante todo o processo de transformação dos produtos e insumos, até serem en-

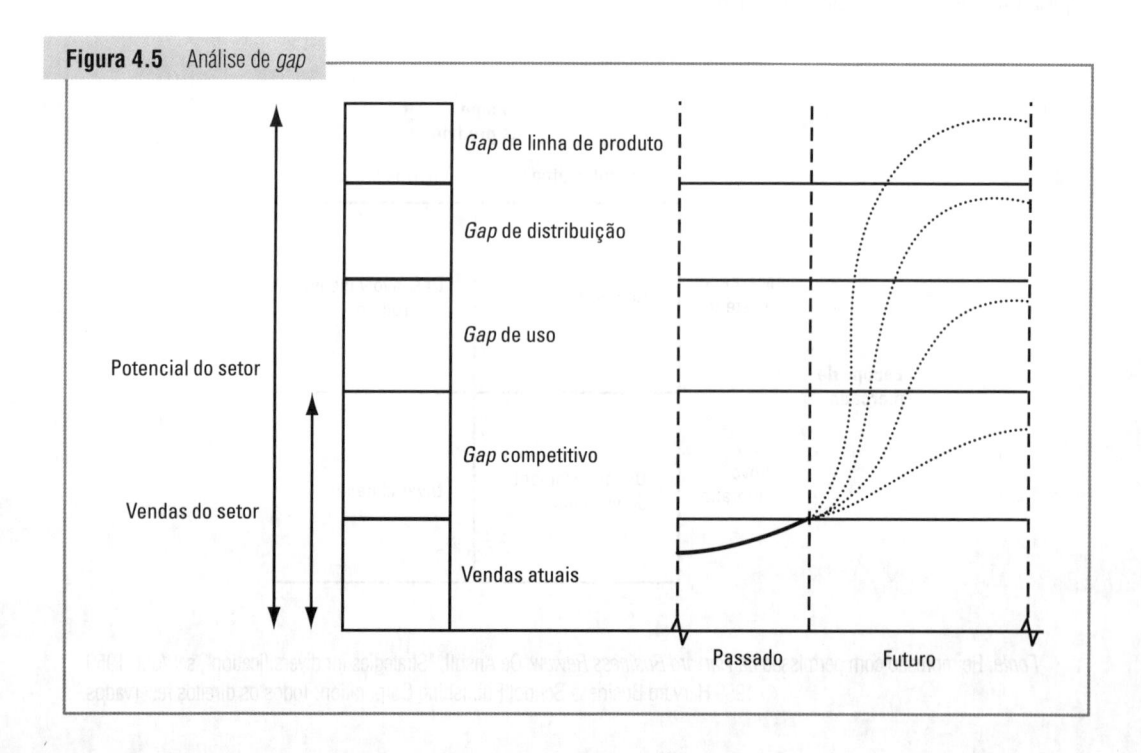

Figura 4.5 Análise de *gap*

gues ao consumidor final.⁷ Ao analisar quem obtém lucro, onde na cadeia de valor ele é obtido e o porquê, é importante entender a economia de um setor. A lucratividade normalmente varia por grupo de clientes, categoria de produto, área geográfica e canal de distribuição. Além disso, o padrão da distribuição de lucro em geral difere bastante do da concentração de receita. No setor automobilístico, por exemplo, a manufatura e a distribuição de veículos geram a maior receita, mas o *leasing*, o seguro e o financiamento de automóveis são as atividades mais lucrativas.

O 'mapeamento' do lucro consolidado de um setor proporciona um *insight* importante do potencial de lucro. Ele também ajuda os executivos a entenderem como o setor está evoluindo, por que os lucros consolidados se formaram em determinado ponto e que mudanças podem ocorrer na distribuição de lucro. Esse mapeamento consiste em quatro etapas: (1) definir as fronteiras consideradas para o lucro consolidado, (2) estimar seu tamanho total, (3) alocar lucros para as diferentes atividades da cadeia de valor e (4) verificar os resultados.

Notas

1. ABELL, D.; HAMMOND, J. *Strategic market planning: problems and analytical approaches.* Englewood Cliffs: Pearson Prentice Hall, 1979
2. PORTER, M.E. *Competitive strategy.* Nova York: Free Press, 1980.
3. GROVE, A.S. *Only the paranoid survive.* Nova York: Doubleday, 1996.
4. PORTER, M.E. "Strategy and the internet", *Harvard Business Review*, mar. 2001, p. 63–78.
5. Esta seção é baseada em MCGAHAN, A.M. "How industries change", *Harvard Business Review*, out. 2004, p. 87–94.
6. PRAHALAD, C.K. "Weak signals versus strong paradigms", *Journal of Marketing Research*, 32, 1995, p. iii–ix.
7. GADIESH O.; GILBERT, J.L. "Profit pools: a fresh look at strategy", *Harvard Business Review*, maio/jun. 1998, p. 139–147; GADIESH O.; GILBERT, J.L. "How to map your industry's profit pool", *Harvard Business Review*, maio/jun. 1998, p. 149–162

CAPÍTULO 5

ANÁLISE DA BASE DE RECURSOS ESTRATÉGICOS DE UMA ORGANIZAÇÃO

Introdução

Uma avaliação das competências e dos recursos estratégicos internos — e das pressões em favor da mudança ou contra ela — é essencial quando se quer determinar as estratégias que uma empresa pode buscar com sucesso. Os recursos estratégicos de uma organização incluem seus ativos físicos; sua posição financeira relativa; sua posição de mercado, suas marcas e a qualidade de seu pessoal; e conhecimento, competências, processos, habilidades e aspectos culturais específicos da organização.

A análise do ambiente estratégico interno de uma empresa envolve dois componentes principais: (1) catalogar e avaliar recursos atuais e competências essenciais que possam ser usadas para criar uma vantagem competitiva e (2) identificar pressões internas por mudanças e forças de resistência.

Neste capítulo, caracterizamos a base de recursos estratégicos de uma empresa no tocante a ativos físicos, financeiros, de recursos humanos e organizacionais, e descrevemos técnicas para analisá-la. Na segunda seção, examinamos os direcionadores de mudanças organizacionais internas e as forças de resistência que têm forte influência na viabilidade de execução de opções estratégicas específicas e introduzimos o modelo de ciclo de vida de uma empresa.

Recursos estratégicos

A base de recursos estratégicos de uma empresa consiste em seus ativos *físicos, financeiros, de recursos humanos e organizacionais*. Ativos físicos, como instalações de manufatura de ponta, plantas ou serviços localizados próximos a clientes importantes, podem afetar materialmente a competitividade de um negócio. A solidez financeira — excelente fluxo de caixa, sólido balanço patrimonial e forte histórico financeiro — é uma medida da posição competitiva de uma organização, de seu sucesso no mercado e de sua capacidade de investir no futuro. A qualidade dos recursos humanos — forte liderança na alta administração, gerentes experientes e funcionários bem treinados e motivados — pode representar o recurso estratégico mais importante de uma empresa. Por fim, os recursos estratégicos organizacionais são as competências, processos, habilidades e conhecimento específicos sob controle de uma empresa. Eles incluem qualidades como experiência de manufatura, patrimônio de marca, capacidade de inovação, posição de custo relativo e capacidade de adaptação e aprendizagem em situações de mudança.

Para avaliar o valor relativo dos recursos estratégicos de uma empresa, quatro perguntas específicas devem ser feitas: (1) Quão valioso é um recurso; ele ajuda a construir e sustentar uma vantagem competitiva? (2) Esse recurso é exclusivo ou os concorrentes possuem recursos semelhantes? Se os concorrentes possuírem recursos ou competências semelhantes ou puderem obtê-los com relativa facilidade, seu valor estratégico diminui. (3) O recurso estratégico é fácil de imitar? Isso diz respeito à exclusividade. Essencialmente, a maioria dos recursos estratégicos, com exceção de patentes ou marcas registradas, pode ser duplicada. A questão é — a que custo? Quanto mais caro custar para os concorrentes duplicar um recurso estratégico, mais valioso ele será para o negócio. (4) A empresa está posicionada para explorar o recurso? Possuir um recurso estratégico é uma coisa; ser capaz de explorá-lo é outra bem diferente. Um recurso estratégico com pouco valor para uma empresa pode ser um ativo estratégico importante para outra. A questão é se um recurso pode alavancar uma vantagem competitiva.

Ativos físicos

Os ativos físicos de uma empresa, tais como instalações de manufatura de ponta, plantas ou serviços localizados próximos a clientes importantes, podem afetar materialmente sua competitividade. Para as companhias aéreas, a idade média da frota de aeronaves é uma questão importante. Ela afeta as percepções do cliente, a flexibilidade das rotas e os custos operacionais e de manutenção. A infraestrutura é uma questão-chave para empresas de telecomunicações. Ela determina o alcance geográfico e define os tipos de serviço que podem ser oferecidos ao cliente. No varejo e no ramo imobiliário, o velho refrão "localização, localização, localização" ainda se aplica.

Os ativos físicos não necessariamente devem ser de propriedade da empresa. O uso criterioso de terceirização, *leasing*, *franchising* e parcerias pode aumentar substancialmente o alcance de uma organização com um comprometimento relativamente modesto de recursos.

Analisando a base de recursos financeiros de uma empresa

No nível corporativo, a avaliação da posição e do desempenho financeiros envolve uma análise minuciosa da demonstração de resultados atual ou *pro forma* e dos fluxos de caixa no nível divisional ou no de unidade de negócios, levando-se em conta o balanço patrimonial.

A *análise de índices financeiros* pode fornecer uma rápida visão geral da lucratividade, liquidez, alavancagem e atividade presentes e passadas de uma empresa ou unidade de negócios. Os *índices de lucratividade* medem a eficácia na alocação de seus recursos. Os *índices de liquidez* focam a geração de fluxo de caixa e a capacidade em honrar suas obrigações financeiras. Os *índices de alavancagem* podem sugerir melhorias potenciais no financiamento de operações. Os *índices de atividade* medem a produtividade e a eficiência. Esses índices (Tabela 5.1) podem ser usados para avaliar: (1) a posição da empresa no setor; (2) até que ponto determinados objetivos estratégicos estão sendo atingidos; (3) sua vulnerabilidade a flutuações de receita e de custos; e (4) o nível de risco financeiro associado à estratégia atual ou à proposta.

A fórmula *DuPont* para análise do retorno sobre ativos de uma empresa ou unidade de negócios vincula diretamente as variáveis operacionais ao desempenho financeiro. Por exemplo, como mostra a Figura 5.1, o retorno sobre ativos é calculado multiplicando-se os ganhos, expressos como porcentagem de vendas, pelo giro dos ativos. O giro dos ativos, por sua vez, é a razão entre as vendas e o total de ativos utilizados. Uma análise cuidadosa dessas relações permite questionar consistentemente a eficácia de uma estratégia e a qualidade de sua execução.

Medidas baseadas em parâmetros contábeis são consideradas, de modo geral, indicadores inadequados do valor econômico de uma unidade de negócios. Em contrapartida, a *análise do valor para o acionista* concentra-se na geração de fluxo de caixa, que é o principal determinante da riqueza do acionista. É útil para responder às seguintes perguntas: (1) O plano estratégico atual cria valor para o acionista e, nesse caso, de quanto? (2) Como o desempenho de uma unidade de negócios é comparado ao desempenho de outras na corporação? (3) Uma estratégia alternativa aumentaria o valor para o acionista em relação à estratégia atual?

O uso de medidas financeiras baseadas em parâmetros contábeis para avaliar o desempenho atual, como o ROI (retorno sobre investimento, do inglês, *return on investment*), foi substituído pelo uso de medidas mais abrangentes de valor para o acionista, como o EVA (*valor econômico agregado*, do inglês, *economic value added*) e o MVA (*valor de mercado agregado*, do inglês, *market value added*). O EVA é uma medida de desempenho financeiro baseada em valor, que foca a criação de valor econômico. Ao contrário das medidas tradicionais baseadas em lucro contábil, o EVA reconhece que o capital tem dois componentes: custo da dívida e custo do patrimônio líquido. Medidas mais tradicionais, dentre elas o ROA (retorno sobre ativos, do inglês, *return on assets*) e o ROE (retorno sobre patrimônio líquido, do inglês, *return on equity*), concentram-se no custo da dívida, mas ignoram o custo do patrimônio. A premissa do EVA é de que os executivos não conseguem identificar se uma operação está de fato criando valor até que avaliem por completo o custo do capital.

Tabela 5.1 Análise de índices

	Índice	Definição
1. Lucratividade		
a. Margem bruta de lucro	(Vendas − Custo dos bens vendidos) / Vendas	Margem total disponível para cobrir despesas operacionais e gerar lucro
b. Margem líquida de lucro	Lucro depois dos impostos / Vendas	Retorno sobre vendas
c. Retorno sobre ativos	Lucro antes dos juros e impostos (EBIT) / Total de ativos	Retorno sobre o investimento total tanto dos acionistas como dos credores
d. Retorno sobre patrimônio líquido	Lucro depois dos impostos / Patrimônio líquido	Taxa de retorno do investimento dos acionistas na empresa
2. Liquidez		
a. Índice de liquidez corrente	Ativo circulante / Passivo circulante	Capacidade de uma empresa de pagar sua dívida de curto prazo utilizando o ativo circulante
b. Índice de liquidez seca	(Ativo circulante − Estoque) / Passivo circulante	Quociente absoluto de liquidez; capacidade de uma empresa de honrar suas obrigações de curto prazo sem precisar vender seu estoque
c. Coeficiente estoque/capital de giro líquido	Estoque / (Ativo circulante − Passivo circulante)	Proporção em que o capital de giro de uma empresa está atrelado ao estoque
3. Alavancagem		
a. Relação dívida–ativos	Passivo total / Total de ativos	Proporção em que empréstimos são utilizados para financiar as operações de uma empresa
b. Índice de endividamento	Passivo total / Patrimônio total	Relação entre fundos de credores e fundos de acionistas
c. Índice de endividamento de longo prazo	Passivo de longo prazo / Patrimônio total	Relação entre dívida e patrimônio
4. Atividade		
a. Giro de estoque	Vendas / Estoque	Quantidade de estoque usado por uma empresa para gerar suas vendas
b. Giro de ativos fixos	Vendas / Ativos fixos	Produtividade das vendas e utilização da planta
c. Índice de adimplência	Contas a receber / Média das vendas diárias	Tempo médio necessário para o recebimento de pagamentos

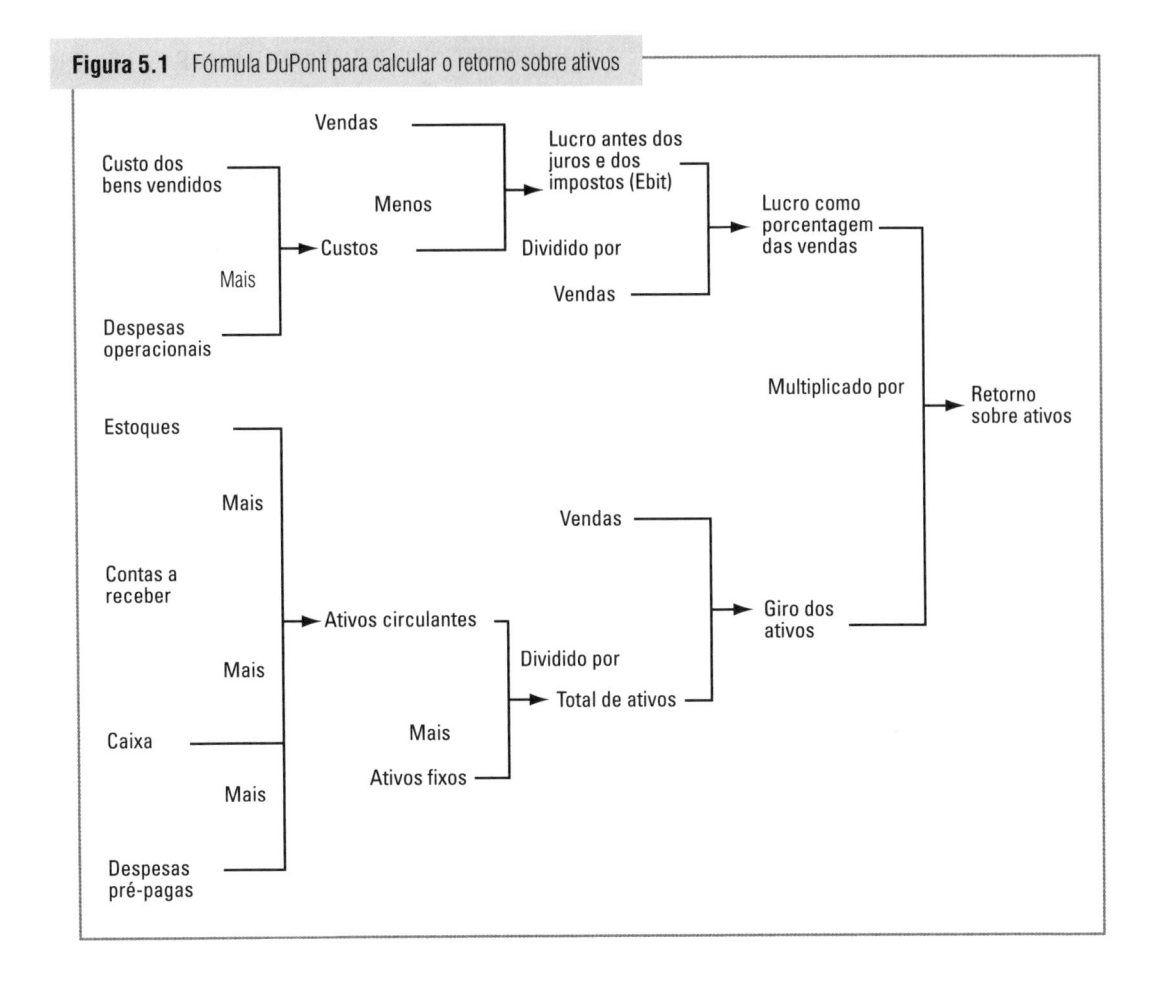

Figura 5.1 Fórmula DuPont para calcular o retorno sobre ativos

```
Custo dos              Vendas
bens vendidos                          Lucro antes dos
                                       juros e dos
                       Menos           impostos (Ebit)           Lucro como
                                                                 porcentagem
                    → Custos           Dividido por              das vendas
              Mais
                                       Vendas
Despesas
operacionais
                                                         Multiplicado por    Retorno
                                                                             sobre ativos
Estoques

         Mais                          Vendas

Contas a                                                 Giro dos
receber              → Ativos circulantes                ativos
                                       Dividido por
         Mais
                                       Total de ativos
Caixa                Mais
                     Ativos fixos
         Mais

Despesas
pré-pagas
```

Em termos matemáticos: EVA = Lucro − [(Custo do capital)(Capital total)], sendo que *lucro* é o lucro operacional depois dos impostos; *custo do capital* é o custo médio ponderado da dívida e do patrimônio; e *capital total* é o valor contábil somado à dívida acrescida de juros. Considere o seguinte exemplo: ao comprar um ativo, os executivos investem capital de sua empresa e tomam fundos emprestados de um terceiro. Tanto os acionistas quanto aquele que empresta os fundos exigem um retorno sobre seu capital. Esse retorno é o 'custo do capital' e inclui tanto o custo do patrimônio (o investimento da empresa) quanto o custo da dívida (o investimento de quem fez o empréstimo). A empresa não gera nenhum lucro significativo até que o retorno gerado pelo investimento exceda o custo ponderado do capital. Quando isso ocorre, os ativos contribuem com um EVA positivo. Se, por outro lado, o retorno continuar abaixo do custo ponderado do capital, o EVA será negativo, e uma mudança poderá ser necessária.

A Varity, Inc. usou o EVA como base para revigorar sua cultura corporativa e restabelecer a saúde financeira. A empresa focou a atenção dos funcionários em seu EVA negativo de $ 150 milhões. Ela estabeleceu objetivos claros para torná-lo positivo em cinco anos. Esses objetivos incluíam rever a estrutura de capital da empresa, iniciando um programa de recompra de ações, considerando oportunidades estratégicas com parceiros com EVA alto e gerenciando com eficiência o capital de giro. Ao estabelecer em 20 por cento o custo do capital interno, os gerentes encontraram oportunidades estratégicas atraentes que incluíam a construção de uma nova instalação fabril, o estabelecimento de uma presença na Ásia por meio de uma *joint-venture* e a decisão de 'desinvestir' em seu negócio de fechaduras.[1]

O EVA possui dois benefícios adicionais: (1) ajuda a alinhar os interesses dos funcionários e dos acionistas por meio de planos de remuneração de funcionários; e (2) pode ser a base para uma medida única de desempenho competitivo chamada de MVA. Com programas de incentivos baseados no EVA, os funcionários são recompensados por contribuir para o lucro por meio do uso eficiente de capital. À medida que se conscientizam dos resultados de suas decisões sobre o uso de capital, eles se tornam mais seletivos sobre a forma como gastam o investimento do acionista. O MVA é igual ao valor de mercado menos o capital investido. Portanto, o EVA pode ser usado como uma medida para várias funções internas, tais como orçamento de capital, avaliação de desempenho do funcionário e avaliação operacional. Por outro lado, o valor externo para o acionista é medido por meio do MVA, que equivale aos fluxos futuros de EVAs descontados.

Embora o EVA ofereça características atraentes, sua implementação efetiva tem se mostrado difícil. Além disso, vários estudos independentes produziram resultados inconsistentes quanto à relação entre o EVA e o desempenho superior de uma empresa.[2] Conforme publicado na revista *Fortune*, empresas que usaram o EVA reportaram retornos anuais médios de 22 por cento em comparação aos 13 por cento obtidos pelos concorrentes que não o utilizaram.[3] O *The Wall Street Journal*, por outro lado, fez referência a um estudo conduzido pela Universidade de Washington cuja conclusão é de que o "lucro por ação ainda é um guia mais confiável do desempenho de ações do que o EVA e outras medidas de lucro residual".[4] Outro estudo realizado com 88 empresas concluiu que os adeptos do EVA tendem a enfatizar medidas financeiras em detrimento da qualidade e do atendimento ao cliente.[5] As conclusões sugerem ainda que, embora os adeptos do EVA realizem ganhos iniciais de desempenho, essa melhoria tende a cessar pouco depois de sua implementação.

A despeito dessa ressalva, o EVA retrata os resultados verdadeiros dos pontos fortes de uma empresa ao considerar o custo da dívida e do patrimônio. Ferramentas como ROE, ROA e EPS (lucro por ação, do inglês, *earnings per share*) medem o desempenho financeiro, mas ignoram o componente do custo do patrimônio no custo do capital. Portanto, é possível ter ganhos e retornos positivos, mas um EVA negativo. Ao estimular uma operação para minimizar o índice de endividamento, uma empresa que usa o EVA maximiza a eficiência e a alocação de capital. Se, por exemplo, uma empresa puder conservar seus ativos, melhorando o recebimento de contas a receber e o giro de estoque, seu EVA aumentará.

A *análise de custos* trata da identificação de direcionadores estratégicos de custo — aqueles fatores de custo na cadeia de valor que determinam a competitividade de longo prazo no setor. Esses direcionadores incluem variáveis como design de produto, custos de fator, escala e escopo das operações e uso da capacidade. Para auxiliar no desenvolvimento estratégico, a análise de custos deve focar os custos e direcionadores de custos que tenham importância estratégica, porque podem ser influenciados por escolhas estratégicas.

O *benchmarking de custos* é útil para avaliar os custos de uma empresa em relação aos de seus concorrentes ou para comparar seu desempenho com o das melhores empresas de sua classe. O processo envolve cinco etapas: (1) selecionar áreas ou operações de comparação; (2) identificar medidas de desempenho e práticas ideais; (3) identificar as melhores empresas do setor ou os principais concorrentes; (4) coletar dados sobre custo e desempenho; e (5) analisar e interpretar os resultados. Essa técnica é extremamente prática e versátil. Ela permite comparações diretas da eficiência com que diferentes tarefas da cadeia de valor são executadas. É perigoso, entretanto, exagerar ao tomar o *benchmarking* como orientação, porque, em vez de focar diferenças, ele foca semelhanças entre o design estratégico de empresas rivais e bases de vantagem competitiva comprovadas *versus* prováveis.

Uma avaliação completa dos recursos financeiros de uma empresa deve incluir uma análise de *risco financeiro*. A maioria dos modelos financeiros é determinista, ou seja, os gerentes especificam uma única estimativa para cada variável-chave. Mesmo assim, muitas dessas estimativas são feitas com o reconhecimento de que há um alto grau de incerteza sobre seu valor real. Juntas, essas incertezas podem mascarar altos níveis de risco; portanto, é importante que o risco seja considerado de forma explícita. Isso envolve a determinação de variáveis que tenham o maior efeito sobre a receita e sobre os custos como uma base para avaliar diferentes cenários de risco. Algumas das variáveis comumente consideradas são taxa de crescimento do mercado, participação de mercado, tendências de preço, custo do capital e vida útil da tecnologia subjacente.

Capital humano: o recurso estratégico mais valioso de uma empresa

As empresas são gerenciadas por e para pessoas. Embora alguns recursos estratégicos possam ser duplicados, as pessoas que fazem parte de uma organização, ou seus *stakeholders* (grupos de interesse) imediatos, são únicas. Entender suas preocupações, aspirações e competências é, portanto, essencial para determinar a posição e as opções estratégicas de uma empresa.

Um levantamento conduzido pela revista *Chief Executive* mostra que há um foco cada vez maior em atrair, desenvolver e reter *capital humano*. Dos CEOs entrevistados, 43 por cento acreditam que encontrar e reter boas pessoas é seu maior desafio, e 84 por cento acreditam que 'questões sobre pessoal' são muito mais importantes agora do que antes.

Um estudo feito pela American Society for Training and Development examinou 500 empresas norte-americanas de capital aberto. Ao avaliar os gastos anuais com treinamento e o retorno para o acionista, o estudo concluiu que as 250 empresas que gastaram mais com treinamento registraram um retorno maior para o acionista do que as outras 250.[6]

O desenvolvimento contínuo, por meio de treinamento no trabalho e outros programas, é essencial para o crescimento do capital humano. A FedEx, por exemplo, desenvolve seus talentos internos por meio de um compromisso com o aprendizado contínuo. Ela destina 3 por cento do total de despesas para treinamento — seis vezes o percentual alocado pelas empresas em geral. Tanto os funcionários como os gerentes participam de um treinamento obrigatório de 11 semanas em seu primeiro ano de contratação. Mais de 10 mil funcionários estiveram no Leadership Institute participando de cursos semanais sobre a cultura e as operações da empresa.[7] Muitas outras estão adotando estratégias semelhantes e colhendo benefícios. Os executivos da Motorola relatam que a empresa recebe $ 33 para cada $ 1 investido na educação de funcionários.

Recursos estratégicos organizacionais

Os recursos organizacionais de uma empresa incluem sua base de *conhecimento e capital intelectual*; sua *reputação* junto a clientes, parceiros, fornecedores e a comunidade financeira; *competências, processos* e *conjuntos de habilidades*; e sua *cultura corporativa*.

Conhecimento e *capital intelectual* são direcionadores importantes da vantagem competitiva, a qual advém do valor que a empresa entrega aos clientes. A vantagem competitiva é criada e sustentada quando as empresas continuam a mobilizar novos conhecimentos mais rapidamente e com maior eficiência do que seus concorrentes. Ao reconhecer a importância do conhecimento como um ativo estratégico, Skandia, Nasdaq, Chevron e Dow Chemical estabeleceram posições no nível de direção responsáveis por seu capital intelectual.

Uma evidência adicional da crescente importância do conhecimento e do capital intelectual como recurso estratégico é fornecida pelo mercado financeiro. Embora o capital intelectual seja difícil de medir e não esteja representado formalmente no balanço patrimonial, a capitalização de mercado de uma empresa reflete cada vez mais o valor desses recursos e a eficácia com que eles são gerenciados. O Netscape, antes de ser comprado, tinha uma capitalização de mercado de $ 4 bilhões com base no preço de suas ações, embora as vendas da empresa fossem apenas de poucos milhões de dólares ao ano. Os investidores basearam o alto preço da ação na avaliação dos intangíveis da empresa — sua base de conhecimento e a qualidade de seu gerenciamento.

O número de *patentes* lançadas nos Estados Unidos a cada ano dobrou na última década, e elas são cada vez mais globais. Por meio de um novo sistema internacional de patentes organizado pela United Nations World Intellectual Property Organization e também por meio da World Trade Organization e da crescente demanda dos investidores por patentes com proteção mundial, os sistemas de registro de patentes estão convergindo. Decisões judiciais fundamentais também tornaram áreas de tecnologia patenteáveis nos Estados Unidos. Um caso de 1980 abriu as portas para o registro de patentes de descobertas em biotecnologia e genética, outro de 1981 permitiu o registro de patentes de software e outro de 1998 gerou mais patentes de metodologias empresariais.

Uma forte proteção de patentes pode ser de grande valor estratégico. Por exemplo, para proteger a propriedade intelectual e preservar a vantagem competitiva nos processos de manufatura e teste envolvidos em seu sistema de produção sob demanda, a Dell Computer registrou 77 patentes, protegendo diferentes partes do processo de fabricação e teste. Essa proteção compensa. A IBM recebeu $ 30 milhões em uma ação indenizatória por quebra de patente da Microsoft — depois da qual Bill Gates enviou um memorando aos funcionários com a ordem "patenteiem o máximo possível".

Cada vez mais as patentes são estrategicamente exploradas para gerar receitas adicionais. Patentes de licenciamento ajudaram a criar mercado para a tecnologia da IBM e fomentaram sua receita com licenciamento. Um número crescente de empresas pratica o 'registro estratégico de patentes', ou seja, usa aplicações de patentes para colonizar áreas de tecnologia totalmente novas, mesmo antes que produtos tangíveis sejam criados.

Entretanto, a maior porção da base de capital intelectual de uma empresa não é patenteável. Ela representa o *conhecimento* total acumulado pelas pessoas, grupos e unidades de uma organização sobre clientes, fornecedores, produtos e processos e é composta por uma combinação de experiências passadas, valores, educação e percepções. À medida que uma organização aprende, ela toma decisões melhores. Decisões melhores, por sua vez, aumentam o desempenho e aprimoram a aprendizagem.

O conhecimento torna-se um ativo quando gerenciado e transferido. O *conhecimento explícito* é formal e objetivo e pode ser codificado e armazenado em livros, arquivos e bancos de dados. O *conhecimento implícito* ou *tácito* é informal e subjetivo; ele é adquirido com a experiência e transferido por meio da interação pessoal e da colaboração.

Um estudo sobre como os técnicos de manutenção da Xerox refinaram seu conhecimento ilustra a diferença.[8] A premissa da empresa era a de que os técnicos faziam a manutenção das copiadoras seguindo os manuais de diagnóstico fornecidos pela Xerox. No entanto, a pesquisa revelou que eles frequentemente tomavam café da manhã juntos e, nessas ocasiões, conversavam sobre seu trabalho. Contavam histórias sobre fatos ocorridos, falavam de problemas, ofereciam soluções, construíam respostas e discutiam sobre equipamentos, mantendo uns aos outros informados sobre o que aprendiam. Portanto, a abordagem usada pelos técnicos para consertar os equipamentos da Xerox era, na realidade, baseada mais na troca informal de informações do que em seu treinamento formal. O que se considerava um processo baseado em conhecimento explícito era, na verdade, fundamentado em conhecimento tácito, experiência e colaboração.[9]

A importância das marcas

A *reputação* de uma empresa junto a clientes, parceiros, fornecedores e agências reguladoras pode ser um ativo estratégico poderoso. A distância física existente entre clientes, distribuidores e fabricantes criou a necessidade das *marcas*. Elas oferecem uma garantia de confiabilidade e qualidade. Em uma economia global e baseada na Internet, criam confiança e reforçam valor. Os consumidores poderiam relutar em usar seus cartões de crédito para fazer compras pela Internet, não fosse pela confiança que depositam em empresas como Amazon, Dell e eBay. E, como a confiança do consumidor forma a base de todos os valores de marcas, as empresas que as detêm possuem um incentivo imenso para trabalhar na retenção dessa confiança.

Portanto, *marcas* são ativos estratégicos que ajudam as empresas a construir e manter a fidelidade do cliente. Uma marca forte pode ajudar a manter margens de lucro e a levantar barreiras à entrada de novos participantes no mercado. Por ser algo muito valioso para uma empresa, ela deve ser constantemente alimentada, sustentada e protegida. Fazer isso está cada vez mais difícil e caro. Os consumidores estão cada vez mais ocupados, mais distraídos e com mais opções de mídia do que nunca. Empresas como Coca-Cola, Gillette e Nike lutam para aumentar volumes, preços e margens. Além disso, uma falha de suporte a uma marca pode ser catastrófica. Uma campanha publicitária mal direcionada, uma queda na qualidade ou um escândalo corporativo podem afetar rapidamente o valor de uma marca e a reputação da empresa que a detém.

Todo ano, a revista *Business Week*, em colaboração com a *Interbrand*, marca líder no mercado de consultoria, publica o *ranking* das 100 Melhores Marcas Globais, segundo seu valor em dólares. O valor da marca é calculado como o valor presente dos ganhos que a marca espera gerar e assegurar no futuro. As marcas são selecionadas de acordo com dois critérios: (1) devem ser globais, gerando ganhos significativos nos principais mercados globais; e (2) deve haver dados suficientes de marketing e financeiros disponíveis publicamente para que seja feita uma avaliação apropriada.

Embora toda empresa queira expandir sua marca, seus executivos devem encontrar um meio de gerar crescimento sem deixar de lado a fidelidade à missão corporativa. Os *rankigs* da *Business Week*/Interbrand de empresas globais reconhecem aquelas bem-sucedidas nessa tarefa como as melhores marcas globais.[10]

O estudo da *Business Week*/Interbrand constatou que as empresas capazes de expandir suas marcas sem perder de vista suas missões desenvolvem a lealdade dos clientes que possibilita a ela buscar expansões arriscadas. Essas empresas tendem a exibir certas qualidades identificáveis, que abrangem três fortes recomendações aos executivos:

1. *Não tema fracassos públicos.* Em 2006, o Google ganhou 46 por cento de valor de marca — o maior aumento em bases anuais jamais alcançado por uma empresa. Ela

tem tido êxito em alavancar sua marca universalmente reconhecida para lançar uma série de novos produtos, muito embora sua meta de taxa de sucesso para esses novos empreendimentos seja inferior a 40 por cento.
2. *Enfrente seus pontos fracos.* De 1998 a 2003, a capitalização de mercado da rede McDonald's caiu para $ 12,2 bilhões. Seu reconhecimento de marca próximo dos 100 por cento nos mercados globais foi associado a imagens desgastadas ou problemáticas: Ronald McDonald, *junk food* (comida rica em calorias e de baixa qualidade nutritiva) e obesidade. Pior ainda, pesquisas de opinião revelaram uma desconfiança crescente das mães em levar os filhos ao McDonald's. Em resposta, a empresa acrescentou opções com preço mais alto de saladas, lanches de frango e frutas. Em 2006, a marca global da rede cresceu 6 por cento, e sua capitalização de mercado aumentou para $ 2 bilhões.
3. *Proteja sua cultura.* O estudo da *Business Week*/Interbrand descobriu que a Starbucks protegia sua imagem com vigor, ao proibir a venda de outras marcas em suas lojas de varejo, enquanto aproveitava o valor de sua marca para coproduzir uma série de CDs de música, livros e filmes.

Competências essenciais

As *competências essenciais* representam habilidades singulares que permitem a uma empresa criar vantagem competitiva. A 3M desenvolveu competência essencial em revestimentos. A Canon em óptica, imagens e controles de microprocessador. A da Procter & Gamble em marketing permite-lhe adaptar-se mais rapidamente do que as concorrentes a oportunidades de mudança. O desenvolvimento de competências essenciais tornou-se um elemento fundamental na criação de vantagem competitiva no longo prazo. Uma avaliação de recursos e competências estratégicos, portanto, deve incluir a análise das competências essenciais que uma empresa possui ou está desenvolvendo, como elas são alimentadas e como podem ser alavancadas.

As competências essenciais evoluem à medida que uma empresa desenvolve seus processos de negócios e incorpora seus ativos intelectuais. Não são apenas coisas que uma empresa faz particularmente bem; em vez disso, trata-se de conjuntos de habilidades ou sistemas que criam um valor alto e singular para os clientes. Para se qualificarem, essas habilidades ou sistemas devem contribuir para os benefícios percebidos pelo cliente, ser difíceis de imitar pelos concorrentes e permitir alavancagem entre mercados. O uso de tecnologia de motores pequenos pela Honda em diversos produtos — dentre eles motocicletas, jet skis e cortadores de grama — é um bom exemplo.

As competências essenciais devem focar a criação de valor e adaptar-se à mudança de exigências do cliente. Focar um conjunto de competências essenciais cuidadosamente selecionadas também beneficia a inovação. A Charles Schwab, por exemplo, alavancou com sucesso sua competência essencial em serviços de corretagem expandindo seus métodos de comunicação com o cliente para incluir Internet, telefone, escritórios e consultores financeiros.

Hamel e Prahalad sugerem três testes para identificar competências essenciais. Primeiro, elas devem proporcionar acesso a um amplo leque de mercados. Segundo, devem ajudar a diferenciar produtos e serviços essenciais. Terceiro, devem ser difíceis de imitar porque representam múltiplas habilidades, tecnologias e elementos organizacionais.[11]

A experiência mostra que apenas poucas empresas têm recursos para desenvolver mais do que algumas competências essenciais. Escolher as certas, portanto, é fundamental. "Quais recursos ou competências devemos manter internamente e desenvolver para se tornarem essenciais e quais devemos terceirizar?" é uma pergunta importante a ser feita. Os laboratórios farmacêuticos, por exemplo, terceirizam cada vez mais testes clínicos em um esforço de concentrar sua base de recursos no desenvolvimento de drogas. De modo geral, o desenvolvimento de competências essenciais deve ter seu foco em plataformas de longo prazo, capazes de se adaptar a novas situações de mercado; em fontes únicas de alavancagem na cadeia de valor, em que a empresa acredita que pode dominar; em elementos que sejam importantes para os clientes no longo prazo; e em habilidades e conhecimentos essenciais, não em produtos.

Forças de mudança

Forças internas de mudança

No Capítulo 3, discutimos as forças de mudança que emanam do ambiente estratégico externo de uma empresa. Um segundo conjunto de direcionadores de mudança estratégica vem de dentro da organização ou de seus *stakeholders* imediatos. Um desempenho financeiro decepcionante, novos donos ou executivos, limitações do crescimento com as estratégias atuais, escassez de recursos importantes e mudanças culturais internas são exemplos de direcionadores que geram pressões para uma mudança.

Como as forças internas de resistência podem reduzir a capacidade de uma empresa em se adaptar e em traçar um novo curso de ação, elas merecem uma atenção cuidadosa por parte dos estrategistas. A resistência organizacional à mudança pode assumir quatro formas básicas: (1) inflexibilidade da estrutura organizacional; (2) mentalidades fechadas refletindo apoio a crenças e estratégias empresariais obsoletas; (3) culturas arraigadas refletindo valores, comportamentos e habilidades que não conduzem a mudanças; e (4) impulso de mudança contraproducente, fora de sintonia com os requisitos estratégicos atuais.[12]

As quatro formas de resistência representam desafios estratégicos muito diferentes. Estruturas e sistemas internos, incluindo tecnologia, podem ser mudados com relativa rapidez na maioria das empresas. Convencer mentes fechadas da necessidade de mudanças, ou mudar uma cultura corporativa, é consideravelmente mais difícil. A mudança contraproducente é especialmente difícil de corrigir porque em geral envolve alterar todas as três formas de resistência — é preciso repensar estruturas e sistemas, mudar mentalidades e aprender novos comportamentos e habilidades.

O ciclo de vida da empresa

As formas e intensidades de resistência organizacional que se desenvolvem nas empresas dependem muito de sua história, desempenho e cultura. No entanto, alguns padrões podem ser antecipados. As empresas passam por ciclos de vida. Um ciclo começa quando um fundador ou um grupo deles organiza uma nova empresa. Nesse momento, estabelece-se um propósito ou objetivo, define-se a direção inicial para a empresa e arregimentam-se os recursos necessários para transformar a visão em realidade. Nesses estágios iniciais é difícil separar a identidade dos fundadores e a de sua empresa.

À medida que a empresa cresce, são necessários sistemas mais formais para lidar com uma maior variedade de funções. A transição da informalidade para uma estrutura organizacional mais formal pode estimular ou dificultar a mudança estratégica. Essa passagem para a maturidade organizacional, frequentemente descrita como transição 'empreendedora–gerencial', gera um dilema comum para muitas empresas: como manter um espírito empreendedor e ao mesmo tempo passar para uma estrutura organizacional cada vez mais focada no controle.

O crescimento torna a aprendizagem organizacional um requisito para o sucesso continuado. A evolução de processos gerenciais, tais como a delegação de autoridade, a coordenação de esforços e a colaboração entre unidades organizacionais, pode exercer uma influência crescente na eficácia com que uma empresa responde a desafios ambientais e internos. Em empresas jovens, o ambiente operacional interno costuma caracterizar-se por uma ambiguidade maior do que em organizações estabelecidas. Com frequência, a ambiguidade que encorajou o empreendedorismo e a inovação leva a uma falta de controle em uma empresa com crescimento acelerado e pode fazer com que ela perca seu foco estratégico.

Empresas estabelecidas e em evolução compartilham o desafio de encontrar estratégias para gerenciar o crescimento. Para algumas empresas em evolução, o crescimento descontrolado é uma preocupação importante. À medida que elas buscam lidar com o rápido crescimento, descobrem que o sucesso mascara uma série de problemas de desenvolvimento. Podem surgir dilemas de liderança, a perda de foco torna-se um problema, a comunicação é dificultada, o desenvolvimento de habilidades fica para trás e o estresse evidencia-se. Em empresas estabelecidas, a pressão por crescimento acelerado pode prejudicar o pensamento estratégico. Aquisições ou expansões de mercado mal pensadas, incursão em tecnologias não sedimentadas, negligência no desenvolvimento de habilidades essenciais e frequentes exortações por mais pensamento empreendedor são indicadores dos desafios experimentados por empresas mais amadurecidas.

Forças estratégicas de mudança

A crescente importância da capacidade de uma empresa em lidar de maneira eficaz com a mudança tornou essencial uma perspectiva estratégica sobre essa questão. Como vimos, uma variedade de fatores internos pode reduzir a capacidade que uma empresa tem para mudar. Às vezes, a rigidez estrutural, a falta de recursos adequados ou a aderência a processos disfuncionais podem inibir a mudança. Entretanto, mais frequentemente, a resistência à mudança tem origem em fatores culturais.

Um dos primeiros argumentos a favor da análise da natureza interativa dos fatores organizacionais, tais como estrutura, sistemas e estilo, é o modelo conhecido como 7-S, originalmente desenvolvido pela McKinsey & Company.[13] Sua ideia central é que a eficácia organizacional advém da interação de uma série de fatores, dentre os quais está a estratégia.

O modelo inclui sete variáveis: estratégia, estrutura, sistemas, valores compartilhados, habilidades, pessoal e estilo (em inglês, *staff, skills, shared value, strategy, structure, systems, style*; daí 7-S). Propositadamente, sua estrutura não é hierárquica; ela ilustra uma situação em que não está claro qual fator é a força motriz ou o maior obstáculo da mudança. As diferentes variáveis estão interligadas — a mudança em uma delas forçará a mudança em outra, ou, posto de outra forma, o progresso em uma área deve ser acompanhado pelo progresso em outra para produzir uma mudança significativa. Como consequência, ela sustenta que soluções para problemas organizacionais que evoquem apenas uma ou poucas dessas variáveis estão fadadas ao fracasso. Dessa forma, uma ênfase em soluções 'estruturais' ('vamos reorganizar') sem prestar atenção em estratégia, sistemas e todas as outras variáveis, pode, portanto, ser contraproducente. Estilo, habilidades e metas superiores — os principais valores em torno dos quais um negócio é construído — são observáveis e até mesmo mensuráveis e podem ser, no mínimo, tão importantes quanto a estratégia e a estrutura na promoção de mudanças fundamentais em uma organização. A chave para orquestrar a mudança é, portanto, avaliar o impacto potencial de cada fator, alinhar as diferentes variáveis incluídas no modelo na direção desejada e, então, agir com determinação em todas as dimensões.

Análise dos *stakeholders*

Ao avaliar a posição estratégica de uma empresa, é importante identificar os principais *stakeholders* internos e externos à organização, os papéis que eles desempenham na concretização da missão da organização e os valores que trazem ao processo. *Stakeholders* externos — clientes importantes, fornecedores, parceiros e agências reguladoras — têm grande influência sobre as opções estratégicas corporativas. Os *stakeholders* internos — proprietários, conselho de administração, CEO, executivos, gerentes e funcionários — são os modeladores e implementadores de estratégias.

Ao determinar os objetivos e as estratégias da empresa, os executivos devem reconhecer os direitos legítimos de seus *stakeholders*. Cada uma dessas partes interessadas tem razões justificadas para esperar — e muitas vezes requerer — que a empresa satisfaça suas exigências. Em geral, os acionistas exigem retornos competitivos sobre seus investimentos; funcionários buscam satisfação no emprego; consumidores querem uma boa relação custo–benefício; fornecedores estão atrás de compradores confiáveis; governos querem o cumprimento das leis; sindicatos procuram benefícios para seus associados; competidores querem uma concorrência justa; comunidades locais esperam que a empresa seja um membro responsável da sociedade e o público em geral espera que a existência da empresa melhore sua qualidade de vida.

As reivindicações dos *stakeholders* são refletidas em milhares de exigências específicas em todas as empresas — altos salários, ar puro, estabilidade no trabalho, produtos de qualidade, serviços à comunidade, impostos, saúde ocupacional e normas de segurança, legislação que garanta oportunidades iguais de trabalho, variedade nos produtos, mercados amplos, oportunidades de carreira, crescimento da empresa, segurança nos investimentos, alto ROI e muitas outras mais. Embora a maioria dessas exigências, senão todas, represente metas desejadas, elas não podem ser perseguidas com a mesma ênfase. Devem receber uma prioridade com base na ênfase relativa que a empresa atribui a cada uma. Essa ênfase resulta dos critérios que a empresa utiliza para tomar suas decisões estratégicas.

Notas

1. RICE, V.A. "Why EVA works for Varity", *Chief Executive*, 110, 1996, p. 40–44.
2. LEHN, K.; MAKHIJA, A.K. "EVA & MVA: as performance measures and signals for strategic change", *Strategy & Leadership*, 24 (3), 1996, p. 34–41.
3. TULLY, S. "The EVA advantage", *Fortune Magazine*, 139 (6), 1999, p. 210.
4. WHITE, J.B. "Value-based pay systems are gaining popularity", *The Wall Street Journal*, 10 abr. 1997, p. B8.
5. DODD, J.L.; JOHNS, J. "EVA reconsidered", *Business and Economic Review*, 45 (3), 1999, p. 13–18.
6. OLIVER, R. "The return on human capital", *Journal of Business Strategy*, jul./ago. 2001, p. 7–10.
7. BYRNE, J.; REINHARDT, A.; e HOF, R.D. "The search for the young and gifted: why talent counts", *Business Week*, 4 out. 1999.
8. BROWN, J.S.; DUGUID, P. "Balancing act: how to capture knowledge without killing it", *Harvard Business Review*, 78, 2000, p. 73–80.
9. CROSS, R.; BAIRD, L. "Technology is not enough: improving performance by building organizational memory", *Sloan Management Review*, 41, 2000, p. 69–78.

10. KILEY, D. "Best Global Brands", *Business Week*, 7 ago. 2006, p. 54.
11. PRAHALAD, C.K.; HAMEL, G. "The core competence of the corporation", *Harvard Business Review*, maio/jun. 1990, p. 79–93.
12. STREBEL, P. "Choosing the right change path", *California Management Review*, 36, 1994, p. 30.
13. WATERMAN, JR, R.H.; Peters T.J.; e Phillips, J.R. "Structure is not organization", *Business Horizons*, jun. 1980, p. 14–26.

CAPÍTULO 6

FORMULAÇÃO DE ESTRATÉGIAS DE UMA UNIDADE DE NEGÓCIOS

Introdução

A estratégia de uma unidade de negócios envolve criar uma posição competitiva lucrativa para uma empresa em um setor ou segmento de mercado específico. Algumas vezes chamada de *estratégia competitiva*, seu foco principal recai sobre como uma empresa deve se portar em determinado cenário competitivo. Em contrapartida, uma estratégia corporativa mais ampla concentra-se na identificação de arenas de mercado *em que* uma organização pode competir com sucesso e *de que forma*, como uma empresa matriz, pode acrescentar valor a suas unidades estratégicas de negócios (UENs).

Decidir como competir em um mercado específico é uma questão complexa para uma empresa. Estratégias ótimas dependem de muitos fatores, incluindo a *natureza do setor*; a *missão*, as *metas* e os *objetivos* da empresa; sua *posição atual* e *competências essenciais*; e as *opções estratégicas dos principais concorrentes*.

Começaremos nossa discussão examinando a *lógica* por trás do pensamento estratégico no nível de unidade de negócios. Primeiro, tratamos da questão básica: o que determina a lucratividade relativa no nível de unidade de negócios? Examinamos a importância relativa do setor em que uma empresa compete e sua posição nesse setor e identificamos os direcionadores que determinam uma vantagem competitiva sustentável. Essa lógica naturalmente sugere um número de *opções de estratégias genéricas* — orientações estratégicas amplas que definem as principais dimensões da concorrência no nível de unidade de negócios. A estratégia genérica mais atraente e a forma que ela deve assumir dependem de oportunidades e desafios específicos. Em seguida, o capítulo trata de como avaliar um desafio estratégico. Depois, introduz uma série de técnicas úteis para gerar e avaliar alternativas estratégicas. A seção final do capítulo aborda a questão de como criar um modelo de negócios lucrativo.

Fundamentos

Lógica estratégica no nível de unidade de negócios

Quais são os principais fatores por trás da lucratividade relativa de uma unidade de negócios? Qual é a importância de fatores como superioridade do produto, custo, marketing e eficácia da distribuição, além de outros mais? Qual é a importância da natureza do setor?

Embora não haja respostas simples para essas perguntas, e a atratividade de diferentes opções estratégicas dependa da situação competitiva analisada, muito se aprendeu sobre o que impulsiona o sucesso competitivo no nível de unidade de negócios.

Começamos com a observação de que, em um nível mais amplo, o sucesso de uma empresa é explicado por dois fatores: a *atratividade do setor* no qual a empresa compete e sua *posição relativa* nesse setor. Por exemplo, a demanda aparentemente insaciável por produtos novos nos primórdios da indústria de software garantiu grandes lucros para os líderes do setor e para muitos de seus concorrentes menores. Por outro lado, no setor acirradamente competitivo da cerveja, o posicionamento relativo é um determinante muito mais importante de lucratividade, como demonstrou o desempenho sem precedentes da Budweiser.

Qual é o grau de importância de um setor?

Em um estudo abrangente sobre desempenho empresarial, usando a codificação de categorias de setor SIC (classificação industrial padrão, do inglês, *standard industry classification* — sistema usado nos Estados Unidos), Anita McGahan e Michael Porter forneceram uma resposta para a pergunta: qual é o grau de importância de um setor? Eles concluíram que um setor, um segmento de setor e a empresa matriz respondiam por 32 por cento, 4 por cento e 19 por cento, respectivamente, da variação agregada a lucros de negócios, com a variação remanescente distribuída entre influências de menor importância. Os resultados embasam a conclusão de que características setoriais são fatores importantes do potencial de lucro. O setor da economia responde diretamente por 36 por cento da variância total explicada na lucratividade.[1]

Posição relativa

A lucratividade relativa de empresas concorrentes depende da *natureza de suas posições competitivas* (isto é, de sua capacidade de criar uma *vantagem competitiva sustentável* perante a concorrência). Existem duas formas genéricas de posicionamento competitivo sustentável: uma vantagem competitiva baseada no *menor custo de entrega* e outra na capacidade de *diferenciar* produtos ou serviços daqueles dos concorrentes e de cobrar um preço premium (superior) em relação ao custo incorrido.

Seja custo menor ou diferenciação, a forma mais eficaz depende, entre outros fatores, da escolha do *escopo competitivo* da empresa. O escopo de uma estratégia competitiva inclui elementos como o número de produtos e segmentos de compradores atendidos, o número de diferentes localidades geográficas em que a empresa compete, a extensão de sua integração vertical e até que ponto ela deve coordenar seu posicionamento com negócios relacionados em que a empresa esteja investindo.

Decisões sobre escopo e sobre como criar vantagem competitiva são tomadas com base em um entendimento detalhado do que os clientes valorizam e de quais competências e oportunidades uma empresa tem em relação a seus concorrentes. Nesse sentido, a estratégia reflete a configuração de uma empresa e como os diferentes elementos se inter-relacionam. A vantagem competitiva ocorre quando uma empresa tem um melhor entendimento do que os clientes desejam, quando aprende a satisfazer essas necessidades a um custo menor do que a concorrência ou quando cria valores únicos para o comprador que permitem a prática de preços superiores.

A importância da participação de mercado (*market share*)

A importância relativa da participação de mercado como meta estratégica no nível de unidade de negócios tem sido tema de considerável polêmica. Argumentando que a lucratividade deveria ser a meta principal da estratégia, alguns analistas acreditam que muitos executivos foram induzidos ao erro de buscar primordialmente a participação de mercado.[2] Muitas empresas fracassaram apesar de terem conquistado grandes fatias de mercado, incluindo a A&P (supermercados), a Intel (produtos de memória de computador) e a Wordperfect (processadores de texto). Sendo assim, os executivos devem se perguntar: nosso objetivo é gerenciar para aumentar o volume ou para aumentar o valor?

O projeto PIMS

Embora nenhum gerente deva visar puramente ao crescimento, existem evidências de que em alguns setores a participação de mercado é um determinante importante da lucratividade de longo prazo. Bradley Gale e Robert Buzzell, ao revisarem as evidências sobre esse tema, expressaram-se de forma sucinta:

> Uma grande participação de mercado é tanto uma recompensa por proporcionar um valor melhor como um meio de alcançar custos menores. Na maioria das circunstâncias, empresas que conquistaram uma grande fatia dos mercados a que atendem

são consideravelmente mais lucrativas do que suas rivais com participação menor. Essa conexão entre participação de mercado e lucratividade tem sido reconhecida por executivos e consultores corporativos...[3]

Entretanto, ao tentar relacionar esse argumento de aproximadamente um quarto de século atrás com a dinâmica competitiva atual, é de fundamental importância notar que os pesquisadores estavam se referindo sobretudo a setores de manufatura pesada quando chegaram a essa conclusão.

O Marketing Science Institute, da Harvard Business School, conduziu uma pesquisa sobre a lucratividade relativa de diferentes estratégias de mercado. O projeto PIMS (impacto da estratégia de mercado sobre o lucro, do inglês, *profit impact of market strategy*) envolveu mais de 600 empresas, ao longo de um período de mais de 15 anos.[4]

As principais conclusões do estudo PIMS foram:

1. As participações de mercado absoluta e relativa estão fortemente relacionadas ao ROI (retorno sobre investimento, do inglês, *return on investiment*). Empresas com maior participação de mercado eram geralmente mais lucrativas devido a economias de escala, efeitos decorrentes de experiência, poder de mercado e qualidade administrativa.
2. A qualidade do produto é essencial para a liderança de mercado e permite que empresas com maior participação de mercado cobrem preços mais altos e, consequentemente, atinjam margens maiores.
3. O ROI está positivamente relacionado com o crescimento do mercado.
4. A integração vertical pode ser benéfica mais adiante no ciclo de vida do produto. A integração para a frente é mais lucrativa do que a integração para trás.
5. Uma forte intensidade de investimentos, assim como altos níveis de estoque, tende a diminuir o ROI.
6. O uso da habilidade é essencial para empresas com nível elevado de intensidade de capital; empresas com pequena participação de mercado são particularmente vulneráveis.

As conclusões do PIMS ajudam a explicar muitas histórias de sucesso corporativo na década de 1980 e muitas quedas de desempenho na década de 1990. No entanto, as experiências dinâmicas dos últimos 15 anos, impulsionadas pela tecnologia, guardam pouca semelhança com os mercados em que concorrentes bem-sucedidos seguiram o modelo PIMS. Assim, embora as lições do estudo PIMS tenham sido úteis à época em que foram ensinadas, o número de cenários empresariais em que elas continuam a ser relevantes está diminuindo rapidamente. Essa observação ressalta a necessidade de os executivos manterem suas premissas sobre relações estratégicas essenciais continuamente atualizadas.

Formulando uma estratégia competitiva

Principais desafios

Os gestores enfrentam quatro desafios principais ao formular uma estratégia competitiva no nível de unidade de negócios: (1) analisar o ambiente competitivo, (2) antecipar as reações dos principais concorrentes, (3) identificar opções estratégicas e (4) escolher entre alternativas.

O primeiro desafio, 'analisar o ambiente competitivo', lida com duas questões: com quem competimos, agora e no futuro, e que pontos fortes relativos temos como base para criar uma vantagem competitiva sustentável. Responder a essas perguntas requer uma análise do ambiente externo remoto, do ambiente do setor e das competências internas. O segundo desafio, 'antecipar as reações dos principais concorrentes', foca o entendimento de como os concorrentes tendem a reagir a diferentes movimentos estratégicos. Líderes setoriais tendem a se comportar de maneira diferente dos desafiantes ou seguidores. Uma análise detalhada dos concorrentes é útil para entender como eles provavelmente reagirão e por quê. O terceiro desafio, 'identificar opções estratégicas', requer um equilíbrio entre oportunidades e restrições para elaborar um leque diversificado de opções estratégicas que variem de ações defensivas a preventivas. O quarto desafio, 'escolher entre alternativas', exige uma análise do impacto de longo prazo de diferentes opções estratégicas como base para uma escolha final.

O que é vantagem competitiva?

Uma empresa tem uma *vantagem competitiva* quando planeja e implementa com sucesso uma estratégia geradora de valor que os concorrentes não estejam utilizando no momento. A vantagem competitiva é *sustentável* quando atuais ou novos concorrentes não são capazes de imitá-la ou superá-la.

A vantagem competitiva é geralmente criada pela combinação de forças. As empresas buscam maneiras de explorar competências e vantagens em diferentes pontos da cadeia de valor para agregar valor de várias formas. Os 15 minutos de permanência em solo das aeronaves da Southwest Airlines antes de voltarem a voar, o melhor tempo do setor, por exemplo, é uma vantagem competitiva que economiza $ 175 milhões anuais em despesas de capital para a empresa e a diferencia, permitindo que ofereça mais voos por aeronave por dia. O uso da análise de valor ajuda uma empresa a concentrar-se em áreas nas quais possui vantagens competitivas e a terceirizar funções naquelas em que não possui. Para melhorar sua posição de liderança em custo, a Taco Bell terceiriza muitas funções de preparação de alimentos, o que lhe possibilita cortar preços, reduzir o número de funcionários e liberar 40 por cento do espaço de sua cozinha.

É importante que os executivos entendam a natureza e as fontes de vantagem competitiva de uma empresa. Eles também devem se assegurar de que a gerência média entenda as vantagens competitivas, porque a conscientização dos gerentes permite uma exploração mais eficaz dessas vantagens e leva a um aumento do desempenho corporativo. Portanto, a construção de uma vantagem competitiva está alicerçada em identificar, praticar, reforçar e disseminar por toda a organização essas características de liderança que aumentam a reputação da empresa entre seus *stakeholders* (grupos de interesse). Como consequência, um foco no aprendizado organizacional e em criar, reter e motivar uma força de trabalho com habilidades e conhecimento talvez seja a melhor maneira para os executivos estimularem a criação de vantagens competitivas em um ambiente empresarial em mudança acelerada.

Análise de cadeia de valor

Em termos competitivos, *valor* é o benefício percebido que um comprador dispõe-se a pagar para uma empresa pelo que ela lhe oferece. Os clientes derivam valor da diferenciação do produto, do custo do produto e da capacidade da empresa em atender suas necessidades. As atividades de criação de valor são, portanto, os componentes da vantagem competitiva.

Uma *cadeia de valor* é o modelo de um processo de negócios. Ela define o processo de criação de valor como uma série de atividades, começando com o processamento de matérias-primas e terminando com vendas e serviços para clientes finais. A *análise de cadeia de valor* envolve o estudo de custos e elementos de diferenciação do produto ou serviço por toda a cadeia de atividades e vinculações para determinar fontes atuais e potenciais de vantagem competitiva.

A cadeia de valor divide o processo de negócios de uma empresa em atividades que agregam valor: atividades primárias, que contribuem para a criação física do produto, e atividades de suporte, que auxiliam as atividades primárias e umas às outras, como mostra a Figura 6.1. A Charles Schwab usou, com sucesso, sua *expertise* em uma atividade de suporte para criar valor em uma atividade primária. A empresa oferece uma ampla variedade de canais de distribuição (atividade primária) para seus serviços de corretagem financeira e possui grande *expertise* em tecnologia da informação e sistemas de corretagem (atividades de suporte). A Schwab usou seu conhecimento em TI para criar dois canais de distribuição novos para serviços de corretagem — E-Schwab na Internet e o serviço de corretagem por telefone Telebroker —, os quais proporcionam valor oferecendo serviços de baixo custo que os concorrentes não podem oferecer.[5]

Uma vez definidas as atividades primárias, de suporte e outros tipos, a análise de cadeia de valor atribui custos de ativos e operacionais a todas as atividades de criação de valor. A contabilidade de custos baseada em atividades é usada frequentemente para determinar se existe uma vantagem competitiva.

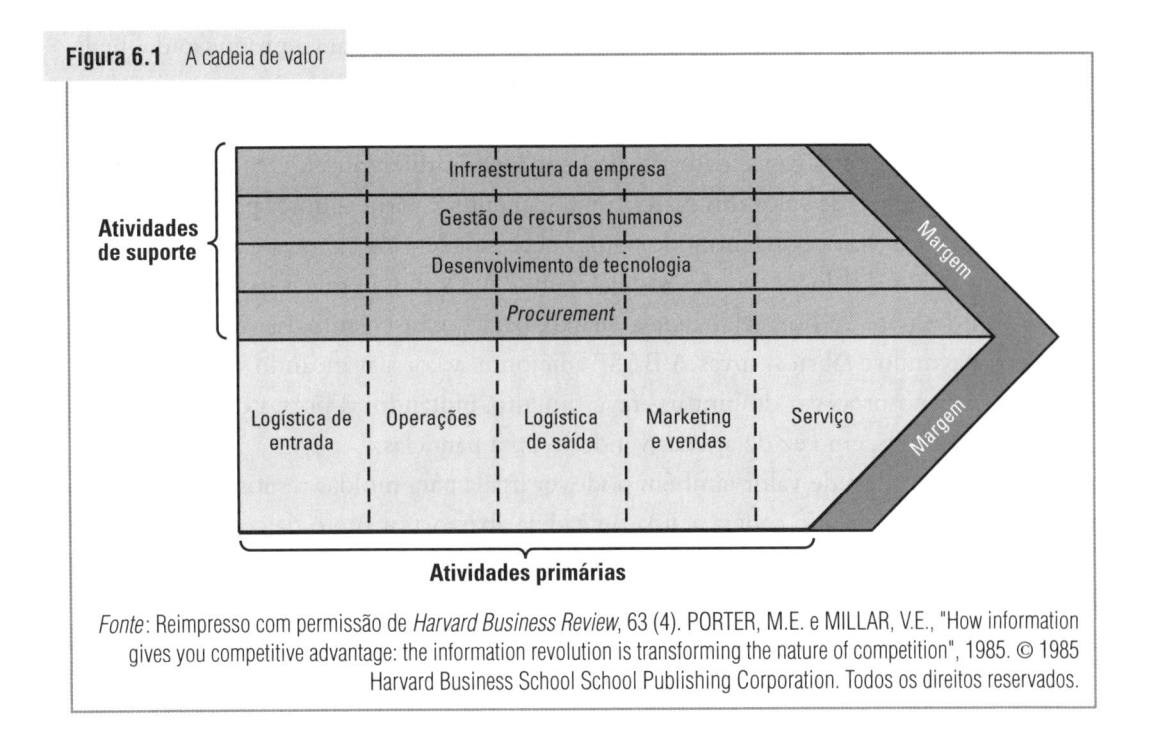

Figura 6.1 A cadeia de valor

Atividades de suporte:
- Infraestrutura da empresa
- Gestão de recursos humanos
- Desenvolvimento de tecnologia
- Procurement

Atividades primárias:
- Logística de entrada
- Operações
- Logística de saída
- Marketing e vendas
- Serviço

Margem

Fonte: Reimpresso com permissão de *Harvard Business Review*, 63 (4). PORTER, M.E. e MILLAR, V.E., "How information gives you competitive advantage: the information revolution is transforming the nature of competition", 1985. © 1985 Harvard Business School School Publishing Corporation. Todos os direitos reservados.

Uma empresa *diferencia-se* de seus concorrentes quando oferece algo único que os compradores valorizam, além do preço baixo. A habilidade da Dell Computer Corporation em vender, produzir sob encomenda e enviar um computador para o cliente em poucos dias é um diferencial único de sua cadeia de valor. A Benetton, empresa italiana de moda casual, reconfigurou suas tradicionais manufatura terceirizada e rede de distribuição para conseguir uma diferenciação.[6] Seus executivos concluíram que a empresa poderia melhorar a flexibilidade supervisionando diretamente processos essenciais ao longo da cadeia de suprimentos. Se atividades específicas reduzem o custo ou oferecem um grau maior de satisfação para o comprador, os clientes dispõem-se a pagar um preço superior. Fontes de diferenciação de atividades primárias que proporcionam maior satisfação para o comprador incluem produção por encomenda, entrega eficiente de bens (e no prazo), presteza em responder a solicitações de atendimento ao cliente e alta qualidade.

É importante identificar o quanto atividades primárias e de suporte contribuem individualmente em valor além de seu custo. Segmentos diferentes da cadeia de valor representam fontes potenciais de lucro e, portanto, definem *lucros consolidados*.[7] A análise de cadeia de valor mostrou para a Nike e para a Reebok como suas competências essenciais em design de produto (uma atividade de suporte) e em marketing e vendas (atividades primárias) criavam valor para os clientes. Essa conclusão levou a Nike a terceirizar praticamente todas as outras atividades. Em um segundo caso, após concluir uma análise detalhada da cadeia de valor, a Millenium Pharmaceutical optou por mudar da pesquisa de medicamentos na parte superior da cadeia de valor do setor para a produção de medicamentos mais abaixo na cadeia a fim de aumentar sua lucratividade. Essa estratégia teve origem em seu entendimento mais claro de toda a cadeia de valor do setor farmacêutico e de sua recém-descoberta capacidade de explorar melhor diferentes lucros consolidados.[8]

Analisar as cadeias de valor dos concorrentes, clientes e fornecedores pode ajudar uma empresa a agregar valor, concentrando-se nas necessidades dos clientes cadeia abaixo ou nos pontos fracos dos fornecedores cadeia acima.[9] A Dow Chemical capturou valor de produtores de luvas de borracha cadeia abaixo, para quem costumava vender produtos químicos, passando a fabricar luvas. A BASF adicionou valor alavancando suas competências essenciais no processo de pintura–revestimento, pintando as portas dos automóveis para as montadoras, em vez de apenas vender a tinta para elas.

A análise de cadeia de valor também pode ser usada para moldar respostas a mudanças nas condições de mercado cadeia acima ou cadeia abaixo, por meio da colaboração com clientes e fornecedores para melhorar a agilidade, cortar custos e aprimorar a percepção de valor do consumidor final. Isso é especialmente verdadeiro na medida em que vínculos interorganizacionais, tais como sistemas de integração de dados eletrônicos, alianças estratégicas, produção *just-in-time*, mercados eletrônicos e empresas conectadas em rede, derrubam as fronteiras de muitas organizações.

Abordar a análise da cadeia de valor como um processo compartilhado, que envolva os diferentes membros da cadeia, pode otimizar a criação de valor para uma empresa por meio da minimização dos custos coletivos. A Dell, por exemplo, compartilha informações sobre seus clientes com fornecedores. Isso melhora a capacidade deles em prever a demanda, o que resulta em estoques e custos de logística reduzidos para a Dell e seus fornecedores. A Home Depot e a General Electric estabeleceram uma aliança entre suas cadeias de valor que reduz custos diretos e indiretos para ambas as empresas. Um aplicativo baseado na Web conecta os dados de ponto de venda da Home Depot ao sistema de *e-business* da GE e permite à primeira despachar mercadorias diretamente do fabricante para os clientes. A conexão entre cadeias de valor permite à Home Depot vender mais produtos GE e reduzir o estoque em seus depósitos. Além disso, a GE pode usar as informações de demanda em tempo real do varejista para ajustar o ritmo de produção dos eletrodomésticos.

Com os avanços da tecnologia da informação e da Internet, as empresas podem monitorar a criação de valor ao longo de muitas atividades e vínculos. Para fins de monitoramento, é útil distinguir entre componentes físicos e virtuais da cadeia de valor. A *cadeia física de valor* representa o uso de matérias-primas e mão de obra para entregar um produto tangível. A *cadeia virtual de valor* representa os fluxos de informação subjacentes às atividades físicas evidentes em uma empresa. Equipes de engenharia na Ford Motor Company otimizam o processo físico de design de um veículo usando colaboração em tempo real em um ambiente de trabalho virtual. A Oracle Corporation é líder em agregar valor virtual para o cliente, usando a Internet para testar e distribuir diretamente seus produtos de software.

Estratégias genéricas de unidade de negócios de Porter

Diferenciação ou custo baixo?

Em um ponto anterior do capítulo, distinguimos duas posturas estratégicas competitivas *genéricas*: *custo baixo* e *diferenciação*. Elas são denominadas *genéricas* porque, em princípio, aplicam-se a qualquer negócio ou setor. Entretanto, a atratividade relativa de diferentes estratégias genéricas está relacionada a escolhas sobre o escopo competitivo. Se uma empresa opta por um mercado-alvo relativamente amplo (por exemplo, o Walmart), uma estratégia de baixo custo tem como objetivo a *liderança em custo*. Tal estratégia explora agressivamente oportunidades de redução nos custos por meio de economias de escala e curvas de aprendizado (efeito da experiência) na compra e na produção, e geralmente requer gastos proporcionalmente baixos com P&D, marketing e despesas gerais. Líderes em custo costumam cobrar menos por seus produtos e serviços do que seus concorrentes e buscam uma participação de mercado substancial atraindo sobretudo consumidores sensíveis a preço. Seus preços baixos servem como barreira de entrada a concorrentes potenciais. Enquanto mantiverem sua relativa vantagem em custos, líderes em custo podem sustentar uma posição defensável no mercado.

Com um escopo mais restrito, uma estratégia de baixo custo é baseada no *foco em custos*. Assim como em qualquer estratégia de foco, um nicho de mercado pequeno e bem definido — um grupo de consumidores ou região geográfica em particular — é selecionado pela exclusão de outros. Sendo assim, no caso do foco em custos, apenas as atividades relevantes para atender diretamente aquele nicho são realizadas, com o menor custo possível.

A Southwest Airlines é famosa por sua estratégia de foco em custo. Trata-se de uma empresa aérea que opera com tarifas reduzidas, possui a maior margem de lucro do setor e cresceu 4.048 por cento na década de 1990. Sua estratégia de baixo custo, sem 'mordomias', tem sido altamente bem-sucedida no mercado doméstico norte-americano.

A estratégia de foco em custo baseia-se em um escopo restrito, com um nicho de mercado pequeno e bem definido. A Southwest concentra-se em rotas curtas com alta densidade de tráfego e oferece voos frequentes durante todo o dia. Sua eficiência foi aprimorada eliminando custos associados a rotas envolvendo *hubs* (pontos de conexão) nos principais aeroportos dos Estados Unidos. Operando em apenas 57 cidades e 28 estados, a Southwest seleciona aeroportos secundários devido a suas estruturas de custo baixo.

Sua estrutura de operação fundamentalmente diferente permite cobrar tarifas menores do que as praticadas por companhias aéreas de maior porte. Um voo típico, que dura em média uma hora, não tem assentos reservados; o serviço de bordo oferece apenas bebidas e lanches, e a empresa não faz transferência de bagagem para outras companhias aéreas.

A frota da Southwest consiste de 284 Boeings 737, que realizam mais de 2.400 voos por dia. Operar com um único tipo de aeronave aumenta a eficiência e facilita renovações. Todos os 737 da empresa usam o mesmo equipamento de bordo, o que mantém os custos de treinamento e manutenção baixos. Por fim, a alta utilização dos ativos, refletida em um tempo médio em solo de 20 minutos, que é menos da metade da média do setor, reduz os gastos operacionais em 25 por cento.

Similarmente, posturas de diferenciação podem estar associadas a decisões de escopo. Uma estratégia de *diferenciação* dirigida a mercados de massa busca criar originalidade no âmbito setorial. A Walt Disney Productions e a Nike são exemplos disso. A diferenciação em larga escala pode ser atingida por meio do design de produtos, imagem de marca, tecnologia, distribuição, serviços ou uma combinação desses elementos. No fim, assim como o foco em custo, uma estratégia de *foco diferenciado* é direcionada para um segmento de mercado bem definido e tem como alvo consumidores dispostos a pagar o valor agregado, como ilustra a Figura 6.2.

Pré-requisitos para o sucesso

As duas rotas genéricas — *custo baixo* e *diferenciação* — são fundamentalmente diferentes. Alcançar *liderança em custos* requer uma devoção impiedosa para a minimização de custos por meio do aprimoramento contínuo do processo de produção, da engenharia de processos e de outras estratégias de redução de custos. Efeitos de escala e escopo devem ser alavancados em todos os aspectos do processo de geração de valor — no design de produtos e serviços, nas práticas de compra e na distribuição. Além disso, no nível organizacional, atingir e manter a liderança de custo exige um controle rígido e uma estrutura organizacional, bem como um sistema de incentivos que suporte uma disciplina de foco em custo.

A *diferenciação* requer uma abordagem totalmente diferente. Aqui, a preocupação é com o valor agregado. A diferenciação tem múltiplos objetivos, sendo o principal deles redefinir as regras que levam os consumidores a suas decisões de compra, oferecendo-lhes algo único que seja valioso. Com essa prática, as empresas procuram erguer barreiras às imitações. Estratégias de diferenciação são frequentemente mal-entendidas; 'pintar o produto de verde' não é diferenciação. O termo diz respeito a uma escolha estratégica para prover algo de valor aos consumidores que não seja um preço baixo. Uma forma de diferenciar um produto ou serviço é adicionar funcionalidades. Contudo, existem muitas outras maneiras de diferenciar, às vezes mais eficazes. A área de P&D focada em aprimorar a qualidade e durabilidade (Maytag) de um produto é um elemento viável de uma estratégia de diferenciação. Investir em valor de marca (Coca-Cola) e ser pioneiro em novos canais de distribuição (Avon Cosmetics) são outros.

Figura 6.2 Opções de estratégia genérica

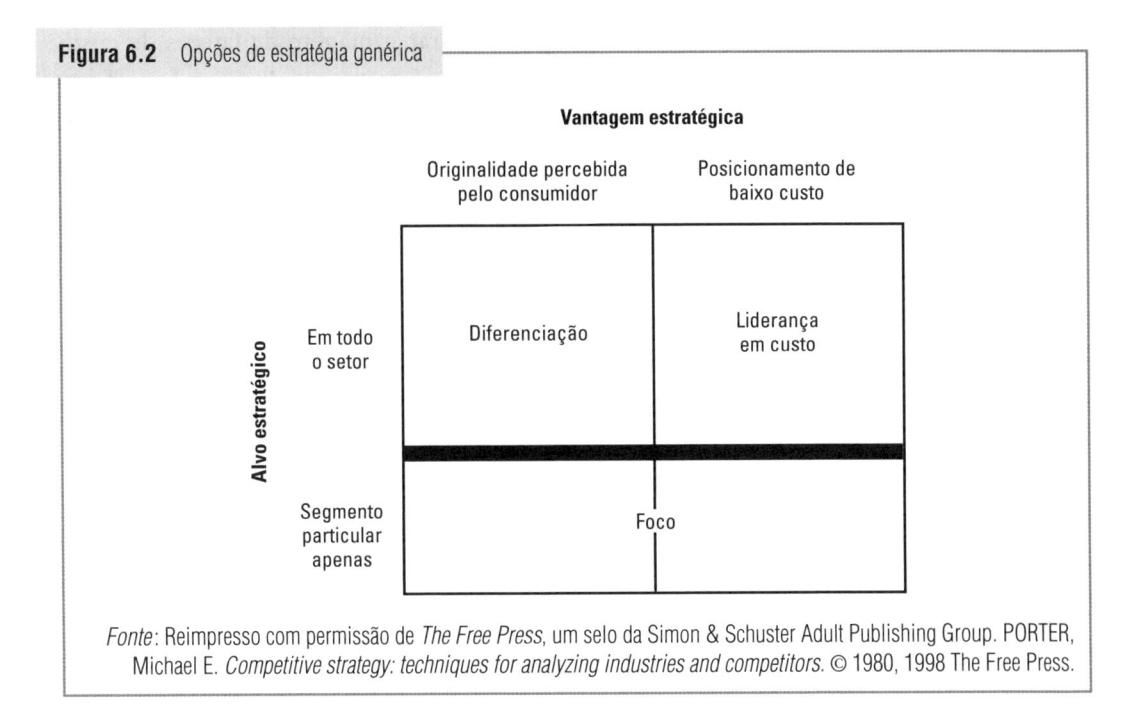

	Vantagem estratégica	
	Originalidade percebida pelo consumidor	Posicionamento de baixo custo
Em todo o setor	Diferenciação	Liderança em custo
Segmento particular apenas	Foco	

Alvo estratégico

Fonte: Reimpresso com permissão de *The Free Press*, um selo da Simon & Schuster Adult Publishing Group. PORTER, Michael E. *Competitive strategy: techniques for analyzing industries and competitors.* © 1980, 1998 The Free Press.

Há considerável evidência de que a maioria das estratégias bem-sucedidas de diferenciação envolve múltiplas fontes de diferenciação. Matérias-primas da melhor qualidade, design exclusivo de produtos, produção mais confiável, programas superiores de marketing e distribuição e atendimento mais rápido contribuem para diferenciar as ofertas de uma empresa das de produtos concorrentes. O uso de mais de uma fonte de diferenciação dificulta a imitação pela concorrência. Além de utilizar fontes múltiplas, é fundamental integrar as diferentes dimensões de valor agregado — valor funcional, econômico e psicológico. A diferenciação eficaz requer, assim, decisões explícitas de quanto valor agregar, onde agregá-lo e como comunicar esse valor agregado para o cliente. Essencial para a empresa, os clientes devem estar dispostos a pagar um valor maior relativo ao custo para atingir a diferenciação. Portanto, a diferenciação bem-sucedida requer o entendimento profundo do que os consumidores valorizam, que importância relativa atribuem à satisfação de diferentes necessidades e desejos e quanto estão dispostos a pagar.

Riscos

Toda postura genérica tem riscos inerentes. Líderes em custo devem se preocupar com mudanças tecnológicas que possam invalidar investimentos passados em economias de escala ou aprendizagem acumulada. Em uma economia cada vez mais globalizada, empresas que buscam liderança em custo ficam particularmente vulneráveis a novos concorrentes de outras partes do mundo que possam tirar vantagem de fatores de custo ainda mais baixos. O maior desafio para diferenciadores é a *imitação*. A imitação reduz a diferença entre a diferenciação real e a percebida. Quando isso ocorre, os compradores mudam de ideia sobre o que constitui a diferenciação e então mudam suas lealdades e preferências.

O objetivo de cada postura estratégica genérica é criar sustentabilidade. Para líderes em custo, a sustentabilidade requer uma melhoria contínua da eficiência, buscando fontes de fornecimento menos custosas e maneiras de reduzir os custos de produção e distribuição. Para os diferenciadores, a sustentabilidade exige que a empresa erga barreiras à entrada em torno de sua dimensão de originalidade, utilize diversos recursos de diferenciação e crie custos de mudança para os clientes. No âmbito organizacional, uma estratégia de diferenciação pede uma forte coordenação entre P&D, desenvolvimento de produto e marketing e incentivos voltados para a criação de valor e criatividade.

A saga da Dell

A história da ascensão da Dell Computer no setor de PCs ilustra como uma busca incansável pela liderança em custos e um forte alinhamento entre estratégia e estrutura empresarial podem valer a pena. Convencido de que possuía uma fórmula vencedora para vender computadores pessoais, Michael Dell, fundador da empresa, transformou uma operação de encomendas por correio, com baixa margem, em um negócio lucrativo e diferenciado utilizando a confrontação de todos os aspectos da venda e produção de PCs. A empresa aplicou com sucesso sua filosofia de produção *just-in-time* ao restante de sua cadeia de suprimentos — exigindo, por exemplo, que componentes essenciais fossem estocados a 15 minutos de distância de uma fábrica da Dell. Além disso, casando esse modelo de negócios, baseado em rapidez e baixo custo, com novos princípios de comércio eletrônico, a Dell criou uma vantagem competitiva sustentável.

Em relativamente pouco tempo, a Dell passou de desafiante para a vendedora número um de PCs pela Web. Muitas corporações que se dispunham a comprar por telefone preferiam a compra eletrônica. Consequentemente, a ação da Dell tornou-se um dos melhores investimentos em alta tecnologia, e seu modelo de negócios passou a ser invejado no setor.

Em meados de 2005, Michael Dell aposentou-se. Em 31 de janeiro de 2007, ele retomou o cargo de CEO após 18 meses de instabilidade financeira. Na ausência de seu fundador, se não antes, a empresa cedeu à complacência, acreditando que seu bem-sucedido modelo de negócios permaneceria defensável e produtivo: "Fabricamos computadores baratos. É isso que fazemos, e muito." Embora tivessem ampliado a linha de produtos para incluir armazenamento, impressoras e TVs, jamais combateram as iniciativas inovadoras e agressivas de seus concorrentes, nem investiram em novas vantagens competitivas para sua base ou expandiram linhas de negócios. Uma moral da história é que cada estratégia genérica possui limitações, bem como potencial positivo. A liderança de custo gerou grandes vendas à Dell quando a demanda de mercado era alta, mas a impediu de manter-se no caminho do crescimento quando as vendas passaram a se concentrar nos segmentos de mercado de novos produtos, em que a diferenciação era exigida.

Crítica às estratégias genéricas de Porter

A maioria dos estudos sobre a eficácia da estrutura de Porter indica que estratégias genéricas nem sempre são viáveis. Estratégias de baixo custo são menos eficazes quando o custo baixo é a regra do setor. Além disso, há evidências de que os executivos rejeitam as estratégias genéricas de Porter em favor de outras que combinam elementos de liderança de custos, diferenciação e flexibilidade para atender às necessidades dos clientes.[10]

Os argumentos mais comuns contra as estratégias genéricas de Porter são de que a produção de baixo custo e a diferenciação não são mutuamente excludentes e que, quando podem coexistir na estratégia de uma empresa, resultam em lucratividade sustentada.[11] As pré-condições para uma estratégia de liderança de custos originam-se na estrutura do setor, enquanto aquelas para a diferenciação originam-se nas preferências dos clientes. Como esses dois fatores são independentes, a possibilidade de uma empresa perseguir ambas as estratégias — de liderança de custos e diferenciação — sempre deve ser considerada.

Na verdade, a diferenciação pode permitir que uma empresa atinja uma posição de baixo custo. Por exemplo, gastos para diferenciar um produto podem aumentar a demanda ao criar fidelidade, o que diminui a elasticidade do preço do produto. Essas ações podem também aumentar a atratividade do produto, possibilitando à empresa aumentar sua participação de mercado a um dado preço e também fazer crescer o volume de vendas. A diferenciação inicialmente aumenta o custo unitário, mas a empresa pode reduzi-lo no longo prazo, se os custos caírem devido a economias decorrentes de aprendizagem, economias de escala e economias de escopo. Inversamente, as economias geradas pela produção de baixo custo permitem à empresa aumentar seus gastos em marketing, serviços e aprimoramento de produto, produzindo dessa forma a diferenciação.

Por fim, a possibilidade de proporcionar qualidade superior e custos baixos faz parte da estrutura gerencial da qualidade total. Alta qualidade e alta produtividade são complementares, e a baixa qualidade está associada a custos mais altos.

Há perigos associados a perseguir uma única estratégia. A Caterpillar, Inc. diferenciou-se por produzir os equipamentos agrícolas de melhor qualidade. No entanto, estava tão preocupada com precisão e durabilidade que se esqueceu dos fatores de 'eficiência' e 'economia' e perdeu lugar para empresas japonesas com preços 30 por cento menores. Além disso, quando empresas buscam estratégias especializadas, elas podem ser imitadas mais facilmente por concorrentes do que se utilizarem estratégias mistas. Por exemplo, uma estratégia puramente de liderança em custo pode acelerar o movimento na direção de mercados de *commodity*, situação da qual nenhum competidor se beneficia.

Outra preocupação surge por causa da evidência de que perseguir uma estratégia genérica não sustenta uma vantagem competitiva em ambientes hipercompetitivos. Quando o ambiente competitivo muda rapidamente, organizações bem-sucedidas devem manter a flexibilidade. Buscar uma estratégia genérica na arena da hipercompetitividade só proporcionará à empresa uma vantagem competitiva temporária, cuja sustentabilidade depende de uma combinação de necessidades dos consumidores e de recursos e capacidades da empresa, e a existência de mecanismos isolantes.

Disciplinas de valor

Michael Treacy e Fred Wiersema criaram o termo *disciplinas de valor* para descrever as diferentes maneiras com que as empresas podem criar valor para clientes (Figura 6.3). Especificamente, eles identificam três tipos diferentes de estratégia genérica que foram utilizados com sucesso por empresas como Nike, Dell Computer e Home Depot: liderança em produto, excelência operacional e intimidade com o cliente.[12]

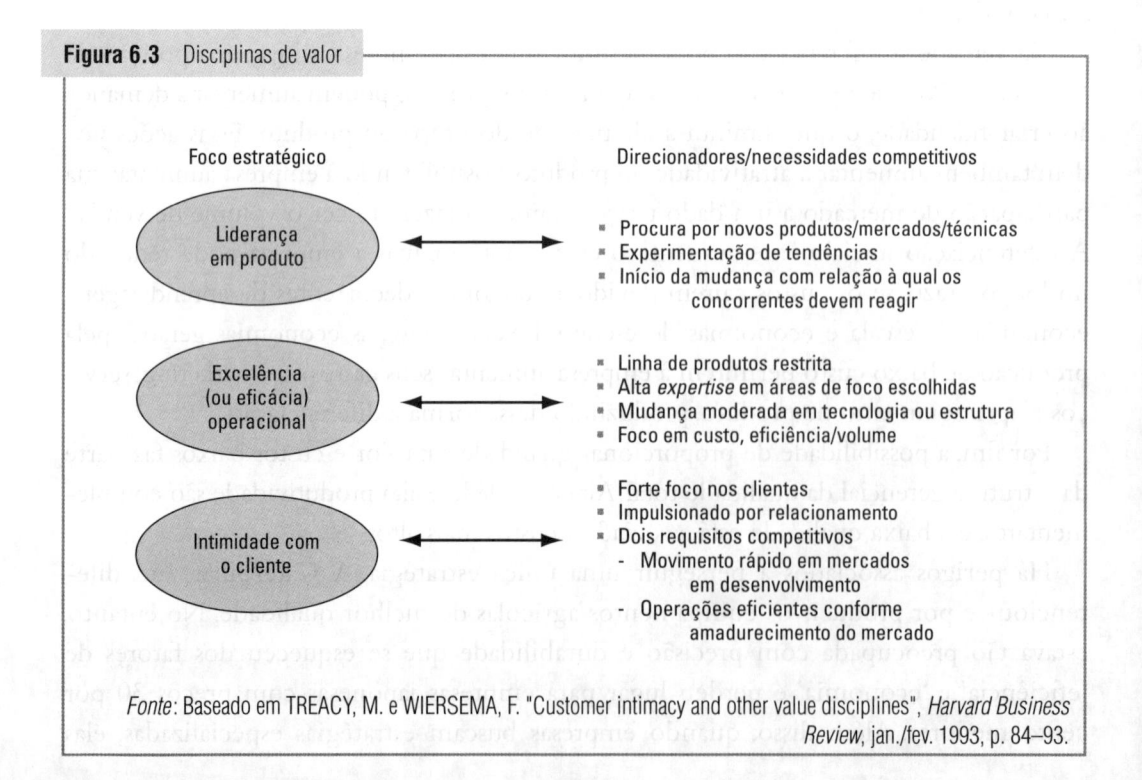

Figura 6.3 Disciplinas de valor

Foco estratégico | Direcionadores/necessidades competitivos

Liderança em produto
- Procura por novos produtos/mercados/técnicas
- Experimentação de tendências
- Início da mudança com relação à qual os concorrentes devem reagir

Excelência (ou eficácia) operacional
- Linha de produtos restrita
- Alta *expertise* em áreas de foco escolhidas
- Mudança moderada em tecnologia ou estrutura
- Foco em custo, eficiência/volume

Intimidade com o cliente
- Forte foco nos clientes
- Impulsionado por relacionamento
- Dois requisitos competitivos
  - Movimento rápido em mercados em desenvolvimento
  - Operações eficientes conforme amadurecimento do mercado

Fonte: Baseado em TREACY, M. e WIERSEMA, F. "Customer intimacy and other value disciplines", *Harvard Business Review*, jan./fev. 1993, p. 84–93.

Liderança em produto

Empresas que buscam *liderança em produto* normalmente produzem um fluxo contínuo de produtos e serviços de última geração. Tais empresas são voltadas para a inovação e constantemente elevam o padrão, oferecendo mais valor e soluções melhores e dificultando, dessa forma, a vida de seus concorrentes.

A disciplina da liderança em produto está baseada nos quatro princípios a seguir:

1. O estímulo à inovação. Por meio de pequenos grupos de trabalho *ad hoc*, uma mentalidade de 'experimentar é bom' e sistemas de remuneração que recompensam pelo sucesso, a inovação constante de produto é estimulada.
2. Um estilo de gestão voltado para o risco. Empresas líderes em produto são necessariamente inovadoras, o que requer o reconhecimento de que há riscos inerentes (assim como recompensas) em novos empreendimentos.
3. Um reconhecimento de que o sucesso atual de uma empresa e suas perspectivas de futuro residem em seu talentoso pessoal de design de produto e naqueles que proporcionam suporte a eles.
4. Um reconhecimento da necessidade de educar e liderar o mercado no que diz respeito ao uso e aos benefícios de produtos novos.

Exemplos de empresas que usam a liderança em produto como fundamento para suas estratégias incluem a Intel, a Apple e a Nike.

Excelência operacional

A *excelência operacional* — segunda disciplina de valor — descreve uma abordagem estratégica voltada para melhores mecanismos de produção e entrega. Várias empresas, como Walmart, American Airlines, Federal Express e Starwood Hotels & Resorts Worldwide, buscam a excelência operacional.

A Starwood é uma das maiores cadeias de hotéis do mundo e conta com 742 estabelecimentos em 80 países, incluindo bandeiras famosas como Sheraton, Westin, Four Points e St. Regis. Após um prolongado período de desempenho inferior, a empresa decidiu renovar com estilo seus hotéis com fraco desempenho e focar em fazer e apresentar tudo o que já fazia, de uma forma muito melhor.

As maiores mudanças feitas pela empresa ocorreram na cadeia Sheraton, que passou por uma remodelação de $ 750 milhões para recuperar uma reputação de confiabilidade, valor e consistência. A renovação substituiu roupas de cama floridas pelo estilo Ralph Lauren. Conveniências como cadeiras de escritório ergonômicas e telefones com duas linhas tornaram-se padrão.

Muitos estabelecimentos da bandeira Four Points passaram por renovações com demolição de cerca de 80 por cento da estrutura original do hotel. Todos os quartos foram redesenhados e redecorados. Salas de ginástica foram abertas, funcionando 24 horas por dia. Piscinas olímpicas aquecidas com áreas externas de recepção tornaram-se padrão. *Business centers* foram ampliados para incluir salões de festa e salas de reunião com capacidade para acomodar grupos de todos os tamanhos. A gerência estendeu as opções de alimentação para incluir restaurantes e *pubs*. Os corredores dos andares e halls de entrada foram drasticamente remodelados em um estilo sutilmente mediterrâneo. Detalhes como papel de parede e arandelas proporcionaram ao hotel um visual mais leve e iluminado.

O foco da Starwood em excelência operacional obteve sucesso imediato. Nos quatro trimestres seguintes à implementação das mudanças, a empresa esteve à frente das redes Marriott e Hilton em termos de lucro por quarto disponível na América do Norte. A receita operacional aumentou 26 por cento.

Intimidade com o cliente

Uma estratégia baseada na *intimidade com o cliente* concentra-se em construir fidelidade. Empresas como Nordstrom e Home Depot adaptam continuamente seus produtos e serviços às mudanças de necessidades dos consumidores. Criar intimidade com o cliente pode ser caro, mas os benefícios no longo prazo de uma clientela fiel podem ser muito compensadores.

Como a grande maioria das empresas ao redor do mundo agora alega dar prioridade máxima a questões relativas a sua clientela, talvez seja difícil imaginar como uma empresa pode se distinguir por meio de intimidade com o cliente. A Home Depot é um excelente exemplo de sucesso, ao usar iniciativas de intimidade com o cliente para marginalizar concorrentes. O plano da empresa começou com a criação de seu 'programa de desempenho do atendimento', que enfatiza a mudança de operações diárias para oferecer uma atmosfera de loja mais amigável para o comprador. Ela implementou a reposição de estoque fora do horário comercial, o que permite a movimentação das mercadorias tarde da noite ou após o fechamento, para as lojas que não expandiram seu horário de funcionamento para 24 horas.

O principal benefício do novo método de reposição de estoque é a capacidade ampliada dos funcionários em focar o atendimento ao cliente e às vendas. Antes da implementação do programa, os vendedores gastavam 40 por cento de seu tempo com os clientes e 60 por cento em outras tarefas administrativas. As iniciativas de intimidade com o cliente permitiram ao pessoal de vendas gastar 70 por cento de seu tempo com os clientes, em tarefas voltadas para o atendimento, e 30 por cento em outras atividades.

A Home Depot implementou outras duas ações de intimidade com o cliente. A primeira foi a instalação do Linux Info como sistema de suporte ao ponto de venda. O novo sistema permite aos clientes fazer pedidos de casa pela Internet e ter a compra processada no caixa da loja. Esse processo possibilita que o cliente vá à loja simplesmente para retirar a mercadoria, pois já concretizou a compra. A segunda iniciativa envolve aulas sobre construção e reforma do lar, ministradas nas lojas. A intimidade com o cliente é aprimorada quando os profissionais ensinam como comprar e instalar materiais apropriados e ferramentas de construção. A Home Depot vende os produtos e recebe um *feedback* do cliente como resultado dos cursos.

Cada disciplina de valor pede um conjunto diferente de competências e tem seus próprios requisitos para o sucesso (Tabela 6.1). A maioria das empresas tenta atingir a excelência em uma das três disciplinas de valor e ser competitiva nas outras. Escolher explicitamente uma dessas disciplinas e concentrar os recursos disponíveis para criar um *gap* entre a empresa e seus concorrentes imediatos acentuam seu foco estratégico.

Criando um modelo de negócios lucrativo[13]

Criar um modelo de negócios lucrativo é parte fundamental da formulação da estratégia de unidade de negócios. Projetar um modelo eficaz requer um entendimento claro de como a empresa gerará lucro e das ações estratégicas que ela deve tomar para ter sucesso no longo prazo.

Adrian Slywotzky e David Morrison identificaram 22 modelos de negócios — projetos que geram lucro de maneira única. Eles apresentam esses modelos como exemplos, acreditando que outros existam ou possam existir. Os autores também confirmam que, em algumas situações, a lucratividade depende da utilização conjunta de um ou mais

Tabela 6.1 Diferentes disciplinas de valor pedem diferentes competências

Foco estratégico	Ambiente de trabalho	Competências dos funcionários
Intimidade com o cliente	Impulsionado por valores, dinâmico, desafiador, informal, voltado para o atendimento, qualitativo, funcionário como cliente, 'o que for preciso'	Construção de relacionamento, saber ouvir, solução rápida de problemas, ação independente, iniciativa, colaboração, foco em qualidade
Excelência (eficácia) operacional	Previsível, mensurável, hierárquico, consciente sobre custo, baseado em equipes, formal	Controle de processo, melhoria contínua, trabalho em equipe, análise, entendimento financeiro/operacional
Liderança em produto	Experimental, focado no aprendizado, técnico, informal, ritmo acelerado, rico em recursos	Compartilhamento de informações, criatividade, solução de problemas em grupo, pensamento inovador, artístico, visionário

Fonte: Baseado em TREACY, M. e WIERSEMA, F. "Customer intimacy and other value disciplines", *Harvard Business Review*, jan./fev. 1993, p. 84–93.

modelos de negócios. Esse estudo demonstra que os mecanismos de lucratividade podem ser muito diferentes, mas que um foco no cliente é essencial para a eficácia de cada modelo.

Qual é nosso modelo de negócios? Como obtemos lucro? Slywotzky e Morrison sugerem que essas são as duas perguntas mais produtivas feitas pelos executivos. A regra clássica de estratégia sugeria: "Ganhe participação de mercado e o lucro virá". Essa abordagem já funcionou para a maioria das empresas. Entretanto, como consequência da turbulência competitiva causada pela globalização e pelos rápidos avanços tecnológicos, a crença antiga e popular de que há uma forte correlação entre participação de mercado e lucratividade desmoronou na maioria dos setores.

Como as empresas podem realizar lucros sustentáveis? A resposta pode ser obtida com a análise das seguintes perguntas: onde, nesse setor, a empresa será capaz de ter lucro? Como o modelo de negócios deve ser desenhado para que a empresa seja lucrativa? Slywotzky e Morrison descrevem os seguintes modelos de lucratividade de negócio para responder a essas perguntas:

1. *Modelo de lucratividade baseado no desenvolvimento de cliente/soluções para o cliente.* As empresas que utilizam esse modelo de negócios ganham dinheiro descobrindo maneiras para melhorar a economia de seus clientes e investindo em formas para que os clientes melhorem seus processos.
2. *Modelo de lucratividade da pirâmide de produto.* Esse modelo é eficaz em mercados em que os clientes têm forte preferência por características de produto, incluindo variedade, estilo, cor e preço. Ao oferecer um número de variações, as empresas podem construir as chamadas pirâmides de produto. Na base estão os produtos de alto volume e preço baixo e no topo estão os produtos de baixo volume e preço alto. O lucro está concentrado no topo da pirâmide, mas a base é o escudo estratégico (isto é, uma marca forte de preço baixo que impede a entrada de concorrentes), protegendo assim as margens no topo. Empresas de bens de consumo e montadoras usam esse modelo.
3. *Modelo de lucratividade baseado em sistema de componentes múltiplos.* Algumas empresas são caracterizadas por um sistema de produção/marketing formado por componentes que geram níveis substancialmente diferentes de lucratividade. Em hotéis, por exemplo, existe uma diferença substancial entre a lucratividade de reservas de quartos e a lucratividade das operações de bar. Nessas situações, costuma ser útil aumentar o uso dos componentes de maior lucro para maximizar a lucratividade do sistema como um todo.
4. *Modelo de lucratividade tipo switchboard.* Alguns mercados funcionam por meio da conexão entre múltiplos vendedores e múltiplos compradores. O modelo de lucratividade de *switchboard* cria um intermediário de alto valor que concentra essas múltiplas vias de comunicação em um ponto de comutação ou *switchboard*, redu-

zindo assim os custos para as partes em troca de um honorário. Com o aumento de volume, aumentam também os honorários.

5. *Modelo de lucratividade baseado no tempo.* Em alguns casos, rapidez é a chave para a lucratividade. Esse modelo de negócios tira proveito da vantagem do pioneiro. Inovação constante é essencial para a sustentação desse modelo.
6. *Modelo de lucratividade tipo blockbuster.* Em alguns setores, a lucratividade é impulsionada pelo sucesso de alguns bons produtos. Esse modelo de negócios é representativo dos estúdios de cinema, laboratórios farmacêuticos e empresas de software, que têm altos custos de P&D e de lançamentos e ciclos finitos de produto. Nesse tipo de ambiente, compensa concentrar investimentos de recursos em um número pequeno de projetos em vez de assumir posições em uma variedade de produtos.
7. *Modelo de lucratividade multiplicador.* Esse modelo acumula ganhos repetidos do mesmo produto, personagem, capacidade de marca registrada ou serviços. Pense no valor que a Michael Jordan, Inc. cria com a imagem da grande lenda do basquete. Esse modelo pode ser uma poderosa força motriz para negócios com marcas de grande consumo.
8. *Modelo de lucratividade empreendedor.* O que é pequeno pode ser bonito. Esse modelo de negócios enfatiza que a falta de economias de escala pode existir nas empresas. Ele ataca aquelas que se acomodaram com seu nível de lucro, com sistemas burocráticos e formais que estão distantes dos clientes. À medida que suas despesas aumentam e a relevância do cliente diminui, essas empresas ficam vulneráveis a empreendedores que estão em contato direto com os clientes.
9. *Modelo de lucratividade de especialização.* Esse modelo de negócios enfatiza o crescimento por meio da especialização sequenciada. Empresas de consultoria têm usado esse modelo com sucesso.
10. *Modelo de lucratividade de base instalada.* Uma empresa que adota esse modelo lucra porque sua base estabelecida de clientes compra outros produtos e acessórios da marca da empresa. O lucro com a base instalada proporciona uma fonte protegida de renda anual. Exemplos incluem aparelhos e lâminas de barbear, software e atualizações, copiadoras e cartuchos de tinta, câmeras fotográficas e filmes.
11. *Modelo de lucratividade de padrão de facto.* Uma variação do modelo de base instalada, é adequado quando o modelo de base instalada torna-se o padrão que governa de fato o comportamento competitivo no setor, como é o caso da Oracle.

Notas

1. MCGAHAN, A.M.; PORTER, M.E. "How much does industry matter, really?", *Strategic Management Journal,* 18, 1997, p. 15–30.

2. SLYWOTZKY, A.J.; MORRISON, D.J. com ANDELMAN, B. *The profit zone: how strategic business design will lead you to tomorrow's profits.* Nova York: Times Books, 1997.

3. GALE, B.T.; BUZZELL, R.D. "Market position and competitive strategy". In: DAY, G.; WEITZ, B.; e WENSLEY, R. (eds.), *The interface of marketing and strategy*. Greenwich: JAI Press, Inc., 1993.
4. BUZZELL, R.D.; GALE, B.T. *The PIMS principles:linking strategy to performance*. Nova York:The Free Press, 1987.
5. WEBB, J.; GILE, C. "Reversing the value chain", *The Journal of Business Strategy*, 22 (2), 2001, p. 13–17.
6. CAMUFFO, A.; ROMANO, P.; e VINELLI, A. "Back to the future: Benetton transforms its global network", *Sloan Management Review*, 43, 2001, p. 46–52.
7. GADIESH, O.; GILBERT, J.L. "Profit pools: a fresh look at strategy", *Harvard Business Review*, 76 (3), 1998, p. 139–147.
8. CHAMPION, D. "Mastering the value chain", *Harvard Business Review*, 79 (6), 2001, p. 109–115.
9. BUDDE, F.; ELLIOTT, B.R.; FARHA, G.; PALMER, C.R.; e STEFFEN, R. "The chemistry of knowledge", *The McKinsey Quarterly*, (4), 2000, p. 98–107.
10. ROBINSON JR., R.B.; PEARCE II, J.A. "Planned patterns of strategic behavior and their relationship to business-unit performance", *Strategic Management Journal*, 9 (1), 1988, p. 43–60; MURRAY, A.I., "A contingency view of Porter's generic strategies", *Academy of Management Review*, 13 (3), 1988, p. 390–400.
11. HILL, C.W.L. "Differentiation versus low cost or differentiation and low cost: a contingency framework", *Academy of Management Review*, 13 (3), 1988, p. 401–412.
12. TREACY, M.; WIERSEMA, F. "Customer intimacy and other value disciplines", *Harvard Business Review*, jan./fev. 1993, p. 84–93.
13. SLYWOTZKI, A.J. et al., op. cit., 1997.

CAPÍTULO 7

ESTRATÉGIAS DE UNIDADE DE NEGÓCIOS: CONTEXTOS E DIMENSÕES

Introdução

Estratégias genéricas são úteis para identificar estruturas amplas, nas quais uma vantagem competitiva pode ser desenvolvida ou explorada. Entretanto, para prever a eficácia relativa de diferentes opções, os estrategistas devem considerar o contexto em que uma estratégia será implementada. Para mostrar como se realiza tal análise, examinaremos seis tipos de ambiente setorial neste capítulo. Primeiro, observaremos três contextos relacionados aos vários estágios evolutivos de um setor: *emergente, em crescimento e maduro ou em declínio*. Depois, discutiremos três ambientes setoriais que impõem desafios estratégicos únicos: setores fragmentados, desregulamentados e hipercompetitivos. Como a hipercompetitividade é cada vez mais característica da concorrência empresarial em muitos setores, discutiremos dois atributos fundamentais de empresas bem-sucedidas em setores dinâmicos: velocidade e inovação.

Setores emergentes, em crescimento, maduros e em declínio

Estratégia em setores emergentes

Novos setores ou segmentos de setores surgem de várias maneiras. Inovações tecnológicas podem criar um setor totalmente novo ou reformar antigos, como aconteceu no caso das mudanças nas telecomunicações com o advento da tecnologia dos celulares. Algumas vezes, mudanças no macroambiente podem gerar novos setores. Exemplos disso são a energia solar e a tecnologia da Internet.

Sob uma perspectiva estratégica, novos setores apresentam novas oportunidades. Suas tecnologias são tradicionalmente imaturas, e isso significa que os concorrentes tentarão, de modo ativo, melhorar designs e processos já existentes ou combiná-los com a próxima geração de tecnologia. Uma batalha por padrões pode ser desencadeada. Os custos costumam ser altos e imprevisíveis, as barreiras à entrada são pequenas, os relacionamentos com fornecedores estão pouco desenvolvidos e os canais de distribuição acabaram de surgir.

O senso de oportunidade pode ser essencial na determinação do sucesso estratégico em um mercado emergente. A primeira empresa a lançar um produto ou serviço normalmente tem a *vantagem do pioneirismo*. Os pioneiros têm a oportunidade de moldar as expectativas do consumidor e definir as regras competitivas do jogo. Em setores de alta tecnologia, eles até podem definir padrões para todos os produtos subsequentes, como fez a Microsoft com seu sistema operacional Windows. Em geral, os pioneiros têm uma 'janela' relativamente pequena de oportunidade para se estabelecerem como líderes do setor no que concerne a tecnologia, custo ou serviço.

Exercer a liderança estratégica em mercados emergentes pode ser uma forma eficaz de reduzir riscos. Além da capacidade de moldar a estrutura do setor com base no senso de oportunidade, na estratégia de entrada e na experiência em situações similares, as oportunidades de liderança incluem a capacidade de controlar o desenvolvimento de produtos e serviços por meio de tecnologias superiores, qualidade ou conhecimento do consumidor; a capacidade de alavancar relacionamentos existentes com fornecedores e distribuidores; e a capacidade de alavancar o acesso a um grupo de primeiros clientes fiéis.

Estratégia no estágio de crescimento de um setor

O crescimento apresenta inúmeros desafios. Os concorrentes tendem a focar a expansão de sua participação no mercado. Com o tempo, os compradores adquirem conhecimento e conseguem distinguir ofertas concorrentes. Como resultado, um aumento da segmentação sempre acompanha a transição para a maturidade de mercado. O controle de custos torna-se um elemento estratégico importante à medida que as margens da unidade encolhem e novos produtos e aplicações são mais difíceis de encontrar. Em setores com potencial global, os mercados internacionais ganham importância. A globalização da competição também introduz novas incertezas à medida que uma segunda leva de concorrentes globais entra na disputa.

Na fase inicial de crescimento, as empresas tendem a acrescentar mais produtos, modelos, tamanhos e variações para atrair um mercado cada vez mais segmentado. Conforme elas avançam para o final dessa fase, as considerações de custo tornam-se prioridade. Além disso, a inovação de processos passa a ser uma dimensão importante do controle de custo, assim como a redefinição das relações com fornecedores e distribuidores. Por fim, alianças e fusões tornam-se atraentes, como forma de consolidar a posição de mercado de uma empresa ou de aumentar sua presença internacional.

Empresas concorrentes que entram no mercado nesse ponto, geralmente chamadas de *seguidores*, têm vantagens diferentes daquelas desfrutadas pelas pioneiras. Novos concorrentes tardios têm a oportunidade de avaliar tecnologias alternativas, postergar investimentos em projetos arriscados ou em capacidade instalada e imitar ou oferecer produtos e tecnologias superiores. Além disso, os seguidores entram em segmentos de mercado já comprovados e não precisam assumir os riscos associados a tentar transformar uma demanda de mercado latente em lucro contínuo.

Empresas que avaliam a entrada em um setor em crescimento também enfrentam a decisão estratégica de fazê-lo por meio de desenvolvimento interno ou de aquisição. Entrar em um novo segmento ou setor por meio de *desenvolvimento interno* envolve criar um novo negócio, com frequência em um ambiente competitivo relativamente desconhecido. Também é uma iniciativa que tende a ser lenta e cara. Desenvolver novos produtos, processos, parcerias e sistemas leva tempo e requer considerável aprendizagem. Por essas razões as empresas estão recorrendo cada vez mais a *joint-ventures*, alianças e aquisições de participantes já existentes no mercado, como estratégia para invadir novos segmentos de mercado–produto.

Duas questões importantes devem ser analisadas como parte do processo decisório de entrada em um novo mercado: (1) Quais são as barreiras estruturais à entrada? (2) Como as empresas estabelecidas reagirão à intromissão? Alguns dos mais importantes empecilhos estruturais são o nível de investimento requerido, o acesso a instalações de produção ou de distribuição e a ameaça de excesso de capacidade.

O potencial de retaliação é difícil de analisar. As empresas estabelecidas podem opor-se a um novo participante, se a resistência parecer compensadora. Isso tende a ocorrer em mercados maduros em que o crescimento é baixo, os produtos e serviços não se diferenciam muito, os custos fixos são altos, a capacidade é ampla e o mercado tem grande importância estratégica para os líderes. Entretanto, a probabilidade de resistência de um concorrente em qualquer estágio do ciclo de vida sugere que a busca por novos mercados deva focar setores que estejam experimentando algum desequilíbrio, nos quais as empresas estabelecidas tendam a demorar para reagir, a empresa possa influenciar a estrutura do setor e os benefícios da entrada excedam os custos, incluindo aqueles referentes a uma possível retaliação dos líderes.

Estratégia em setores maduros ou em declínio

Escolher cuidadosamente um equilíbrio entre posturas de diferenciação e de baixo custo e decidir entre competir em um único ou em múltiplos segmentos de um setor são questões de importância crucial à medida que a maturidade se consolida e o declínio passa a ser uma ameaça. O crescimento tende a mascarar erros estratégicos e deixa as empresas sobreviverem; um ambiente de baixo ou nenhum crescimento é bem menos benevolente.

As empresas acumulam lucros durante a longa fase de maturidade da vida de um setor quando: (1) concentram-se em segmentos que ofereçam oportunidade de maior crescimento ou retorno; (2) gerenciam a inovação de produtos e processos de forma voltada para uma maior diferenciação, redução de custos ou revitalização do crescimento do segmento; (3) organizam a produção e a entrega para cortar custos; e (4) preparam gradualmente a empresa para uma mudança estratégica para produtos ou setores mais promissores.

Em contraposição a essas oportunidades, setores maduros ou em declínio contêm uma série de armadilhas que as empresas devem evitar: (1) uma visão exageradamente otimista do setor ou da posição da empresa; (2) uma falta de clareza estratégica mostrada pela incapacidade de escolher entre uma abordagem competitiva ampla e uma abordagem focada; (3) investir muito para pouco retorno — a chamada 'armadilha de caixa' (*cash trap*) —; (4) trocar participação de mercado por lucratividade, em resposta a pressões por desempenho de curto prazo; (5) relutar em competir por preço; (6) resistir a mudanças estruturais do setor ou a novas práticas; (7) dar ênfase excessiva ao desenvolvimento de um produto em comparação ao aprimoramento dos existentes; e (8) reter competências em excesso.[1]

Com frequência, as decisões de saída são extremamente difíceis, em parte porque a ação pode sofrer uma oposição ativa no mercado. Possíveis barreiras à saída incluem restrições governamentais, obrigações trabalhistas e de seguridade social e obrigações contratuais com terceiros. Mesmo que uma empresa possa ser vendida, de forma parcial ou integral, existem várias questões a tratar. O efeito negativo de uma saída nas relações com clientes, fornecedores e distribuidores, por exemplo, pode disseminar-se por toda a estrutura corporativa, caso a empresa seja uma UEN de uma organização maior. Nessa situação, arranjos de compartilhamento de custos podem produzir um aumento de custo em outras partes do negócio, e relações trabalhistas podem ficar estremecidas, reduzindo as perspectivas estratégicas para toda a corporação.

Evolução do setor e prioridades funcionais

Os requisitos para o sucesso nos segmentos de um setor mudam ao longo do tempo. Os estrategistas precisam usar essas mudanças como base para identificar e avaliar os pontos fortes e fracos de uma empresa. A Tabela 7.1 ilustra quatro estágios da evolução de um setor e as mudanças nas capacidades funcionais que estão frequentemente associadas com o sucesso empresarial em cada estágio.[2] No mínimo, ela sugere dimensões que merecem uma consideração minuciosa ao se realizar uma avaliação estratégica.

É comum o desenvolvimento inicial de um mercado de produto levar a um crescimento lento nas vendas, grande ênfase em P&D, mudança tecnológica rápida no produto, perdas operacionais e a necessidade de recursos suficientes ou com folga para

Tabela 7.1 Estágios da evolução de um setor e prioridades funcionais da estratégia de negócios

Área funcional	Estágio de evolução do setor			
	Introdução	Crescimento	Maturidade	Declínio
Marketing	Recursos/habilidade para criar conscientização disseminada e ganhar aceitação dos clientes; acesso vantajoso à distribuição	Capacidade de estabelecer o reconhecimento de marca, encontrar nichos, reduzir preços, solidificar relações de distribuição fortes e desenvolver novos canais	Habilidade em promover agressivamente produtos para novos mercados e manter mercados existentes; flexibilidade de preços; habilidade em diferenciar produtos e manter a fidelidade do cliente	Meios eficientes em custos de acesso a canais e mercados selecionados; forte fidelidade ou dependência do cliente; imagem forte da empresa
Operações de produção	Ter capacidade de expansão eficaz, limitar o número de designs, desenvolver padrões	Capacidade de acrescentar variantes de produtos, centralizar a produção ou, caso contrário, reduzir custos; capacidade de melhorar a qualidade do produto; capacidade de subcontratação temporária	Capacidade de melhorar o produto e reduzir custos; capacidade de compartilhar ou reduzir capacidade; relações vantajosas com o fornecedor; subcontratação	Capacidade de reduzir linha de produtos; vantagem de custos na produção; localização ou distribuição; controle de estoque simplificado; subcontratação ou longos períodos de produção
Financeira	Recursos para suportar excesso de fluxo de caixa líquido e perdas iniciais; capacidade de usar alavancagem de maneira eficaz	Capacidade de financiar uma expansão rápida, de ter fluxo líquido de saída de caixa, mas com lucros crescentes; recursos para suportar melhorias de produto	Capacidade de gerar e redistribuir fluxos líquidos de entrada de caixa crescentes; sistemas eficazes de controle de custos	Capacidade de reutilizar ou eliminar equipamentos desnecessários; vantagem nos custos de instalações; precisão no sistema de controle; controle gerencial agilizado
Pessoal	Flexibilidade de alocação e de treinamento de novos gerentes; existência de funcionários com habilidades essenciais em novos produtos ou mercados	Existência de capacidade de acrescentar pessoal experiente; força de trabalho motivada e leal	Capacidade de reduzir a mão de obra de maneira eficiente em termos de custos; aumentar a eficiência	Capacidade de reduzir e realocar pessoal; vantagem de custos
Engenharia e pesquisa e desenvolvimento (P&D)	Capacidade de fazer mudanças de engenharia, solucionar problemas técnicos em produtos e processos	Habilidade em qualidade e desenvolvimento de novas características; capacidade de iniciar o desenvolvimento de produto sucessor	Capacidade de reduzir custos, desenvolver variantes, diferenciar produtos	Capacidade de dar suporte a outras áreas com crescimento ou aplicar o produto às necessidades únicas do cliente
Área funcional principal e recuperação de foco estratégico	Engenharia: penetração de mercado	Vendas: fidelidade do consumidor; participação de mercado	Eficiência de produção: produtos sucessores	Financeira: investimento máximo

Fonte: PEARCE II, J. A.; ROBINSON R.B. *Strategic management strategy formulation, implementation and control*, 11 ed.; 2009 Chicago: R.D. Irwin, Inc., 2007, capítulo 5

suportar uma operação temporariamente sem lucratividade. O sucesso nesse estágio inicial costuma estar associado à habilidade técnica, a ser o primeiro em novos mercados e a ter uma vantagem de marketing que crie uma conscientização disseminada.

O crescimento rápido atrai novos concorrentes e reordena as forças necessárias para o sucesso. Reconhecimento de marca, diferenciação de produto e recursos financeiros para suportar tanto as despesas pesadas de marketing quanto a concorrência de preços tornam-se forças essenciais.

À medida que o setor passa de uma fase de reorganização para um estágio de maturidade, o crescimento das vendas continua, mas em um ritmo decrescente. O número de segmentos do setor aumenta, entretanto a mudança tecnológica no design de produto é bem mais lenta. Como resultado, a concorrência normalmente se intensifica e as vantagens promocionais e de preços, assim como a diferenciação, tornam-se importantes forças internas. O ritmo de mudança tecnológica no design de processos acelera-se à medida que mais concorrentes buscam oferecer o produto com o máximo de eficiência. Embora P&D seja um fator fundamental no estágio de introdução, a produção eficiente agora é crucial.

Quando o setor avança para o estágio de declínio, as forças concentram-se nas vantagens de custo, em um relacionamento superior com fornecedores e clientes e no controle financeiro. Pode haver vantagem competitiva nesse estágio, se uma empresa atender mercados que estejam encolhendo gradualmente e que os concorrentes tenham decidido abandonar.

Setores fragmentados, desregulamentados e hipercompetitivos

Estratégia em setores fragmentados

Setores fragmentados são aqueles nos quais nenhuma empresa sozinha, ou um grupo pequeno de empresas, detém uma participação de mercado grande o suficiente para afetar fortemente a estrutura ou os resultados do setor. Muitas áreas da economia compartilham essa característica, incluindo setores do varejo, negócios de distribuição, serviços profissionais e pequenas manufaturas. A fragmentação parece prevalecer quando as barreiras à entrada e saída são baixas; há poucas economias de escala ou escopo; as estruturas de custo tornam a consolidação pouco atraente; produtos e serviços são altamente diversificados ou precisam ser customizados; e um controle local, próximo, faz-se necessário.

Prosperar em mercados fragmentados requer uma estratégia criativa. Estratégias de foco, que segmentam o mercado com criatividade e baseiam-se em produto, cliente, tipo de pedido/serviço ou área geográfica, combinadas a uma postura simples, podem ser eficazes. Às vezes, economias de escala e de escopo estão ocultas, à espera de novos avanços tecnológicos, ou não são bem identificadas porque a atenção dos participantes está em outro lugar. Nessas situações, uma estratégia criativa pode revelar essas fontes ocultas de vantagem competitiva e mudar drasticamente a dinâmica do setor. As iniciativas empreendedoras de H. Wayne Huizinga são exemplos excelentes.

Wall Street mostrou-se cética quando Huizinga abriu o capital da Waste Management Corporation, em 1971, e explicou que adquiriria centenas de empresas de coleta de lixo tradicionais usando ações como sua principal moeda. Ele planejava explorar diferenças entre avaliação pública e privada e, ao colocar essas entidades menores sob uma única administração, revelar um valor oculto. À época dessa oferta inicial, a Waste Management tinha uma capitalização de $ 5 milhões. Quando Huizinga saiu, em 1984, seu valor de mercado era de $ 3 bilhões.

Huizinga teve a mesma recepção inicial quando assumiu o controle da Blockbuster, em 1987. Ao adotar uma abordagem estratégica semelhante àquela que transformou o setor de coleta de lixo, ele aumentou a capitalização de mercado da Blockbuster dos $ 32 milhões iniciais para $ 8,4 bilhões em 1994, quando vendeu a empresa para a gigante Viacom.[3]

Estratégia em um ambiente desregulamentado

A desregulamentação remodelou uma série de setores nos últimos anos. Algumas dinâmicas competitivas interessantes ocorrem quando restrições artificiais são suspensas, permitindo a entrada de novos participantes. Talvez a dinâmica mais importante diga respeito ao momento em que uma estratégica é acionada. A experiência norte-americana mostra que ambientes desregulamentados tendem a passar por mudanças consideráveis duas vezes: primeiro, quando o mercado é aberto e, depois, cerca de cinco anos mais tarde.[4]

O tema tornou-se um assunto importante nos Estados Unidos, em 1975, quando a Securities and Exchange Commission (Comissão de Valores Mobiliários) aboliu taxas fixas para os corretores de valores norte-americanos. A desregulamentação dos setores aeroviário, de transporte rodoviário e ferroviário, bancário e de telecomunicações logo se seguiu. Em cada instância foi observado um padrão bastante semelhante de desenvolvimento:

1. Imediatamente após a abertura do mercado, houve uma corrida de grande número de novos concorrentes — a maioria fracassou após um período relativamente curto.
2. A lucratividade do setor rapidamente se deteriorou à medida que novos participantes do mercado, com frequência operando a partir de uma base de baixo custo, destruíram a definição de preços do setor para todos os concorrentes.
3. O padrão de lucratividade do segmento mudou de modo significativo. Segmentos que eram atraentes perderam seu apelo devido à entrada de muitos concorren-

tes, enquanto segmentos anteriormente com pouca atratividade tornaram-se mais interessantes sob uma perspectiva estratégica.
4. A variação de lucratividade entre o melhor e o pior participante aumentou substancialmente, refletindo uma gama maior de qualidade de concorrentes.
5. Duas ondas de atividades de fusão e aquisição se seguiram. A primeira focou a consolidação de participantes mais fracos e a segunda, entre participantes maiores, estava voltada para o domínio do mercado.
6. Após a consolidação, poucos participantes permaneceram como concorrentes em uma base ampla; a maioria foi forçada a concentrar seu foco em segmentos ou produtos específicos em um setor muito mais segmentado.

A desregulamentação dos mercados de energia nos Estados Unidos oferece exemplos excelentes de como os concorrentes deparam-se tanto com oportunidades quanto com perdas. A desregulamentação ocorrida em 1996 resultou em dificuldades econômicas para muitas empresas de energia elétrica da Califórnia. Em 2001, a Pacific Gas and Electric, a maior empresa de serviços públicos de capital aberto do Estado, declarou uma dívida de $ 9 bilhões e pediu falência. Duas razões principais respondem pela falência da outrora concessionária líder em serviços de energia elétrica. Primeiro, a PG&E incorreu em bilhões de dólares de dívidas que não conseguiu repassar aos consumidores. Empresas de serviços públicos, incluindo a PG&E, foram forçadas a pagar altas taxas às distribuidoras. Entretanto, devido a medidas desregulamentadoras, elas não tiveram permissão para aumentar as tarifas para os consumidores. Segundo, uma cláusula da lei de desregulamentação impediu que a empresa expandisse a instalação de seus geradores para outras regiões do Estado. Portanto, a energia precisava percorrer distâncias maiores, acumulando custos adicionais para a empresa.

A PG&E entrou com o pedido de falência, argumentando que os órgãos reguladores do governo não agiram rapidamente para solucionar a crise que causou múltiplos blecautes e custou bilhões de dólares ao Estado. Ao levar seu caso à justiça, a PG&E esperava eliminar parte dos $ 9 bilhões que devia às distribuidoras e tentar reverter cláusulas que não lhe permitiam aumentar tarifas.

Estrategicamente, a desregulamentação impõe uma série de desafios para as empresas. Joel Bleeke identifica quatro posturas estratégicas distintas que podem ser bem-sucedidas ao lidar com o tumulto associado à desregulamentação: (1) distribuidores com base ampla que oferecem um leque diversificado de produtos e serviços cobrindo uma extensa área geográfica; (2) novos concorrentes de baixo custo que evoluem para líderes em nichos; (3) participantes de mercado focados em um segmento específico que enfatizam o valor agregado da empresa para grupos específicos de clientes fiéis e (4) provedores de serviços públicos compartilhados focados em oferecer economias de escala para pequenos concorrentes.[5]

Empresas distribuidoras com base ampla, que entendem os desafios associados a barrar uma avalanche de 'novatas' de baixo custo, tomam atitudes precoces de determinação de preço, eliminam subsídios cruzados entre produtos ou segmentos e conservam recursos para batalhas prolongadas em um ambiente em deterioração. Por exemplo, após a desregulamentação, a AT&T reduziu seus preços rapidamente para clientes empresariais com alto volume de utilização, para contra-atacar os esforços agressivos de marketing da MCI e da Spring. Também reduziu sua força de trabalho em cerca de 20 por cento para adequar-se à estrutura de custo dos novos concorrentes. A AT&T conservou capital reduzindo o desenvolvimento de novos mercados e as aquisições, preparando-se, assim, para os inevitáveis tempos difíceis.

Novos concorrentes de baixo custo são tradicionais catalisadores de mudança em um ambiente desregulamentado. Entretanto, poucos deles têm sucesso em estabelecer uma posição sustentável apenas com baixo custo. Com o tempo, muitos dos sobreviventes tendem a atuar em segmentos especializados ou nichos. As principais escolhas estratégicas que precisam fazer são decidir quais segmentos focar — concorrer com empresas de base ampla em seu principal mercado talvez não seja a melhor escolha — e decidir sobre uma rota de migração rumo a um status de especialização ou nicho.

Participantes de mercado focados em um segmento específico concentram-se em segmentos de valor agregado desde o princípio. Em geral, seu poder de permanência depende da força do relacionamento que mantêm com os clientes. Dessa forma, os principais desafios estratégicos enfrentados por esse grupo incluem: (1) identificar novas abordagens para fortalecer o relacionamento com clientes (por exemplo, desenvolvendo sistemas e bancos de dados de informação sobre eles); (2) alavancar o poder de entrada em segmentos ou categorias relacionadas; e (3) aprimorar e modernizar produtos e serviços para reter clientes existentes.

Provedores de serviços públicos compartilhados definem um quarto grupo estratégico em um ambiente desregulamentado. Sua estratégia de lucro é proporcionar aos novos concorrentes de baixo custo economias de escala por meio do compartilhamento de custos entre muitas empresas. A Telerate, por exemplo, oferece títulos do governo e cotações de câmbio do mundo inteiro para diversos traders de pequeno e médio porte, para que eles possam competir mais eficientemente com empresas maiores.

Provedores de serviços públicos compartilhados são essenciais para a evolução do setor, mas uma agitação entre concorrentes é frequentemente inevitável. A batalha entre diferentes sistemas de reservas de passagens aéreas é um bom exemplo. No máximo, poucos deles sobreviverão e, provavelmente, vão-se tornar o padrão setorial.

Precificação em setores recém-desregulamentados

É comum a desregulamentação levar as empresas estabelecidas a se apavorar e realizar cortes autodestrutivos de preços. A premissa disseminada, porém não comprovada, é a de que os monopólios são ineficientes e cobram mais do que deveriam por seus produtos e serviços. No entanto, a experiência demonstra que de modo geral o argumento contra as empresas estabelecidas é exagerado. Quando novos competidores entram, o mercado demanda preços reduzidos, que podem resultar de maior eficiência e competição. Contudo, as empresas nascentes são inerentemente ineficientes e o compartilhamento de mercados reduz a eficiência de escala e escopo.

Uma pesquisa de Florissen, Maurer, Schmidt e Vahlenkamp identifica quatro fatores que as empresas estabelecidas devem usar para ajustar preços após a ocorrência de uma desregulamentação:[6]

1. *Preços da concorrência.* Em vez de tentar equiparar o preço mais baixo praticado por qualquer novo concorrente, as empresas estabelecidas devem tomar como parâmetro de comparação o concorrente mais relevante. Por exemplo, de modo geral aqueles com marcas bem conhecidas possuem mais chances de tirar clientes de um negócio estabelecido e seu preço deve ser equiparado ou melhorado.
2. *Taxas de troca.* Alguns consumidores deixarão uma empresa estabelecida assim que tiverem a oportunidade. Os motivos vão desde a insatisfação com nível de serviço, preço e características do produto até a expectativa de que o novo necessariamente significa o melhor. Entretanto, a maioria dos clientes em mercados regulamentados vê produtos e serviços como *commodities* e muito poucos cogitarão experimentar um novo fornecedor, a menos que ele ofereça algum benefício extraordinário. Portanto, embora as empresas estabelecidas necessitem ajustar os preços para baixo para se manterem competitivas e não permitirem uma defasagem de preço que incentive os consumidores a mudar de fornecedor, elas não precisam ser líderes em preço para reter a maior parte de seus clientes.
3. *Valor do cliente.* Nem todos os clientes têm o mesmo valor para uma empresa. Alguns deles estão dispostos a pagar mais ou foram conquistados a custos mais elevados e geram mais receita de ações de venda cruzada. Diferentemente de clientes volúveis cuja deserção pode resultar em perdas mínimas de lucro devido a sua alta sensibilidade a preço, os clientes de alta margem costumam ser menos suscetíveis a preço e mais preocupados com a qualidade e o serviço. Baixar preços para esses clientes preferenciais custa muito e traz pouco benefício.
4. *Custo de atendimento.* Em geral os novos concorrentes estão mal preparados para custear serviços de modo eficaz, tanto sob o aspecto de competitividade quanto de lucratividade. As empresas estabelecidas estão em uma posição bem mais favorável porque compreendem o real custo de seu serviço. Portanto, em vez de reduzir preços a níveis insustentáveis, as empresas estabelecidas podem moderar suas margens de lucro, mas evitar ficar no vermelho por receio de perder clientes a competidores que não serão capazes de manter sua estrutura inicial de preços.

Estratégia em setores hipercompetitivos

Os *setores hipercompetitivos* são caracterizados por uma rivalidade intensa. Com frequência, as estratégias bem-sucedidas baseiam-se em pegar os concorrentes de surpresa (por exemplo, lançando um produto quando menos esperado), para, então, avançar enquanto a concorrência tenta recuperar-se. Portanto, as *estratégias hipercompetitivas* visam permitir que a empresa ganhe uma vantagem competitiva sobre os concorrentes por meio da desorganização do mercado, com uma mudança rápida e inovadora. O objetivo é neutralizar vantagens competitivas anteriores e criar um segmento de setor em desequilíbrio.[7]

A rivalidade intensa em um ambiente hipercompetitivo geralmente resulta em: ciclos de vida de produto curtos, surgimento de novas tecnologias, concorrência de participantes inesperados, reposicionamento de participantes atuais e mudanças importantes nas fronteiras do mercado. Segmentos como o de computadores pessoais, microprocessadores e software frequentemente experimentam os efeitos da hipercompetição. O setor de telecomunicações também oferece muitos exemplos. As estratégias de hipercompetitividade costumam envolver a combinação de serviços (por exemplo, ligações locais, de longa distância, acesso à Internet e até mesmo transmissão de canais de TV) para reter clientes atuais e conquistar novos.

Em um mercado hipercompetitivo, as empresas bem-sucedidas são aquelas capazes de manipular as condições competitivas para criar vantagens para si e destruir as desfrutadas pelos outros. Em seu ambiente dinâmico e em contínua mudança, as empresas em posição de se beneficiar são as que possuem três qualidades principais: inovação rápida e velocidade, foco estratégico superior de curto prazo e conhecimento de mercado.

Velocidade e inovação são os principais requisitos para o sucesso em um ambiente hipercompetitivo. O foco das empresas está em ganhar vantagem temporária, alcançar lucratividade no curto prazo e mudar rapidamente seu foco estratégico antes que a concorrência possa reagir com eficácia. É essencial que as empresas hipercompetitivas sejam capazes de inovar rapidamente e dar prosseguimento a essa inovação com igual rapidez em produção, marketing e distribuição de produtos. Dessa maneira, elas conseguem acelerar a dinâmica do setor e ganhar participação de mercado em um ritmo que supera o da concorrência. Sem a velocidade como atributo, uma empresa fica em grande desvantagem, porque os concorrentes capitalizarão as oportunidades de mercado primeiro, o que lhe custará uma participação de mercado valiosa.

A segunda característica de empresas bem-sucedidas em hipercompetitividade é o foco estratégico superior de curto prazo. Aquelas com a capacidade de manipular a concorrência para que ela assuma compromissos de longo prazo veem o mercado hipercompetitivo como algo benéfico.

O último requisito para o sucesso em um ambiente hipercompetitivo é o forte conhecimento de mercado. As empresas devem ser capazes de entender os mercados de consumo para entregar produtos de alto impacto e proporcionar padrões superiores de suporte ao cliente. Ter um forte foco no cliente permite às empresas identificar suas necessidades e, ao mesmo tempo, revelar mercados novos e existentes ainda não explorados para seus produtos. Uma vez identificadas essas necessidades, as empresas ganham uma participação de mercado temporária, por meio de uma redefinição de qualidade.

O conceito tradicional de vantagem competitiva sustentável está centrado na crença de que a lucratividade de longo prazo pode ser alcançada por meio de mercados segmentados e níveis baixos a moderados de competitividade. Entretanto, os estrategistas agora reconhecem outro requisito: no longo prazo, lucros sustentáveis só são possíveis quando barreiras à entrada restringem a concorrência. As evidências do ambiente corporativo atual são de que modelos de negócios que dependem dessas condições apresentam um índice de sucesso em declínio acentuado, principalmente devido à hipercompetitividade. O desgaste contínuo e a recriação de vantagem competitiva caracterizam muitos setores com empresas que buscam mudar o *status quo* e ganhar uma vantagem lucrativa temporária sobre os concorrentes maiores.

Reações competitivas sob concorrência extrema

O ritmo da mudança competitiva continua acelerado devido a crescente globalização, avanços tecnológicos e liberalização econômica. Dentre as consequências disso estão alto nível de competição em setores industrializados maduros e sem diferenciação que resulta em diminuição de lucros; domínio instável por empresas com maior participação de mercado que são pressionadas por concorrentes menores, mais flexíveis e geralmente mais inovadores; e setores em processo de encolhimento com líderes em risco e participantes que brigam por nichos.

Essa caracterização de concorrência extrema levou Huyett e Viguerie a sugerir seis ações que as empresas estabelecidas podem tomar para combater as movimentações novas, agressivas e inovadoras dos concorrentes:[8]

1. *Reavalie a estratégia e restaure sua importância.* O planejamento estratégico pode ser penalizado, quando as pressões do cotidiano por desempenho são altas e o ritmo da mudança é tão acelerado que o número de possíveis resultados parece desafiar a lógica de planejá-los. Por isso, os executivos são orientados a desafiar os gerentes de UNE para que adotem uma visão de portfólio no planejamento estratégico, de modo a aguçar sua capacidade de reação a oportunidades radicais.
2. *Administre os aspectos econômicos da transição.* Ao tentar equilibrar margens de lucro e participação de mercado, os responsáveis pelo planejamento devem estar cientes da importância de desenvolver posições de baixo custo para liberar fundos aos esforços de inovação que contribuirão para combater competidores agressivos.

3. *Combata agregação com desagregação.* Embora as vantagens de escala direcionem algumas grandes empresas para a agregação de mercados, outras encontrarão pequenas oportunidades de alta lucratividade ao criar proposições de valor diferenciadas por meio da desagregação.
4. *Busque nova demanda e novo crescimento.* A hipercompetitividade não dispensa o uso de estratégias tradicionais. Sobretudo quando se concorre com empresas fundamentadas em um crescimento orgânico, pode-se obter êxito no crescimento externo por meio de fusões e aquisições, licenciamento, *joint-ventures* e alianças estratégicas, mesmo quando os retardatários esforçam-se para acelerar o ritmo da inovação e da mudança organizacional.
5. *Utilize um portfólio de ações para aumentar a velocidade e a flexibilidade.* Os gerentes e planejadores estratégicos são incentivados a pensar nos ativos organizacionais como recursos que capacitam a empresa a lançar novos produtos e serviços, inovar para reduzir custos e formar a base para a competitividade em preço em diversos mercados pelo mundo. Essa visão baseada em recursos é superior a um enfoque de comprometimento fixo em um ambiente de concorrência extrema, que recompensa a capacidade de reação ao mercado e a inovação.
6. *Conte com o risco estratégico.* Os estrategistas devem ter em mente que a concorrência extrema é caracterizada pela volatilidade dos ganhos corporativos e dos preços de ações. Huyett e Vaguerie alertam para quatro tipos de risco que merecem especial atenção em ambientes extremamente competitivos:

- Riscos de proposição de valor, que alertam para as consequências negativas, caso os concorrentes lancem produtos ou serviços com preço inferior.
- Riscos de curva de custo, que alertam para as consequências negativas, caso os concorrentes sejam capazes de tornar-se provedores de baixo custo.
- Riscos de má conduta, que alertam para as consequências negativas, caso ocorra uma guerra de preços.
- Riscos de aposta errada, que alertam para as consequências negativas de premissas exageradamente otimistas.

Estratégia de unidade de negócios: dimensões especiais

Velocidade

A velocidade na inovação, produção, distribuição e em diversas outras áreas está surgindo como um fator crítico de sucesso em um número cada vez maior de setores, especialmente aqueles caracterizados por uma hipercompetitividade transitória ou habitual.[9] Combinada com tendências voltadas para a globalização, as múltiplas aplicações de negócios da Internet elevaram a velocidade a um nível de prioridade estratégica. O crescimento sem precedentes em conexões da Internet empresa–consumidor (B2C) e empresa–empresa (B2B) tornaram a velocidade tão importante quanto a qualidade e o foco no cliente em alguns mercados. Ainda assim, é o mais novo e menos compreendido dos fatores críticos de sucesso.

Em um contexto competitivo, *velocidade* é o ritmo do progresso que uma empresa apresenta em resposta a necessidades empresariais atuais ou antecipadas. É medida pelo tempo de resposta de uma empresa em atender às expectativas do cliente, em inovar e comercializar novos produtos e serviços, em mudar a estratégia para se beneficiar de mercados emergentes e realidades tecnológicas e em atualizar, continuamente, seus processos para melhorar a satisfação do cliente e o retorno financeiro.

Os *speed merchants* (corredores) respondem a desafios de seu setor para aumentar a capacidade de resposta de seus clientes, construindo estratégias com base no ritmo veloz de suas operações. Suas atividades aceleradas de mudança tornam-se um marco para o progresso do setor. Os 'corredores' modificam seus ambientes para converter suas competências essenciais em vantagens competitivas. Como consequência, cenários competitivos são alterados em seu favor. A imagem pública de um número crescente de empresas é sinônimo da velocidade que exibem: a AAA, com serviço rápido de atendimento a emergências nas estradas, a Dell, com montagem rápida de computadores, a Domino's, com entrega rápida de pizzas, e a CiberGate, com acesso rápido à Internet. Uma avaliação criteriosa das estratégias dessas empresas proporciona três *insights* importantes: (1) fontes distintas e identificáveis de pressão que criam a demanda para uma empresa aumentar a velocidade de suas operações; (2) a ênfase em velocidade impõe a uma empresa novos requisitos de custos, culturais e de mudança de processos; e (3) vários métodos de implementação para acelerar a velocidade das operações de uma empresa.

A Figura 7.1 apresenta um modelo para orientar os executivos na aceleração da velocidade das empresas. Ela nos lembra de que as pressões para aumentar a velocidade de uma empresa podem ser geradas tanto no âmbito interno quanto no externo. As empresas podem assumir uma postura reativa esperando um aumento da velocidade dos concorrentes antes de fazer seu próprio investimento, ou podem apostar nas recompensas de uma atitude proativa de melhoria.

Pressões por velocidade

A velocidade tem popularidade quase universal. Clientes em praticamente todos os segmentos produto–mercado buscam a satisfação imediata de suas necessidades e recompensam as empresas rápidas com crescimento na participação de mercado. Como os funcionários de empresas focadas em velocidade desfrutam de flexibilidade no trabalho e de

Figura 7.1 Modelo para acelerar a velocidade

Pressões por velocidade
- Expectativas do cliente
- Necessidade de vantagem competitiva
- Estratégias dos concorrentes
- Mudanças no setor

Requisitos de velocidade
- Mudança de foco da missão
- Cultura compatível
- Melhoria da comunicação
- Reengenharia de processos
- Novas medidas

Métodos para aumentar a velocidade
- Simplificar operações
- Modernizar a tecnologia
- Formar parcerias

Consequências da velocidade
- Melhoria das competências preventivas
- Melhoria de tempos de resposta
- Elevação das expectativas do consumidor

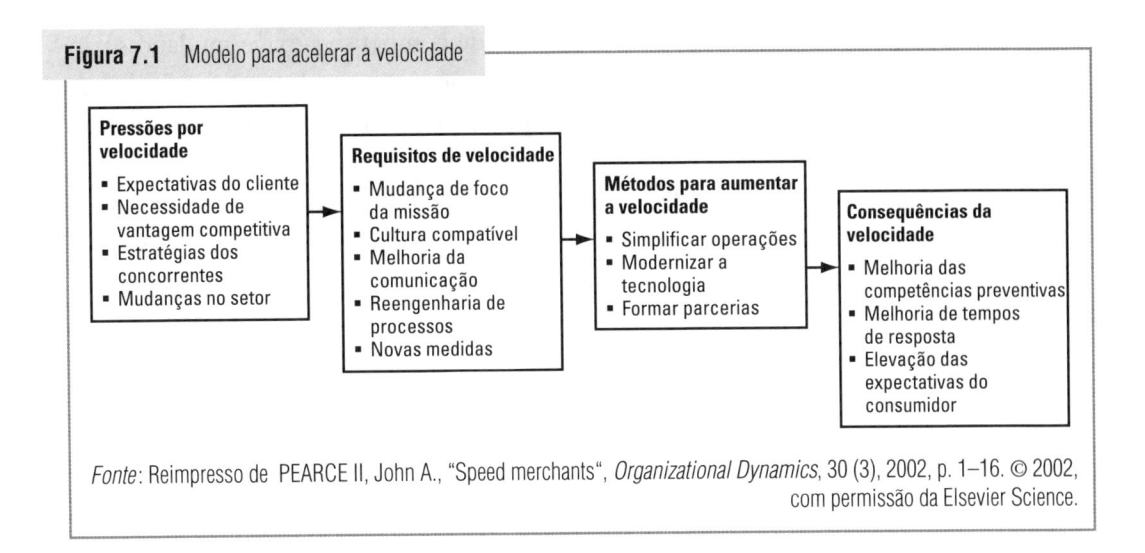

Fonte: Reimpresso de PEARCE II, John A., "Speed merchants", *Organizational Dynamics*, 30 (3), 2002, p. 1–16. © 2002, com permissão da Elsevier Science.

elevada responsabilidade individual, necessárias para manter a estratégia, eles recompensam seu empregadores com a lealdade e o compromisso tão louvados em ambientes competitivos. Os fornecedores dispõem-se a suportar custos e responsabilidades extras para ganhar parcerias com empresas rápidas, que pareçam destinadas a superar concorrentes que conduzem seus negócios em um modelo 'tempo-testado' em vez de 'tempo-consciente'.

As pressões por velocidade vêm das expectativas dos clientes, de concorrentes que aceleram seu ritmo, da própria empresa que busca estabelecer uma nova vantagem competitiva e do ajuste de prioridades de um setor em mudança. Essas pressões parecem frequentemente se combinar em uma força em perfeita integração. Entretanto, fontes diferentes de pressão podem ser abordadas de maneira mais eficaz por meio de uma estratégia empresarial com foco específico. Portanto, a previsão correta ou o reconhecimento da fonte específica de pressão por parte dos planejadores estratégicos ajuda a assegurar que seus investimentos em uma nova velocidade proporcionem o máximo de retorno.

A experiência tem mostrado que existem quatro fontes principais de pressão para aumentar a velocidade:

1. *Clientes.* Os clientes demandam agilidade na resposta. O movimento voltado para a qualidade nas duas últimas décadas foi substituído por uma nova ênfase em obter produtos e serviços de qualidade rapidamente.
2. *Necessidade de se criar uma nova base para vantagem competitiva.* O aumento da velocidade com que os produtos são inovados, desenvolvidos, produzidos e distribuídos tem sido associado ao sucesso das empresas em estabelecer uma nova vantagem competitiva e importantes benefícios de custo.

3. *Pressões competitivas.* Com frequência a viabilidade competitiva exige mudanças para o aumento da velocidade. Na presença de pressões intensas de competitividade, a velocidade geralmente é uma das poucas opções de escolha para que uma empresa diferencie sua oferta.
4. *Mudanças no setor.* A velocidade é particularmente importante para a sobrevivência em setores caracterizados por ciclos curtos de vida do produto. Competição global, avanços exponenciais na tecnologia e mudanças nas demandas dos clientes combinam-se para produzir ciclos de vida mais curtos e a necessidade de um desenvolvimento de produto mais rápido.

Requisitos de velocidade

Como arma estratégica, a busca por velocidade requer que cada aspecto organizacional seja focado no ritmo em que o trabalho é realizado. Os executivos devem estimular uma cultura de 'rapidez' em suas organizações. A agilidade resultante de uma orientação para velocidade e de investimentos em recursos cuidadosamente elaborados proporciona o requisito competitivo para mudar e acelerar o curso estratégico de uma empresa. Especificamente, é preciso tomar as seguintes atitudes: redefinir a missão da empresa, criar uma cultura compatível com a velocidade, melhorar a comunicação interna da empresa, focar a reengenharia dos processos e comprometer-se com novas medidas de desempenho.

Redefinir a missão da empresa

Quando o conselho e os executivos articulam uma visão de longo prazo para uma empresa com orientação para a velocidade, eles fornecem a base para expectativas compartilhadas, planejamento e avaliação de desempenho relacionados ao aumento de velocidade em toda a organização.

Criar uma cultura compatível com a velocidade

A velocidade é facilitada em uma empresa por meio da alimentação de uma cultura que conduza à velocidade e da adoção de um sistema de avaliação que recompense aqueles que conseguem aumentar os aspectos da velocidade organizacional. Mudanças nas técnicas de gestão, incluindo TQM (gestão da qualidade total, do inglês, *total quality management*), *benchmarking*, concorrência baseada em tempo, terceirização e parcerias, podem desempenhar um papel no direcionamento do foco de uma organização para o aumento de sua velocidade geral.

Melhorar a comunicação

O aumento da velocidade exige o aprimoramento dos métodos de comunicação para torná-la clara e oportuna. Cada vez mais, todos esperam uma comunicação instantânea entre clientes, fabricantes, fornecedores e provedores de serviços.

Focar a reengenharia de processos empresariais (RPE)

A RPE busca reorganizar uma empresa para eliminar barreiras que distanciem seus funcionários dos clientes. Envolve fundamentalmente repensar e redesenhar um processo para permitir que o foco no cliente permeie todas as fases da atividade empresarial. A estruturação dos funcionários é avaliada para determinar como eles podem contribuir ao máximo. Aumentar o envolvimento deles, não eliminá-los, é a verdadeira intenção da RPE.

Comprometer-se com novas medidas de desempenho

Um conjunto específico de medidas mostrou-se valioso ao avaliar o progresso de uma empresa em melhorar o desempenho de seus investimentos em velocidade. Essas medidas incluem volume de vendas, taxa de inovação, satisfação do cliente, tempo de processamento, controle de custos e aspectos específicos de marketing como suporte a inovação, aprendizagem e projetos.

Métodos para aumentar a velocidade

O desenvolvimento da velocidade como vantagem competitiva começa com a análise interna de uma empresa para determinar onde existe velocidade. As empresas, então, tratam de eliminar rapidamente os '*gaps* de velocidade'. Três categorias de métodos dominam a lista de opções corporativas: simplificar as operações, modernizar a tecnologia e formar parcerias.

Simplificar as operações

Muitas empresas entram em novos mercados com um nível de informação competitiva que seria tradicionalmente rotulado como insuficiente para dar suporte ao investimento. Entretanto, a maior parte delas não está marginalizando a qualidade; elas adotaram um novo esquema estratégico. Com uma capacidade incrementada por velocidade, para obter do mercado um rápido *feedback* pós-implementação, assim como para responder imediatamente com ajustes, as inovações bem-sucedidas não precisam mais ser infalíveis no momento de sua introdução.

Modernizar a tecnologia

Ao usar as tecnologias de informação mais recentes para criar velocidade, as empresas podem disseminar informações sobre produtos de uma forma mais rápida. A meta comum da TI, focada em velocidade, é conectar fabricantes com varejistas para aumentar o compartilhamento de informações e simplificar e acelerar a distribuição do produto. Essa agilização, por sua vez, leva os produtos mais rapidamente para as prateleiras e satisfaz os clientes com custos menores de estoque. A tecnologia também permite que as empresas conheçam os padrões de compra dos clientes para prever melhor suas preferências.

Formar parcerias

Compartilhar o ônus do negócio provou ser uma maneira eficaz de diminuir o tempo necessário para melhorar a aceitação do mercado (isto é, o *collapse time* dos parceiros). A parceria da Ford Motor Company com a General Motors e a DaimlerChrysler proporciona um exemplo excelente. As três maiores montadoras juntaram-se para desenvolver um portal na Internet que conecta suas organizações de compra com 30 mil fornecedores de matéria-prima. Essa troca eletrônica também aumenta a velocidade com que as montadoras respondem a consultas de clientes em cada estágio da cadeia de suprimentos.

As evidências práticas sustentam o posicionamento da velocidade como um fator crucial de sucesso e elemento fundamental da estratégia de uma unidade de negócios. A meta da empresa de aumentar a velocidade para satisfazer as necessidades do cliente está deixando de ser uma opção para se tornar uma exigência para a sobrevivência financeira. Felizmente, as empresas podem ser sistemáticas na avaliação das pressões e requisitos de mudança com que se deparam ao aumentar sua velocidade. Métodos disponíveis para implementar melhorias estão se consolidando rapidamente e têm o suporte dos registros de sucesso de que as empresas velozes desfrutam.

Criação de valor por meio da inovação

A criação de valor depende em grande parte da inovação. Um crescimento sustentável e lucrativo requer mais do que aquisições conscienciosas ou 'subtrações' cuidadosas por meio da eliminação de operações não lucrativas ou de demissões. Muitas empresas reconhecem que precisam gerar mais valor a partir de seus negócios centrais e alavancar suas competências essenciais de forma mais eficaz. Essas iniciativas estratégicas, por sua vez, aumentam a demanda por inovação.[10]

A inovação é um desafio estratégico importante para a maioria das empresas. Clayton M. Christensen cunhou os conceitos de *inovação de ruptura e sustentada* para descrever o que ele chama de 'dilema dos inovadores' — como empresas de sucesso com produtos estabelecidos podem evitar serem postas de lado por concorrentes com produtos mais novos e mais baratos que, com o tempo, vão melhorar e tornar-se uma séria ameaça.[11]

Ele nota que líderes de setor e concorrentes praticam sobretudo a *inovação sustentada* — aquela com foco em produtos 'melhores'. Algumas inovações sustentadas são melhorias simples, incrementais, de ano para ano; outras são avanços tecnológicos drásticos como a transição de analógico para digital e de digital para óptico. Embora representem verdadeiros avanços tecnológicos, seu efeito sobre o serviço foi trazer um produto melhor ao mercado existente e que poderia ser vendido com margens maiores aos melhores clientes atendidos pelos líderes do setor.

Novos concorrentes e desafiantes, por outro lado, têm maior liberdade para se engajarem na *inovação de ruptura* — lançando produtos que podem não ser tão bons quanto os existentes e, portanto, não tão atraentes para os clientes atuais, mas que são mais simples e geralmente mais acessíveis. Esses novos concorrentes encontram aceitação em segmentos pouco exigentes e mal servidos do mercado, criando uma cabeça de ponte para competir por clientes maiores com produtos melhorados posteriormente. Christensen chama isso de *inovação de ruptura*, não porque define uma grande mudança tecnológica, mas pelo fato de que ela desestrutura as bases estabelecidas de competição.

Por exemplo, o setor de hardware oferece muitos exemplos desse tipo de inovação. A introdução do minicomputador desestruturou o setor de *mainframes* (computadores de grande porte). Quando o computador pessoal surgiu, ele desestruturou as vendas de minicomputadores. Hoje, aparelhos portáteis sem fio, tais como Blackberries e Palm Pilots, são uma inovação de ruptura em relação aos notebooks.

Embora os líderes de um setor *possam* sobreviver a um ataque de ruptura e manter suas posições de liderança, há fortes evidências de que a única maneira de se fazer isso é criar uma unidade independente. A razão para isso é que a unidade independente necessita de liberdade para criar um modelo de negócios que esteja em sintonia com esse novo modo de ruptura de se fazer negócios que, em último caso, pode levar a uma ruptura com o modelo da matriz ou até mesmo com a própria matriz. Quando o minicomputador gerou uma ação de ruptura com o *mainframe*, a IBM agiu tardiamente, mas sobreviveu, criando uma unidade independente de negócios em Rochester, no Estado de Minnesota. Mais tarde, quando o mesmo aconteceu entre o computador pessoal e o minicomputador, a IBM criou uma unidade independente na Flórida. É interessante notar que a empresa é a única grande fabricante de computadores da década de 1960 a sobreviver.

A General Electric é reconhecida por sua capacidade de se reinventar. Em cada grande transformação dos últimos 30 anos, a GE teve sucesso montando ou comprando novas unidades de rupturas de negócios e vendendo ou fechando aquelas que haviam chegado ao fim de sua vida econômica. Ela nunca tentou transformar o modelo de negócios de uma unidade existente como uma forma de 'alcançar' a nova base de competição imposta por inovações de ruptura.

Sustentar a inovação pode manter uma empresa viável por muitos anos; ter como alvo exclusivamente clientes atuais pode ser danoso no longo prazo. Para iniciar um negócio novo com crescimento, os clientes potenciais são geralmente aqueles que devem ser mais entendidos. Descobrir por que eles não são clientes estimula a inovação e o crescimento.

Um foco dos líderes no lucro em vez de no crescimento pode impedir a inovação e, por conseguinte, o crescimento futuro.[12] Empresas de capital aberto, sob pressão de Wall Street para produzirem retornos estáveis, enfrentam um desafio particularmente grande. É provável que os investidores e os analistas setoriais esperem que a empresa gere mais ganhos resultantes da lucratividade, enquanto os executivos das empresas tendem a preferir os ganhos obtidos de um aumento de receita. Entretanto, há constatação empírica de que, quanto mais os ganhos de uma empresa resultem de melhoria na lucratividade ou do aumento de receita, mais provável que a estratégia corporativa seja inerentemente falha.[13] A diferença de enfoque entre investidores e executivos sugere por que, de modo geral, as empresas de capital fechado têm melhores oportunidades de investir no longo prazo e perseguir inovações de ruptura, as quais requerem muito tempo para se desenvolverem e amadurecerem e poderiam produzir perdas de curto prazo nos estágios iniciais do desenvolvimento.

A criação de uma cultura de inovação pode iludir muitas empresas, pois transcende práticas estratégicas tradicionais de planejamento. É comum o planejamento estratégico estar centrado em produtos e serviços existentes ou relacionados de maneira próxima, e não em oportunidades de impulsionar demanda futura. Em contraposição, a inovação é produto da antecipação, da avaliação e do atendimento de necessidades potenciais dos clientes de maneira criativa. Às vezes, é baseada em tecnologia, mas com frequência surge do reconhecimento da empresa de necessidades explícitas ou latentes dos clientes. A inovação pode ser direcionada a qualquer ponto na cadeia de valor do cliente ou da empresa, desde a compra de matéria-prima até serviços de valor agregado no pós-venda.

Embora muitas empresas busquem inovação, há quase cem anos a Minnesota Mining & Manufacturing (3M) tem sido bem-sucedida porque seu modelo de negócios é baseado em uma cultura voltada para a produção de produtos inovadores. Mais conhecida por seus produtos Post-it, Scotchgard e fita Scotch, a 3M atua nos segmentos industrial, de transportes, gráfico e de segurança, de assistência à saúde, comercial, de eletrônicos e comunicações e de materiais especializados.

Devido ao sucesso sem paralelo como empresa inovadora, seu método merece análise mais ampla. Seis mandamentos fundamentais direcionam a inovação na 3M:

1. Dar suporte à inovação desde o processo de P&D até a venda e o atendimento ao consumidor.
2. Entender o futuro tentando antecipar e analisar tendências futuras. A 3M desenvolveu um programa chamado Foresight, no qual especialistas do setor analisam os ambientes remotos e externos em busca de mudanças em tecnologia e outras tendências para identificar novas oportunidades de mercado, chamadas *greenfields*.
3. Estabelecer metas estendidas. Esse direcionador é importante para a 3M, pois é uma medida que incentiva o crescimento. Um exemplo de meta estendida é a venda de novos produtos. Essa meta determina que 40 por cento das vendas devam ser de produtos introduzidos nos últimos quatro anos. Além disso, 10 por cento das vendas devem ser de produtos introduzidos no ano corrente.
4. Dar autonomia aos funcionários para atingir as metas. Na 3M isso é realizado por meio da 'regra dos 15 por cento' que já está em vigor há quarenta anos. Isso proporciona aos pesquisadores da 3M a oportunidade de dedicar 15 por cento de seu tempo a qualquer ideia ou projeto criativo, sem que seja necessária a aprovação da gerência.

5. Dar suporte ao *networking* por toda a empresa. Essa força motriz tem o propósito de compartilhar descobertas dentro da empresa. Uma política corporativa da 3M sustenta que as tecnologias pertencem à empresa, o que sinaliza que resultados de pesquisas devam ser compartilhados entre todos os seis segmentos de negócios.
6. Reconhecer e recompensar pessoas inovadoras. Um programa de inovação na 3M recompensa pessoas inovadoras por meio de programas de premiação baseados na indicação de colegas e um 'hall da fama' corporativo.

Incentivar uma cultura de inovação requer tempo e esforço. Embora não exista um modelo universal para criar um ambiente inovador, a análise de empresas bem-sucedidas revela certas características em comum. Primeiro, uma empresa precisa de um *compromisso da alta gerência com a inovação*. Esse compromisso fica evidente nas atitudes de altos executivos, por meio da comunicação de sua crença sobre os benefícios da inovação para todos os níveis da organização e em sua disposição de patrocinar e conduzir atividades de novos produtos.

Segundo, uma empresa precisa de um *foco de longo prazo*. A 'trimestrite' — preocupação com os resultados do próximo trimestre — representa um dos principais empecilhos para a inovação, pois é um investimento no futuro, não uma missão de resgate para problemas atuais de resultado.

Terceiro, uma empresa precisa de uma *estrutura organizacional flexível*. A inovação raramente floresce em estruturas rígidas, com processos complicados de aprovação ou com atrasos e gargalos burocráticos.

Quarto, uma empresa precisa de uma combinação de *planejamento e controle brandos e rígidos*. Alocar todos os custos diretos, indiretos, administrativos e outros para o desenvolvimento de um projeto virtualmente garante seu fim. Poucas ideias inovadoras podem ser transformadas de imediato em empreendimentos comerciais que cubram todos os seus custos ou atendam a exigências convencionais de retorno.

Por fim, para criar um ambiente de inovação, uma empresa precisa adotar um sistema de *incentivos apropriados*. Em muitas delas os sistemas de recompensa são voltados para os negócios existentes, com considerações de curto prazo pesando mais que objetivos de longo prazo de inovação e desenvolvimento de mercado. A inovação só pode florescer quando se estimula que riscos sejam assumidos, falhas ocasionais são aceitas e os gerentes são responsáveis tanto por perder oportunidades como por explorá-las.

Relação entre inovação e desempenho

Não há constatação consistente sobre a relação entre pesquisa e desenvolvimento (P&D), inovação e desempenho financeiro. O estudo *The Global Innovation 1000* conduzido pela Booz Allen Hamilton em 2006 não encontrou nenhuma relação estatística significativa entre gastos de P&D e medidas de sucesso financeiro.[14] O estudo identificou as mil empresas de capital aberto ao redor do mundo que mais investiram em P&D. Os gastos foram altamente concentrados, com 20 das que mais investiram em P&D respondendo por 116 bilhões de dólares, ou 28 por cento, do total. As 20 maiores apresentaram um índice médio entre P&D e vendas que supera em 1,8 o restante da amostra, mas deixaram de atingir um ganho financeiro correspondente.

A pesquisa global *Innovation 2006* do Boston Consulting Group (BCG) envolveu 1.070 executivos, representando 63 países e todos os principais setores. Em contraposição ao estudo da Booz Allen Hamilton, a pesquisa BCG constatou que a inovação traduz-se em desempenho superior de longo prazo no mercado acionário. As 25 empresas mais inovadoras identificadas pela pesquisa apresentaram um retorno anualizado médio de 14,3 por cento de 1999 a 2005, 300 pontos de base (*basis points*) melhor do que a média do Global 1200 da S&P.[15] De modo análogo, o *The Innovation Premium*, publicado em 1999 pelo Monitor Group, demonstrou uma forte correlação positiva entre o foco efetivo de uma empresa na inovação e no crescimento orgânico e seus retornos futuros aos acionistas.[16]

Inovação e lucratividade

Pesquisas sugerem que os executivos não confiam na capacidade de suas empresas de usar a inovação para impulsionar os lucros. Em uma pesquisa da Forrester Research, 67 por cento dos respondentes do setor manufatureiro consideravam-se mais inovadores do que os concorrentes, mas somente sete por cento identificaram-se como muito bem-sucedidos em atingir suas metas de desempenho em inovação.[17] Os participantes do estudo *Innovation 2006* do BCG questionaram a eficácia de seus gastos em P&D: 48 por cento dos pesquisados estavam insatisfeitos com os retornos financeiros dos investimentos de suas empresas em inovação.

O motivo da falta de sucesso em converter a inovação em desempenho lucrativo surgiu em um estudo dos registros de crescimento da *Fortune 50* pela HP e o Corporate Executive Board. O estudo concluiu que o maior inibidor de crescimento para as grandes empresas era a "má administração do processo de inovação".[18]

Outra explicação para a falta de sucesso em inovação é a ausência de indicadores de mensuração ou a falha em implementá-los de modo eficaz. Em conjunto com a pesquisa *Innovation 2006*, o BCG convidou um grupo de altos executivos para preencher uma pesquisa à parte sobre os indicadores e a mensuração da inovação.[19] Dos 269 respondentes, 63 por cento afirmaram que suas empresas rastreavam até cinco medidas. Somente 47 por cento disseram aplicar esporadicamente alguma medição pós-lançamento, enquanto oito por cento não aplicavam nada. Metade das empresas não acompanhavam de perto a eficiência de seus processos de inovação e menos de metade indicaram associar de forma consistente os incentivos aos funcionários diretamente aos indicadores de inovação, quando o faziam.

Os investimentos em P&D fracassam em gerar produtos de sucesso e ganhos financeiros por três motivos principais: falha em desenvolver produtos realmente inovadores, falha em comercializar com sucesso os produtos inovadores após seu lançamento no mercado e falha em lançar produtos inovadores no momento mais propício. Muitos projetos corporativos são abandonados no desenvolvimento: estima-se que são necessários de 125 a 150 novos projetos para gerar um sucesso de mercado.[20] Há relatos de estatísticas diferentes, contudo todas as pesquisas indicam que é pequena a probabilidade de sucesso com inovações:

- Koudal e Coleman constataram que mais de 85 por cento das novas ideias de produto nunca chegam ao mercado e, dentre aqueles que o fazem, de 50 a 70 por cento fracassam.[21]
- Em um estudo global de 360 indústrias que lançaram 576 novos produtos, Stevens e Burley identificaram uma taxa de sucesso geral de 60 por cento.[22]
- Ogawa e Pillar confirmaram os problemas da comercialização de novos produtos; os recém-lançados sofrem taxas de fracasso que costumam atingir 50 por cento ou mais.[23]
- O atraso em lançar um produto no mercado pode ser extremamente oneroso. A McKinsey & Co. constatou que um produto que chega ao mercado com um atraso de seis meses perderá 33 por cento de seu potencial de lucro ao longo do ciclo de vida.[24]

Recomendações para melhoria do desempenho por meio da inovação

Uma avaliação geral da pesquisa sobre o impacto dos investimentos em inovação sobre o desempenho financeiro de uma empresa leva a seis recomendações para os gestores estratégicos:

1. *Planejar a sinergia entre estratégia e inovação.* As empresas que inovam para atingir um meta estratégica específica melhoram suas chances de sucesso.[25]
2. *As áreas em que existem novas oportunidades e vantagem competitiva oferecem a uma empresa as melhores chances de lucrar com a inovação.* Ofertas de produtos e serviços, consumidores atendidos, processos empregados e competências essenciais devem ser levados em conta nas decisões relativas à inovação.[26]
3. *Os lucros resultantes da inovação nos sistemas de negócios podem equiparar-se aos do desenvolvimento de produtos.*[27] As empresas que se valem somente de novos produtos podem excluir os investimentos necessários para fortalecer os sistemas de negócios, o que os deixará vulneráveis aos concorrentes que fortalecerem processos de negócios nas áreas de marketing, informações e finanças. Os benefícios da inovação de base ampla envolvem uma infraestrutura de suporte à inovação de produtos que permeie

todo o sistema, o desenvolvimento de uma barreira de entrada a concorrentes em potencial e outras oportunidades de inovação em funções e processos.

4. *Olhar para fora do ambiente interno da empresa, para aumentar a probabilidade de sucesso e reduzir os riscos da inovação.* Os modelos de negócios abertos permitem às empresas ser mais eficazes na geração de valor por alavancar muito mais ideias por meio da inclusão de conceitos externos e caputar maior valor por meio do uso eficaz dos ativos corporativos nas operações organizacionais e em outros negócios empresariais.[28]

5. *As alianças e os programas corporativos de capital de risco (venture capital) permitem a uma empresa compartilhar os riscos associados aos investimentos de exploração.*[29] O *corporate venturing* possui o potencial de fornecer soluções confiáveis, práticas e de curto prazo para o desafio da inovação, ao propiciar a oportunidade de suprir propriedade intelectual complementar e estratégica, recursos financeiros adicionais e habilidades.[30]

6. *Envolver os consumidores no processo de inovação desde o início e com frequência.* Em um desenvolvimento conjunto, o consumidor assume um papel ativo no processo de inovação ao ajudar a definir os requisitos, componentes e materiais de um produto.[31] Isso pode contribuir para que as empresas evitem fracassos onerosos de produtos ao coletar conceitos de um novo produto dos clientes existentes, perseguir as ideias mais populares e solicitar o comprometimento dos clientes na aquisição de um novo produto antes de iniciar seu desenvolvimento final e produção.[32] O desenvolvimento conjunto é particularmente eficaz no teste de produtos inovadores e no desenvolvimento de produtos para segmentos de mercado relativamente pequenos e heterogêneos.

Notas

1. PORTER, M.E. *Competitive strategy: techniques for analyzing industries and competitors.* Nova York: The Free Press, 1980, capítulos 11 e 12.
2. PEARCE II, J.A.; ROBINSON JR., R.B. *Formulation, implementation and control of competitive strategy,* 10. ed. Chicago: Irwin/McGraw-Hill, 2007, capítulo 5.
3. SERWER, A.E. "Huizinga's Third Act", *Fortune Magazine,* 5 ago. 1996; FERGUSON, T. "Off-the-shelf-autos: a chat with J. David Power III", *Forbes Magazine,* 10 fev. 1997.
4. BLEEKE, J.E. "Strategic choices for newly opened markets", *Harvard Business Review,* set./out. 1990.
5. BLEEKE, 1990, op. cit.
6. FLORISSEN, A.; MAURER, B.; SCHMIDT, B.; e VAHLENKAMP, T. "The race to the bottom", *The McKinsey Quarterly.* nº 3 (2001): 98–107.
7. D'AVENI, R.A. "Strategic supremacy through disruption and dominance", *Sloan Management Review,* 40 (3), 1999.
8. HUYETT, W. I.; VIGUERIE, S. P. "Extreme competition", *McKinsey Quarterly.* nº 1 (2005): 47–57.
9. PEARCE II, J.A. "Speed merchants", *Organizational Dynamics,* 30 (3), 2002, p. 1–16.

10. DE KLUYVER, C. A. "Innovation: the strategic thrust of the nineties", *A Cresap Insight*, jul. 1988.
11. CHRISTENSEN, Clayton M.; RAYNOR, M. *The innovator's dilemma: when new technologies cause great firms to fail*. Boston: Harvard Business School Press, 1977.
12. CHRISTENSEN, Clayton M.; RAYNOR, M. *The innovator's solution: creating and sustaining successful growth*. Boston: Harvard Business School Press, 2003.
13. DODD, D.; FAVARO, K. "Managing the right tension", *Harvard Business Review*, 2006, 84 (12): 62–74.
14. BORDIA, R; DENHOFF, K.; e JARUZELSKI, B. "Smart Spenders: the Booz Allen Hamilton Global Innovation 1000", *Strategy + Business*, 2006, 45: 46–61.
15. ANDREW, J. P. "Innovation 2006", *BCG Senior Management Survey*, 19 jul. 2006, p. 1–30.
16. JONASH, R. S. "Driving sustainable growth and innovation: pathways to high performance leadership", *Handbook of Business Strategy*, 2005, 6 (1): 197–202.
17. RADJOU, N. "Networked innovation drives profits", *Industrial Management*, 2005, 47 (1): 14–21.
18. STRINGER, R. "How to manage radical innovation", *California Management Review*, 2000, 42 (4): 70–88.
19. ANDREW, J. P. "Measuring innovation 2006", *BCG Senior Management Survey*, 19 jul. 2006, p. 1–17.
20. AMRAM, M. "Magnetic intellectual property: accelerating revenues from innovation", *Journal of Business Strategy*, 2003, 24 (3):24–30.
21. KOUDAL, P.; COLEMAN, G. C. "Coordinating operations to enhance innovation in the global corporation", *Strategy & Leadership*, 2005, 33 (4): 20–32.
22. STEVENS, G.; BURLEY, J. "Piloting the rocket of radical innovation", *Research Technology Management*, 2003, 46 (2): 16–25.
23. OGAWA, S.; PILLER, F. P. "Reducing the risks of new product development", *MIT Sloan Management Review*, 2006, 47 (2): 65–71.
24. VESEY, T. "Speed-to-market distinguishes the new competitors", *Research Technology Management*, 1991, 34 (6): 33–38.
25. DOBNI, C. B. "The innovation blueprint", *Business Horizons*, 2006, 49 (4) : 329–339.
26. SAWHNEY, M.; WOLCOTT, R. C.; e ARRONIZ, I. "The 12 different ways for companies to innovate", *MIT Sloan Management Review*, 2006, 47 (3): 75–81.
27. SHERVANI, T.; ZERILLO, P. C. "The Albatross of product innovation", *Business Horizons*, 1997, 40 (1) : 57–62.
28. CHESBROUGH, H. W. "Why companies should have open business models", *MIT Sloan Management Review*, 2007, 40 (2): 22–28.
29. IRELAND, R. D.; WEBB, J. W. "Strategic entrepreneurship: creating competitive advantage through streams of innovation", *Business Horizons*, 2007, 50 (1): 49–59.
30. O´LEARY-COLLINS, M. "A powerful business model for capturing innovation", *Management Services*, 2005, 49 (2): 37–39.
31. KOUDAL, P.; COLEMAN, G. C. "Coordinating operations to enhance innovation in the global corporation", *Strategy & Leadership*, 2005, 33 (4): 20–32.
32. OGAWA, S.; PILLER, F. P. "Reducing the risks of new product development", *MIT Sloan Management Review*, 2006, 47 (2): 65–71.

CAPÍTULO 8

FORMULAÇÃO DE ESTRATÉGIAS GLOBAIS

Introdução

Tornar-se 'global' é normalmente descrito como um processo mais ou menos gradual que começa com o aumento das exportações, seguido de uma modesta presença internacional, crescendo para uma organização multinacional e, por fim, evoluindo para uma postura transnacional ou global. Essa aparência gradual, entretanto, é enganosa. Ela oculta mudanças fundamentais na missão de uma empresa, em suas competências essenciais, estrutura, processos e cultura e, por conseguinte, nas enormes diferenças entre administrar operações internacionais, ou uma empresa multinacional, e administrar uma corporação global. Assim como é difícil falar sobre um *setor global*, o termo *estratégia global* — embora conveniente para o uso corriqueiro — é igualmente ambíguo. *Elementos* específicos de uma estratégia, tais como cobertura de mercado ou produção, podem ser globalizados. Estratégias verdadeiramente globais — aquelas globais em todos os aspectos — são raras.

Para criar uma visão global, uma empresa deve definir cuidadosamente o que significa globalização para seu negócio em particular. Isso depende do setor, do produto ou serviço e dos requisitos para o sucesso global. Para a Coca-Cola, significou duplicar uma parte substancial de seu processo de criação de valor — da formulação do produto ao marketing e entrega — ao redor do mundo. A vantagem competitiva global da Intel baseia-se em conquistar liderança tecnológica e *status* de fornecedor preferencial de componentes em âmbito global. Para uma empresa de médio porte, pode significar implementar diversas pequenas subsidiárias no exterior e estabelecer alianças. Para outras pode significar algo completamente diferente. Assim, embora seja tentador pensar sobre estratégia global em termos universais, a globalização é uma questão altamente específica à empresa e ao setor. Ela força uma empresa a repensar seu objetivo estratégico, sua arquitetura global, suas competências essenciais e seu mix atual de bens e serviços. Para muitas delas, o resultado exige mudanças drásticas na maneira como fazem negócios — com quem, como e por quê.

> Este capítulo está organizado em três partes. Primeiro, adotamos uma perspectiva macroeconômica e analisamos por que alguns países e regiões especializam-se na fabricação de determinados produtos, focam atividades específicas de criação de valor ou abrigam alguns setores em particular. Como parte dessa discussão, avaliamos os principais fatores que impulsionam a globalização setorial. A seguir, enfocamos a formulação de estratégias globais no nível microeconômico, corporativo. Essa segunda seção aborda as várias dimensões do desenvolvimento da estratégia global, das estratégias de entrada e da análise região/país, e finaliza com uma análise detalhada de como a Walmart lidou com o desafio da globalização. A seção final deste capítulo examina os riscos singulares associados à operação em escala global e o que uma empresa pode fazer para mitigá-los.

A globalização e os agrupamentos setoriais (*clusterings*)

A teoria da vantagem econômica comparativa sustenta que, como resultado de dotações naturais, alguns países ou regiões do mundo são mais eficientes do que outros em produzir determinados bens. A Austrália, por exemplo, é naturalmente adequada ao setor de mineração; os Estados Unidos, com suas vastas terras de clima temperado, têm uma vantagem natural na agricultura, enquanto áreas do mundo com florestas mais densas podem ter uma vantagem natural em produzir produtos de madeira. Essa teoria é convincente para setores como agricultura, mineração e madeireiro. Mas e quanto a setores como o eletrônico, de entretenimento ou de moda? Para explicar o agrupamento desses setores em países ou regiões específicas, é necessária uma teoria mais abrangente da geografia da concorrência.

Na ausência de vantagens comparativas naturais, o *clustering* (agrupamento) setorial ocorre como resultado de uma vantagem relativa criada pelo próprio setor.[1] Os produtores tendem a montar suas instalações de manufatura perto dos principais clientes. Se os custos de transporte não forem muito altos e se houver fortes economias de escala na manufatura, uma grande área geográfica poderá ser atendida a partir dessa única localidade. Isso, por sua vez, atrai fornecedores para o setor. Há uma tendência ao desenvolvimento de um mercado de trabalho que começa a atuar como um ímã para setores 'afins', que requerem habilidades semelhantes. Essa contiguidade de setores 'afins' pode levar a interdependências tecnológicas, que, por sua vez, estimulam mais *clustering*. Este é, portanto, o resultado natural de forças econômicas. Um bom exemplo é proporcionado pelo setor de semicondutores. Juntas, as empresas norte-americanas e asiáticas suprem as necessidades da maior parte do mundo. O setor é de capital intensivo, os custos de pesquisa e de desenvolvimento são altos, o processo de manufatura é altamente complexo, mas os custos de transporte são mínimos. As interdependências tecnológicas estimulam a contiguidade de fornecedores, enquanto efeitos de custo e curva de aprendizagem apontam para eficiências de escala. O *clustering*, portanto, é mutuamente vantajoso.

Somente quando os custos de transporte são proibitivos ou quando as economias de escala são difíceis de ocorrer (isto é, quando existem desestímulos ao *clustering*) é que padrões mais descentralizados de setor definem a ordem natural. O setor de eletrodomésticos ilustra isso. Empresas como a General Electric e a Whirlpool globalizaram suas operações sob muitos aspectos, entretanto as economias fundamentais do setor tornam o *clustering* pouco atraente. A produção de determinados componentes de valor agregado, como compressores ou peças eletrônicas, pode ser concentrada até certo ponto, contudo a natureza volumosa do produto e os altos custos de transporte tornam a concentração adicional pouco atraente no aspecto econômico. Além disso, avanços em técnicas de manufatura flexível estão reduzindo a escala mínima necessária para uma produção eficiente. Isso permite aos fabricantes adequar suas ofertas de produtos a preferências locais, dificultando ainda mais a globalização do setor.

O diamante nacional de Porter

A teoria econômica clássica explica por que ocorre o *clustering*. Entretanto, não esclarece por completo por que regiões *em particular* atraem determinados setores globais. Porter tratou desse assunto usando uma estrutura que chamou de 'diamante nacional', mostrada na Figura 8.1.[2]

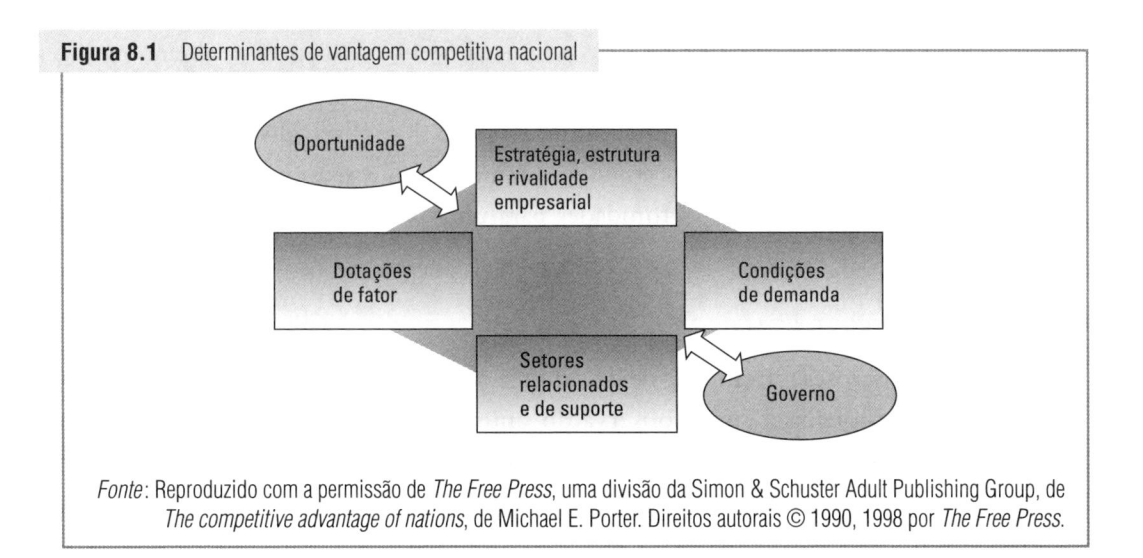

Figura 8.1 Determinantes de vantagem competitiva nacional

Fonte: Reproduzido com a permissão de *The Free Press*, uma divisão da Simon & Schuster Adult Publishing Group, de *The competitive advantage of nations*, de Michael E. Porter. Direitos autorais © 1990, 1998 por *The Free Press*.

Dotações de fator

A resposta começa com o grau em que as dotações de um país ou região correspondem às características e requisitos do setor. Dotações de fator incluem condições naturais (clima, minerais) assim como as criadas (níveis de habilidade, capital, infraestrutura). Mas, considerando a extensão com que esses fatores são móveis ou podem ser imitados por outros países ou regiões, condições de fator não explicam totalmente a dominância regional. Na realidade, o oposto é verdadeiro. Quando determinado setor é altamente lucrativo e as barreiras à entrada são baixas, as forças de imitação e difusão fazem com que esse setor cruze fronteiras internacionais.[3] Os japoneses competem em setores que se originaram nos Estados Unidos; empresas coreanas imitam estratégias japonesas; e países da Europa Central estão conquistando setores fundados na Europa Ocidental. Setores que dependem de fatores móveis, como capital, são particularmente suscetíveis a essa movimentação.

Demanda interna

Um segundo elemento é a natureza e o tamanho da demanda no país de origem. Mercados internos grandes agem como um estímulo ao desenvolvimento do setor. Quando esse tipo de mercado se desenvolve antes de se estabelecer em outra parte do mundo, empresas experientes têm amplo incentivo para buscar negócios no exterior quando começar a ocorrer saturação no mercado interno. A indústria de motocicletas no Japão, por exemplo, usou sua vantagem de escala para criar uma presença global após um início pioneiro no mercado interno.[4] Porter constatou que não é apenas a *localização* da demanda inicial que importa, mas também sua *composição*. O design fundamental ou central de um produto quase sempre reflete as necessidades do mercado interno. Dessa forma, a natureza das necessidades do mercado interno e a sofisticação de seus consumidores são determinantes importantes do potencial de um setor para estabelecer uma posição global futura. Foi útil para a indústria de semicondutores norte-americano, por exemplo, que o governo tenha sido um comprador inicial e sofisticado de chips e relativamente insensível a seu custo. Essas condições estimularam o setor a desenvolver novas tecnologias e proporcionaram oportunidades para uma produção em escala substancial logo no princípio.

Setores relacionados e de suporte

A presença de setores relacionados e de suporte é o terceiro elemento da estrutura de Porter. Isso se assemelha a nossa observação anterior sobre *clustering*. Hollywood é mais do que um mero agrupamento de estúdios de cinema. Abrange uma variedade de fornecedores e provedores de serviços e moldou o mercado de trabalho na região de Los Angeles.

A competitividade do mercado interno

A estrutura e a rivalidade empresarial no mercado interno são o quarto elemento do modelo de 'diamante nacional'. Em essência, esse elemento resume as 'cinco forças' da estrutura competitiva descrita no Capítulo 4. Quanto mais vigorosa a competição interna, maior a probabilidade de sucesso das empresas em competir em uma escala global. Existem muitas evidências para essa afirmação. A rivalidade ferrenha existente entre as empresas farmacêuticas alemãs tornou-as uma força impressionante no mercado global. E a batalha intensa pela participação no mercado interno reforçou a posição competitiva dos fabricantes de automóveis japoneses no exterior.

Política pública e oportunidade

Os dois últimos componentes do modelo são políticas públicas e oportunidades. Não há dúvida de que as políticas governamentais podem — por meio de infraestrutura, incentivos, subsídios ou proteção temporária — estimular setores globais. No entanto, o mesmo não se pode afirmar a respeito de sua eficácia. Escolher 'vencedores' no mercado global nunca foi o forte dos governos. O elemento oportunidade permite a influência de eventos casuais, como onde e quando avanços científicos fundamentais ocorrem, a presença de iniciativa empreendedora e pura sorte. Por exemplo, o domínio pioneiro dos Estados Unidos na indústria fotográfica pode ser mais atribuído ao fato de George Eastman (da Eastman Kodak) e Edwin Land (da Polaroid) terem nascido no país do que a qualquer outro fator.

Direcionadores de globalização de setor

A Figura 8.2 mostra quatro conjuntos de 'direcionadores de globalização de setor' — condições subjacentes que criam o potencial para que um setor torne-se mais global e, como consequência, para a viabilidade potencial de uma abordagem global de estratégia.[5] *Direcionadores de mercado* são medidas que definem como os padrões de comportamento do consumidor evoluem e como suas necessidades convergem ao redor do mundo. Eles são importantes porque indicam se é possível desenvolver canais de distribuição mundiais, transferir plataformas de marketing e identificar países 'líderes' onde ocorre a maioria das inovações. *Direcionadores econômicos* são fatores que definem a oportunidade para economias globais de escala ou escopo, efeitos de experiência, eficiências de *sourcing* (suprimento) que refletem diferenciais em custos entre países ou regiões e vantagens tecnológicas. Eles moldam a economia de um setor. *Direcionadores de competitividade* são definidos pelas ações de empresas concorrentes — a extensão com que competidores de diferentes continentes entram na briga, globalizam suas estratégias e capacidades corporativas e criam interdependência entre mercados geográficos. *Direcionadores governamentais* incluem fatores como políticas de comércio favoráveis, um clima regulatório positivo e padrões comuns de produto e tecnologia.

Figura 8.2 Direcionadores de globalização de setor

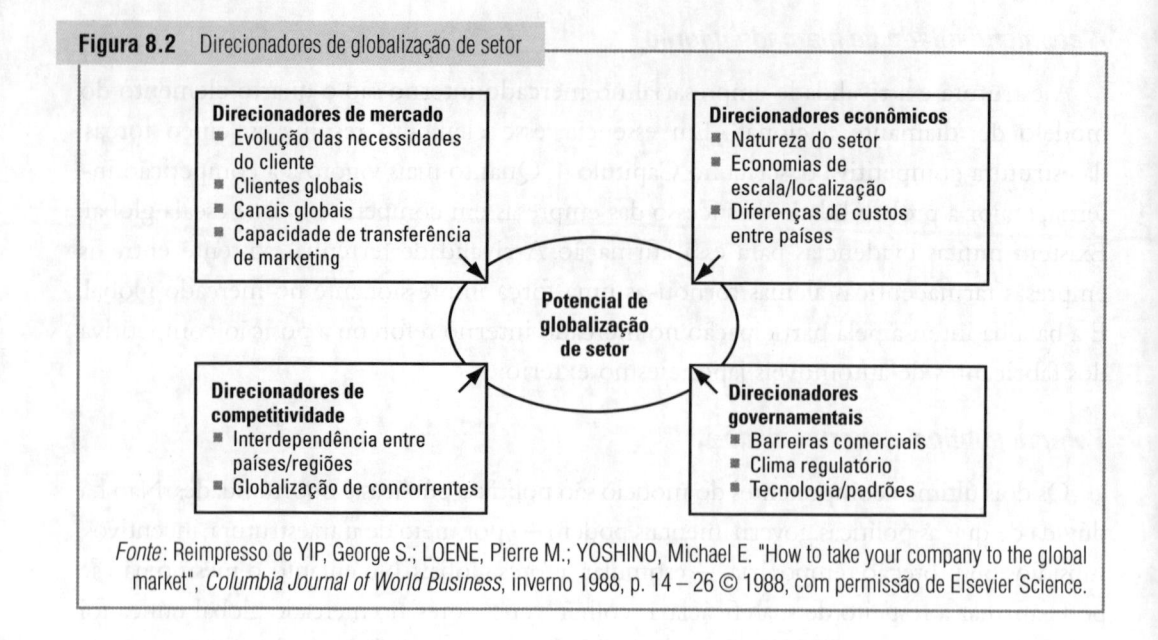

Direcionadores de mercado
- Evolução das necessidades do cliente
- Clientes globais
- Canais globais
- Capacidade de transferência de marketing

Direcionadores econômicos
- Natureza do setor
- Economias de escala/localização
- Diferenças de custos entre países

Direcionadores de competitividade
- Interdependência entre países/regiões
- Globalização de concorrentes

Direcionadores governamentais
- Barreiras comerciais
- Clima regulatório
- Tecnologia/padrões

Potencial de globalização de setor

Fonte: Reimpresso de YIP, George S.; LOENE, Pierre M.; YOSHINO, Michael E. "How to take your company to the global market", *Columbia Journal of World Business*, inverno 1988, p. 14 – 26 © 1988, com permissão de Elsevier Science.

Direcionadores de mercado

Muitas forças pressionam as empresas a pensar de uma forma mais globalizada para desafiar concorrentes internacionais, atender melhor uma base de clientes cada vez mais global, explorar competências diversificadas e vantagens de custo e tirar proveito de um ambiente regulatório global mais brando. *Atender às expectativas em constante mudança dos clientes*, entretanto, é a principal razão pela qual muitas empresas precisam reforçar sua postura global.

Um alto grau de semelhança regional ou global nos requisitos e características dos produtos e serviços pede uma *estratégia global de produto ou serviço* — o que implica uma padronização substancial. A rede Marriott oferece serviços similares, mas não idênticos, ao redor do mundo. A Kentucky Fried Chicken, embora adaptada a preferências locais, padronizou muitos elementos de suas operações. Softwares, produtos derivados de petróleo e serviços de contabilidade também estão cada vez mais parecidos, não importa onde sejam adquiridos.

Em muitos países, as legislações existentes exigem uma considerável adaptação local de produtos e serviços, como serviços financeiros e de seguros. Em tais circunstâncias, a semelhança pode ficar limitada aos benefícios almejados, e, portanto, uma *estratégia global de benefícios* seria mais apropriada. Quando as semelhanças estão restritas apenas à necessidade do produto ou serviço, tal como diferentes tipos de equipamento médico, o foco da estratégia deve ser o desenvolvimento de uma *categoria global de produto ou serviço*.[6]

À medida que os padrões de consumo ficam mais homogêneos ao redor do mundo, a gestão de marcas e o marketing global tornam-se cada vez mais importantes para o sucesso global. Canais globais de distribuição e de *e-procurement* estão surgindo em muitos setores, resultando em uma convergência maior das necessidades. Para alguns produtos, o comportamento de compra ainda é primordialmente *local*; para outros, surgiram padrões mais *regionais* de *procurement*. O *sourcing global* — selecionar a melhor oferta em qualquer parte do mundo — torna-se a regra em um número crescente de setores. A General Electric usa o mundo inteiro como fonte de suprimentos para seus negócios. Esses padrões globais de compra podem assumir diferentes formas. Algumas vezes os compradores buscam meramente a transparência de preço global. Outras vezes, desejam suporte de logística, contratos de compra ou até mesmo gestão de conta globais.[7]

Direcionadores econômicos

Em um número cada vez maior de setores, o volume mínimo de vendas requerido para atingir eficiência em custo simplesmente não está mais disponível em um único país ou região. A indústria farmacêutica proporciona um bom exemplo. O desenvolvimento de muitos medicamentos novos não pode mais ser justificado com base no retorno econômico em um único país. Consequentemente, economias de escala e de escopo; efeitos de experiência; e a exploração de diferenças nos custos do desenvolvimento, da produção e da compra de produtos, em diferentes partes do mundo, tornaram-se fatores essenciais para o sucesso global. Isso pode criar a necessidade de *massa crítica* (capacitação) em diferentes pontos da cadeia de valor. Para os laboratórios farmacêuticos, a massa crítica de P&D é essencial para o desenvolvimento contínuo de novas drogas e compostos. No setor aéreo, a logística é uma variável-chave de escala. No mercado de refrigerantes, a gestão de marca é fundamental para criar uma massa crítica global. Determinar quais partes da cadeia de valor requerem massa crítica ajuda na avaliação da necessidade de fusões e aquisições e orienta o desenvolvimento de alianças fundamentais.

Direcionadores de competitividade

O potencial de globalização de um setor também sofre influência de direcionadores de competitividade, tais como: (1) até que ponto as vendas totais do setor são compostas por volume de exportação e importação, (2) a diversidade dos concorrentes quanto a seu país de origem e (3) a extensão em que os líderes globalizaram suas operações e criaram uma interdependência entre suas estratégias competitivas em diferentes partes do mundo. Altos níveis de comércio, diversidade competitiva e interdependência tendem a aumentar a concorrência e o potencial de globalização do setor.

Uma análise desses direcionadores deve concentrar-se em identificar se a concorrência é travada principalmente no nível local ou regional, ou se evoluiu para um padrão global coordenado. Perguntas úteis a fazer incluem: Em quantas arenas competitivas sua empresa concorre? Enfrentamos essencialmente os mesmos principais concorrentes nas diferentes partes do mundo? Nossos concorrentes usam estratégias semelhantes nas diferentes arenas? Quão necessário é coordenar as respostas competitivas em uma escala global?

Direcionadores governamentais

Alguns setores são mais regulamentados que outros. No setor siderúrgico, por exemplo, a presença ou ausência de políticas comerciais favoráveis, padrões técnicos, políticas e regulamentações e concorrentes ou clientes operados ou subsidiados pelo governo exercem influência direta sobre as opções de estratégia global de uma empresa. No passado, as multinacionais dependiam quase que exclusivamente dos governos para negociar as regras da concorrência global. Entretanto, uma vez que a política e a economia da concorrência global tornaram-se mais entrelaçadas, as empresas passaram a dar mais atenção às dimensões de suas estratégias que não são dependentes do mercado, para modelar o ambiente competitivo global em seu benefício. No setor de telecomunicações, a queda de barreiras comerciais e outras medidas de desregulamentação estimularam as empresas a buscar abordagens mais globais para seus negócios. Por outro lado, a ameaça de protecionismo ou de uma nova regulamentação na indústria siderúrgica, por exemplo, inibiu a globalização do setor e fez com que as empresas assumissem uma abordagem menos global.

Formulação de estratégia global

Em um nível genérico, podemos distinguir entre estratégias *multinacionais* (ou *multidomésticas*), *internacionais*, *globais* e *transnacionais* (Tabela 8.1). Como o nome sugere, uma abordagem *multinacional* ou *multidoméstica* é aplicável quando as necessidades do cliente e as condições do setor variam de país para país e quando é necessário um alto grau de localização. Uma das indústrias alimentícias mais conhecidas do mundo (a Nestlé) segue esse tipo de estratégia. Ela permite que a empresa adapte-se a diferenças de preferências locais e de estrutura de distribuição. Sob essa abordagem, a maioria das decisões estratégicas e operacionais é tomada localmente (isto é, são descentralizadas para o nível de unidade de negócios em cada país).

Em setores como de eletroeletrônicos ou de microprocessadores, em que a vantagem estratégica global depende substancialmente (1) do desenvolvimento eficaz de novos produtos no mercado interno e (2) da disseminação sequencial dessas inovações para mercados externos por meio de organizações afiliadas, uma postura estratégica *internacional* pode ser apropriada. O nome reflete a importância de gerenciar o ciclo de vida internacional do produto por meio da transferência de tecnologias para mercados externos. Essa postura estratégica é comum em setores de tecnologia de ponta, nos quais explorar inovações no mercado interno é fundamental para a criação de valor global.

Uma postura estratégica *global* ou *transnacional* é apropriada quando há possibilidade de estabelecer algum grau de padronização em produtos e serviços, marketing e em

Tabela 8.1 Estratégias globais genéricas

	Multinacional	**Internacional**	**Global**	**Transnacional**
Orientação estratégica	Construir flexibilidade para responder a diferenças nacionais	Explorar o conhecimento e as competências da matriz	Construir vantagens de custo por meio de economias de escala globais	Desenvolver eficiências globais mantendo a flexibilidade e a capacidade de aprender
Ativos e competências requeridos	Operações domésticas fortes, criativas e empreendedoras	Mecanismos eficazes de disseminação e adaptação	Tamanho e capacidade de gerenciar a padronização	Forte cultura de comunicação e transferência. Sistema de controle de gestão a distância
Configuração de ativos e competências	Descentralizadas e autossuficientes em termos de mercado interno	Fontes de competência centralizadas. Operações descentralizadas	Centralizada e em escala global	Interdependente, dispersa, especializada e controlada

Fonte: BARTLETT, C. A.; e GHOSHAL, S. *Managing across borders: the transnational* solution. Boston: Harvard Business School Press, 1989.

outros aspectos da estratégia. A Coca-Cola e o McDonald's, por exemplo, padronizaram com sucesso muitas de suas atividades de criação de valor ao redor do mundo. Em contrapartida, fabricantes de automóveis, incluindo Ford, General Motors, Toyota e Daimler-Chrysler, constataram que, embora partes do processo de produção dos veículos possam ser padronizadas, diferenças nas preferências dos clientes, na forma de dirigir e em fatores relacionados exigem uma quantidade considerável de adaptação local. O objetivo dessas abordagens é alcançar eficiências globais preservando a capacidade de resposta local.[8]

Dimensões de estratégia global

A formulação de uma estratégia global requer a análise de, no mínimo, cinco dimensões adicionais: (1) participação de mercado, (2) padronização/posicionamento, (3) concentração de atividades, (4) coordenação do processo decisório e (5) fatores não dependentes do mercado. O objetivo dessas avaliações é tomar decisões conscientes sobre quais elementos estratégicos podem e devem ser globalizados e em que extensão.

Participação de mercado

Poucas empresas conseguem entrar em todos os mercados abertos a elas. Mesmo as maiores do mundo, como a General Electric, devem ter disciplina estratégica ao escolher os mercados a serem atendidos. Elas devem pesar as vantagens relativas de uma presença direta ou indireta nas diferentes regiões do mundo. Para empresas de médio porte, a chave para ganhar vantagem competitiva global está na criação de uma rede de recursos mundial por meio de alianças com fornecedores, clientes e, algumas vezes, concorrentes. Uma boa estratégia para uma empresa, entretanto, pode ter pouca chance de sucesso para outra. Estratégias de sucesso são altamente seletivas quanto à participação de mercado, ao foco em uma participação realista de mercado e aos objetivos de lucro e de equilíbrio entre competências existentes.

Uma visão global das oportunidades de mercado exige uma perspectiva multidimensional. Em muitos setores, podemos distinguir entre mercados 'imprescindíveis' — nos quais uma empresa deve competir para realizar suas ambições globais — e 'bons' — nos quais a participação é desejável, mas não fundamental. Mercados 'imprescindíveis' incluem aqueles que são essenciais sob uma perspectiva de *volume*, que definem *lideranças tecnológicas* e em que são travadas batalhas *competitivas* importantes. No setor de telefonia celular, por exemplo, a Motorola vê a Europa como seu principal campo de batalha competitiva, mas grande parte de sua tecnologia é obtida no Japão, e seu volume de vendas, nos Estados Unidos.

Desenvolver uma presença global requer tempo e recursos substanciais. Idealmente, o ritmo da expansão internacional é ditado pela demanda do cliente. Entretanto, as empresas constataram que, às vezes, é necessário expandir operações antes do surgimento de uma oportunidade direta a fim de garantir uma vantagem competitiva de longo prazo. A China oferece um bom exemplo disso. No entanto, muitas empresas que entraram no mercado chinês antecipando sua filiação à OMC (Organização Mundial de Comércio) descobriram que o comprometimento precoce com um mercado promissor pode dificultar a obtenção de um retorno satisfatório do capital investido. Como resultado, um número crescente de empresas, sobretudo de pequeno e médio portes, prefere estratégias de expansão global que minimizem o investimento direto. Alianças estratégicas tornaram as integrações vertical e horizontal menos importantes para a lucratividade e para o valor para o acionista em muitos setores. As alianças expandem o alcance global de uma empresa, embora contribuam para o aumento dos custos fixos. Além disso, podem, ao mesmo tempo, ser 'janelas' poderosas para a tecnologia e ampliar substancialmente as oportunidades de criar competências essenciais necessárias para competir com eficiência em âmbito mundial.

Padronização/posicionamento

À medida que a globalização avança, muitas empresas buscam oportunidades de padronizar bens e serviços essenciais. Reduzir custos e aumentar a qualidade são fatores motivadores de primeira ordem para a padronização. Entretanto, com poucas exceções, a ideia de um produto global idêntico, totalmente padronizado, é um mito.[9] Embora seja possível alcançar benefícios substanciais ao se padronizarem produtos-chave ou componentes de serviços, alguns elementos devem ser customizados. A Sony, por exemplo, padroniza parcelas consideráveis de seus produtos eletrônicos, com exceção dos componentes que atendem a diferentes padrões elétricos nacionais.

Adotar um posicionamento mais global representa outra forma de padronização. Isso não significa necessariamente padronizar todos os elementos de um mix de marketing ou o processo pelo qual são tomadas as decisões de marketing. Pelo contrário, ao aplicar uma abordagem global para formular a estratégia de marketing, as empresas buscam equilibrar flexibilidade com uniformidade. Empresas como Nestlé, Coca-Cola, Ford, Unilever e Disney constataram que uma abordagem de marketing mais global pode gerar benefícios importantes. Por exemplo, o uso de gestão de marca global (*global branding*) ajuda a construir o reconhecimento da marca, aumentar a preferência do cliente e reduzir custos mundiais de marketing.

Uma estrutura útil para integrar as dimensões produto/serviço e posicionamento é a *global branding strategy matrix* (matriz de estratégia de gestão de marca global — veja a Figura 8.3). Ela identifica quatro estratégias globais genéricas: (1) uma estratégia de *mix (de marketing) global*, sob a qual tanto a oferta quanto a mensagem são iguais; (2) uma estratégia de *oferta global*, caracterizada por uma oferta idêntica, mas por um posicionamento diferente ao redor do mundo; (3) uma estratégia de *mensagem global*, sob a qual a oferta pode ser diferente em várias partes do mundo, mas a mensagem é a mesma; e (4) uma estratégia de *mudança global*, sob a qual tanto a oferta quanto a mensagem são adaptadas às circunstâncias do mercado local.[10]

As *estratégias de mix global* são relativamente raras, refletindo o fato de que poucos setores são realmente globais. Elas se aplicam: (1) quando o padrão de uso e o potencial de marca de um produto são homogêneos em escala global, (2) quando vantagens de custo

Figura 8.3 Matriz de gestão de marca global

	Mensagem	
	Padronizada	Customizada
Oferta Padronizada	Mix global	Oferta global
Customizada	Mensagem global	Mudança global

de escala e escopo excedem substancialmente os benefícios de uma adaptação parcial ou total e (3) quando circunstâncias competitivas são tais que uma vantagem sustentável de longo prazo pode ser assegurada pelo uso de uma abordagem padronizada.

As *estratégias de oferta global* são aplicáveis quando há vantagem em posicionar a mesma oferta de maneiras distintas em diferentes partes do mundo. A bandeira Holiday Inn, por exemplo, é posicionada na categoria de hotéis de primeira classe no leste asiático e na categoria de três estrelas nos Estados Unidos. Existem várias razões para se considerar um posicionamento distinto em diferentes partes do mundo. Quando os custos fixos associados à oferta são altos, quando os principais benefícios centrais oferecidos são idênticos e quando, na presença de fronteiras naturais de mercado, adaptar a mensagem para reforçar a vantagem local é tentador. Embora tais estratégias aumentem os orçamentos locais de promoção, elas proporcionam aos gerentes regionais certo grau de flexibilidade no posicionamento do produto ou serviço para se obter o máximo de vantagem local. A principal desvantagem associada a esse tipo de estratégia é que ela pode ser difícil ou mesmo perigosa de sustentar no longo prazo, uma vez que os clientes tornam-se cada vez mais globais em suas expectativas e sentem-se mais confusos pelas diferentes mensagens nas várias partes do mundo.

As *estratégias de mensagem global* usam a mesma mensagem no mundo inteiro, mas permitem a adaptação local da oferta. O McDonald's, por exemplo, está posicionado de forma praticamente idêntica em todo o mundo, porém serve comida vegetariana na Índia e vinho na França. A principal motivação por trás desse tipo de estratégia é o enorme poder proporcionado pela criação de uma marca global. Nos setores em que os clientes vêm desenvolvendo expectativas, aspirações e valores cada vez mais semelhantes, em que eles têm alta mobilidade e a adaptação do custo do produto ou serviço é bastante baixa, alavancar o potencial de marca global, representada por uma única mensagem mundial, frequentemente supera as desvantagens associadas a fatores como maiores custos locais de P&D. Entretanto, assim como ocorre para as estratégias de oferta global, as de mensagem global podem ser arriscadas no longo prazo. Clientes globais podem não encontrar em outro lugar o que esperam e experimentam regularmente em casa, e isso pode levar à confusão ou até mesmo à alienação.

As *estratégias de mudança global* definem a abordagem 'mais adequada' e são de longe as mais comuns. Para a maioria dos produtos, é necessário um tipo de adaptação tanto da oferta quanto da mensagem. Diferenças nos padrões de uso de um produto, benefícios almejados, imagem de marca, estruturas competitivas, canais de distribuição e regulamentações governamentais e não governamentais ditam alguma forma de adaptação local. Fatores corporativos também têm seu papel. Por exemplo, empresas que atingiram um alcance global por meio de aquisição, geralmente preferem alavancar nomes de marca, sistemas de distribuição e fornecedores locais em vez de embarcar em uma abordagem global arriscada do tipo 'que serve para todas as situações'. À medida que o mercado atendido e a empresa globalizam-se, a padronização seletiva da mensagem ou da oferta pode ficar mais atraente.

Concentração de atividades

Para melhorar a competitividade, as empresas reexaminam continuamente: (1) quais partes do processo de criação de valor elas devem realizar sozinhas e quais devem terceirizar, (2) se é possível eliminar operações duplicadas em diferentes partes do mundo e reduzir o número de locais de manufatura e (3) se é possível realocar atividades de valor agregado para localidades mais eficazes em custo. Há muitos fatores a analisar na escolha do nível certo de participação e da localização para atividades essenciais de valor agregado. Dotações de fator, a presença de atividades de suporte, a natureza e a localização da demanda pelo produto e a rivalidade no setor constituem aspectos a considerar. Além disso, questões como consequências de tributação; possibilidade de repatriar lucros, moeda e risco político; capacidade de gerenciar e coordenar atividades em diferentes localidades; e sinergias com outros elementos da estratégia geral da empresa devem ser levados em conta.

Fazer as escolhas certas é complexo. Analisemos as questões enfrentadas pela indústria farmacêutica. Para cortar custos e acelerar o desenvolvimento, a Eli Lilly terceiriza uma parcela substancial de suas atividades de P&D — inclusive os testes clínicos — para países como Índia e China. Esse não é o único laboratório a realocar as operações de P&D para o mundo em desenvolvimento; a Pfizer testa drogas na Rússia, e a AstraZeneca conduz testes clínicos na China. O principal direcionador são os elevados custos de desenvolvimento, estimados em $1,1 bilhão por medicamento, incluindo as despesas incorridas por todos os produtos que não chegaram ao mercado; esses custos devem crescer para $1,5 bilhão em 2010.

Mais recentemente, a Lilly e outros fabricantes de medicamentos começaram a expandir suas atividades de P&D na Índia e na China, incluindo testes clínicos. Esses testes referem-se à última fase de experiências para comprovar que um medicamento pode ser usado por seres humanos e custam muito caro; a Lilly estima que cada teste de Fase III custa no mínimo $50 milhões ao ano. Para reduzir custos, o laboratório planeja transferir de 20 por cento a 30 por cento dos testes realizados nos Estados Unidos nos próximos anos. Embora a redução de custos seja o principal motivo da migração, ela é possibilitada pelos investimentos feitos por essas nações nos laboratórios de pesquisa, hospitais e profissionais necessários à condução de estudos que atendam às rigorosas regulamentações da U.S. Food & Drug Administration e dos órgãos reguladores de medicamentos na União Europeia.

Embora essas ações de terceirização sejam extremamente bem-sucedidas, é improvável que a Lilly transfira todo seu portfólio de P&D para o exterior. Ela deverá manter determinado número de centros de excelência nos Estados Unidos que sejam reconhecidos por suas pesquisas inovadoras em câncer e doenças do coração para manter a liderança nessas áreas e uma presença de pesquisa no mercado norte-americano. Outro motivo que impede as indústrias farmacêuticas de terceirar toda sua pesquisa é que elas podem não conseguir vender seus produtos mais novos em países como Índia e China, seja porque os pacientes não têm condições financeiras para adquiri-los, seja devido a questões de proteção de patentes.[11]

Concentrar atividades de valor agregado e racionalizar operações em escala global para focar em competências essenciais e tecnologias pode ser arriscado. Isso pode criar problemas organizacionais e de pessoal e aumentar o risco no desempenho, em um momento em que aumenta a dependência entre unidades — na organização da própria empresa ou na organização de um ou mais de seus parceiros. Muitas empresas, portanto, adotam uma abordagem incremental cuidadosa em relação a esse aspecto da globalização de suas operações.

Aumentar a padronização ou concentrar componentes de valor agregado em localidades-chave não impossibilita, necessariamente, a capacidade de resposta a demandas locais. A questão a ser analisada é a seguinte: Quais partes do processo de criação de valor devem ser padronizadas ou concentradas? Uma grande empresa de engenharia e construção, por exemplo, constatou que partes menos visíveis de seu processo de criação de valor — entre elas o financiamento de grandes projetos — poderiam ser mais bem administradas em âmbito global, enquanto serviços de contato intenso com o cliente, como gestão de projetos e manutenção de construções, eram mais bem administrados localmente. Ao mesmo tempo, a empresa globalizou todos os serviços de estimativas, acompanhamento de projetos e programação, por meio da criação de uma rede global de informações de primeira linha, usando um software padronizado mundialmente.

Coordenação do processo decisório

Por fim, o modo como o processo decisório é coordenado em escala global — sobre quais mercados participar, como alocar recursos e como competir — define até que ponto a globalização foi implementada com sucesso. Muitas empresas constataram que integrar e coordenar atividades em escala global é tão importante quanto controlá-las. Isso pode assumir a forma de alavancagem de diferenciais regionais nos custos, compartilhamento de recursos essenciais, subsídios cruzados de batalhas por participação de mercado nacional ou regional, ou busca por posições de marca e de distribuição global. Nesse processo, é possível que as empresas precisem reorganizar suas operações e adotar estruturas corporativas globais, caracterizadas por sistemas de produção e distribuição em mercados-chave ao redor do mundo — mercados que permitam o subsídio cruzado, a retaliação competitiva em uma base global e o volume em escala mundial.[12]

Fatores não dependentes do mercado

Uma diferença essencial entre formular uma estratégia em um contexto global e em um contexto essencialmente doméstico diz respeito à influência relativa de fatores não dependentes do mercado no ambiente competitivo e no desempenho corporativo. Cada vez mais, o sucesso global de uma corporação é influenciado por fatores *não dependentes do mercado*, governados por arranjos sociais, políticos e legais. Esses arranjos afetam de forma direta o ambiente de mercado, mas são determinados e intermediados essencialmente por instituições públicas. Essa crescente importância de considerações não dependentes do mercado na elaboração de uma estratégia global reflete a heterogeneidade da economia global emergente. Os diversos países possuem diferentes sistemas políticos, econômicos e legais e estão em estágios distintos de desenvolvimento econômico. Níveis culturais, assim como educacionais e de habilidades, podem variar de modo drástico. Essas diferenças podem ter implicações profundas nas regras que moldam a competição global e, como consequência, na elaboração de uma estratégia global. Uma estratégia global eficaz considera ambos os elementos; inclui tanto dimensões de mercado que buscam criar valor por meio de desempenho econômico quanto dimensões não dependentes do mercado que buscam revelar oportunidades competitivas. O ambiente não dependente do mercado é geralmente específico à nação ou região; é definido pelas instituições, pela cultura e pela organização dos interesses políticos e econômicos em países ou regiões individuais. Elementos não dependentes do mercado, portanto, tendem a ser menos globais do que as dimensões de mercado de uma estratégia global.

Estratégias de entrada

Adotar uma postura estratégica mais global impõe uma série de desafios únicos. O que uma empresa deve fazer primeiro: estabelecer uma base de exportação ou licenciar seus produtos para adquirir experiência em um novo país ou região de interesse? Ou o potencial associado ao *status* de pioneiro justifica uma atitude mais audaciosa como estabelecer uma aliança, fazer uma aquisição ou até mesmo implementar uma nova subsidiária? Muitas empresas passam da exportação para o licenciamento e, depois, para uma estratégia de investimento maior, tratando essas escolhas efetivamente como uma curva de aprendizado. A Figura 8.4 ilustra essas escolhas. Cada uma tem diferentes vantagens e desvantagens.

A *exportação*, embora tenha risco relativamente baixo, também envolve custos substanciais e controle limitado. De maneira geral, os exportadores têm pouco controle sobre o marketing e a distribuição de seus produtos, deparam-se com altos encargos de transporte e possíveis tarifas e precisam pagar aos distribuidores por uma série de serviços. Além disso, as exportações não proporcionam a uma empresa experiência imediata em estabelecer uma posição competitiva no exterior e dificultam a customização de produtos e serviços de acordo com as preferências locais.

O *licenciamento* reduz custos e também envolve riscos limitados. Entretanto, não diminui as desvantagens substanciais associadas às operações a distância. Via de regra, as estratégias de licenciamento inibem o controle e produzem apenas retornos moderados.

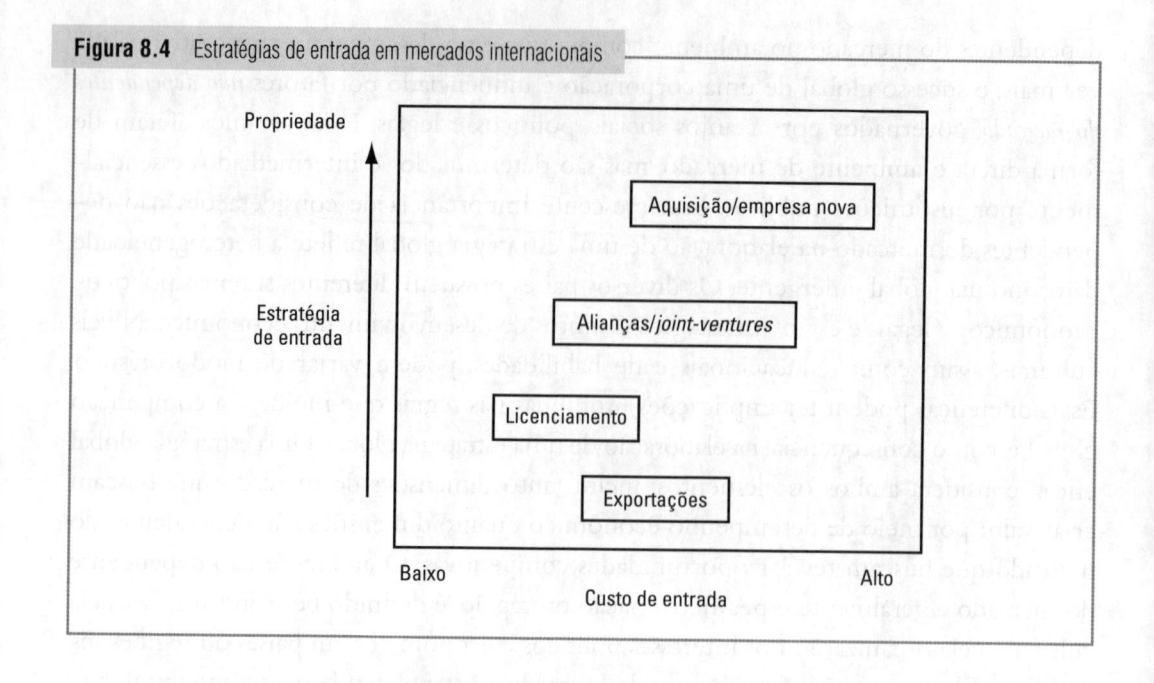

Figura 8.4 Estratégias de entrada em mercados internacionais

```
Propriedade
    ▲
    │         ┌─────────────────────┐
    │         │ Aquisição/empresa nova │
    │         └─────────────────────┘
Estratégia
de entrada      ┌──────────────────┐
    │           │ Alianças/joint-ventures │
    │           └──────────────────┘
    │         ┌──────────────┐
    │         │ Licenciamento │
    │         └──────────────┘
    │            ┌───────────┐
    │            │ Exportações │
    │            └───────────┘
    └──────────────────────────────────▶
     Baixo                         Alto
              Custo de entrada
```

Alianças estratégicas e *joint-ventures* têm se tornado cada vez mais populares nos últimos anos. Elas permitem que as empresas compartilhem riscos e recursos requeridos para entrar em mercados internacionais. E, embora os retornos também sejam compartilhados, elas proporcionam à empresa um grau de flexibilidade não alcançado por meio de um investimento direto individual.

Por fim, a maior parte das empresas busca construir sua presença por meio de instalações próprias em mercados internacionais importantes. *Aquisições* ou *empresas novas* (*greenfield*) representam o objetivo maior. A aquisição é mais rápida, mas implementar uma nova subsidiária totalmente própria poderá ser a opção preferida, se não existirem candidatos adequados à aquisição.

Análise de região/país[13]

Para ajudar as empresas a pensarem sobre suas estratégias de globalização, Khanna et al. sugerem uma estrutura de cinco dimensões para mapear os contextos institucionais de um país ou região. De modo específico, recomendam uma cuidadosa análise dos seguintes aspectos relacionados a um dado país ou região:

1. *Sistemas políticos e sociais.* O sistema político de um país afeta seus produtos, força de trabalho e mercados de capitais. Nas sociedades socialistas, como a China, os trabalhadores não podem formar sindicatos independentes, o que afeta os níveis salariais. O ambiente social de uma nação também é importante. Por exemplo, na

África do Sul, o apoio governamental à transferência de ativos para a comunidade africana nativa historicamente privada de direitos civis afetou o desenvolvimento do mercado de capitais.

2. *Abertura.* Quanto mais aberta for a economia de um país, mais provável será que os intermediários globais possam operar livremente lá, o que contribui para a atuação mais eficaz das multinacionais. Entretanto, do ponto de vista estratégico, a abertura pode ser uma faca de dois gumes: um governo que permite às empresas locais acessar o mercado global de capitais neutraliza uma vantagem essencial das estrangeiras.

3. *Mercados de produtos.* Muito embora os países em desenvolvimento tenham aberto seus mercados e crescido rapidamente na última década, as empresas multinacionais esforçam-se para obter informações confiáveis sobre os consumidores. É comum que a pesquisa de mercado e a propaganda serem menos sofisticadas e, na ausência de um sistema ou grupo bem desenvolvido de defesa dos consumidores, as pessoas podem sentir-se à mercê das grandes empresas.

4. *Mercados de trabalho.* Pode ser difícil recrutar gerentes e outros trabalhadores qualificados nos países em desenvolvimento. A qualidade das credenciais locais pode ser difícil de avaliar, há relativamente poucas agências de recrutamento e seleção de pessoal e as que existem com alta qualidade focam os escalões mais altos, fazendo com que as empresas tenham dificuldade em identificar gerentes de nível médio, engenheiros e supervisores de chão de fábrica.

5. *Mercados de capitais.* Nos países em desenvolvimento, os mercados de capital e financeiros geralmente carecem de complexidade. Intermediários confiáveis, como agências de classificação de crédito, analistas de investimentos, bancos mercantis ou investidores de capital de risco podem não existir, e as multinacionais podem não contar com empréstimos ou capital acionário em âmbito local para financiar suas operações.

Como o Walmart tornou-se uma empresa global[14]

Um dos melhores exemplos da evolução de uma empresa local para um importante participante do mercado global é o do Walmart Inc., maior varejista do mundo. A empresa tem três tipos de operação: (1) lojas Walmart, que oferecem artigos esportivos, de vestuário e de cama, mesa e banho, eletrodomésticos, hardware e itens afins; (2) a rede Sam's Club, que oferece itens no atacado a clientes associados; e (3) os Supercenters, que combinam os estoques de loja de descontos e de supermercado. A empresa busca agressivamente a globalização desde 1991. Atualmente, mais de um quarto de suas lojas está localizado fora dos Estados Unidos, e uma porcentagem considerável de sua receita e crescimento de lucro deriva das operações internacionais.

Oportunidade global

A decisão do Walmart de se 'globalizar' foi movida pela necessidade de crescer. Se permanecesse confinada ao mercado interno, a empresa perderia 96 por cento dos clientes potenciais do mundo. Os mercados emergentes, a despeito de seus níveis menores de renda disponível, ofereciam imensas plataformas de crescimento. O crescimento de receita e dos lucros também era necessário para satisfazer as expectativas dos mercados de capital e dos próprios funcionários. Um dos principais fatores do sucesso do Walmart é sua força de trabalho dedicada e comprometida. A remuneração de seus funcionários está diretamente vinculada ao valor de mercado da ação da empresa. Consequentemente, existe um vínculo direto entre o crescimento e seu efeito no preço da ação e no moral da equipe.

Ao planejar sua expansão global, o Walmart alavancou dois recursos-chave, desenvolvidos originalmente nos Estados Unidos. A empresa explorou seu tremendo poder de compra com fornecedores nacionais gigantes, como Procter & Gamble, Hallmark, Kellogg, Nestlé, Coca-Cola, Pfizer, Revlon e 3M, para adquirir mercadorias que fossem eficazes em custo para suas lojas no exterior. Ela também tirou vantagem do conhecimento e das competências desenvolvidos em áreas como gestão de lojas, uso de tecnologia com fornecedores, *merchandising* e logística.

Mercados-alvo

Ao se aventurar fora dos Estados Unidos, o Walmart tinha a opção de entrar na Europa, Ásia e em outros países do hemisfério ocidental. Constatou que não tinha os recursos — financeiros, organizacionais e gerenciais — para entrar simultaneamente em todos e optou por uma abordagem de entrada avaliada com cuidado e baseada na curva de aprendizagem. Durante os cinco primeiros anos de sua globalização (1991 a 1995), concentrou-se fortemente em estabelecer uma presença nas Américas: México, Brasil, Argentina e Canadá. Essa escolha foi motivada pelo fato de o mercado europeu ser menos atraente para a empresa como primeiro ponto de entrada. O setor de varejo europeu já estava maduro, o que significava que um novo concorrente deveria tirar participação de mercado de outro já estabelecido. Havia concorrentes fortemente entrincheirados, como o Carrefour, na França, e o Metro A.G., na Alemanha, que sem dúvida retaliariam com vigor. Além do mais, os varejistas europeus usavam modelos semelhantes ao do Walmart, reduzindo sua vantagem competitiva. A empresa poderia superar essas dificuldades entrando na Europa por meio de uma aquisição, mas as altas taxas de crescimento dos mercados latino-americano e asiático teriam tornado uma entrada tardia extremamente custosa no tocante a oportunidades perdidas. Em contrapartida, os custos de oportunidade de postergar entradas baseadas em aquisição nos países europeus eram relativamente pequenos. Os mercados asiáticos também apresentavam oportunidades importantes, mas estavam geográfica e culturalmente mais distantes. Por essas razões, o Walmart escolheu como primeiros pontos de entrada global o México (1991), o Brasil (1994) e a Argentina (1995) — países com as três maiores populações na América Latina.

Em 1996, o Walmart sentiu-se pronto para assumir o desafio asiático. Focou a China, com uma população de mais de 1,2 bilhão de habitantes em 640 cidades, como veículo de crescimento. A escolha fazia sentido, considerando-se que o baixo poder aquisitivo do consumidor chinês oferecia um imenso potencial para um varejista de preços baixos. Entretanto, as distâncias cultural, geográfica e linguística entre a China e os Estados Unidos apresentavam barreiras relativamente altas à entrada, fazendo com que o Walmart estabelecesse duas cabeças de ponte como veículos de aprendizagem para criar uma presença na Ásia. De 1992 a 1993, a empresa concordou em vender produtos de preço baixo para dois varejistas japoneses, Ito-Yokado e Yaohan, que os comercializariam no Japão, em Cingapura, Hong Kong, Malásia, Tailândia, Indonésia e Filipinas. Então, em 1994, o Walmart formou uma *joint-venture* com a C.P. Pokphand Company, um conglomerado sediado na Tailândia, para abrir três lojas de descontos para associados da cadeia Value Clubs em Hong Kong.

Estratégia de entrada

Após escolher seus mercados-alvo, o Walmart precisava optar por uma estratégia de entrada. Entrou no Canadá por meio de uma aquisição. Foi uma decisão sensata, porque o país era um mercado maduro — acrescentar nova capacidade de varejo era pouco atraente — e porque a forte semelhança econômica e cultural entre os mercados dos Estados Unidos e do Canadá minimizavam a necessidade de grande aprendizado.

Para sua entrada no México, o Walmart usou uma rota diferente. Como existiam diferenças significativas de renda e culturais entre os mercados norte-americano e mexicano, sobre as quais a empresa precisava aprender e para as quais precisava adaptar suas operações, estabelecer uma empresa totalmente nova (*greenfield*) seria problemático. Em vez disso, o Walmart decidiu formar uma *joint-venture* (50 por cento-50 por cento) com a Cifra, maior varejista do México, para que esta lhe proporcionasse *expertise* operacional no mercado mexicano.

Na América do Sul, o Walmart focou os dois maiores mercados da região: Brasil e Argentina. A empresa entrou no Brasil por meio de uma *joint-venture* com um varejista local, as Lojas Americanas. Conseguiu alavancar sua curva de aprendizagem a partir da experiência no México e decidiu estabelecer uma *joint-venture* 60 por cento-40 por cento, tornando-se a controladora. A entrada bem-sucedida no Brasil proporcionou ao Walmart uma experiência ainda maior na América Latina, fazendo com que decidisse entrar na Argentina por meio de uma subsidiária totalmente própria. Essa decisão foi reforçada pelo fato de existirem apenas dois mercados importantes nesse país.

Transferência global de habilidades

O Walmart adquiriu a Woolco (Canadá) no momento em que os altos custos e a baixa produtividade haviam deixado a empresa canadense no vermelho. O Walmart rapidamente a reconfigurou, seguindo as linhas de seu modelo norte-americano bem-sucedido — uma estratégia possível devido à semelhança dos mercados norte-americano e canadense — e realizou as seguintes ações:

- Enviou uma equipe de transição para familiarizar os 15 mil funcionários da Woolco com sua maneira de fazer negócios e para disseminar crenças e práticas essenciais.
- Elevou o padrão de todas as lojas, equiparando-as a seu padrão, e renovou todas as plantas nos primeiros quatro meses.
- Alavancou imediatamente seu alto reconhecimento de marca em aceitação e fidelidade do cliente, introduzindo sua estratégia de 'preços baixos todos os dias' em um mercado acostumado a preços altos/baixos no varejo.
- Focou em oferecer um amplo mix de mercadorias, excelente atendimento ao cliente e estoques bem provisionados.
- Implementou recompensas aos funcionários por redução de furtos.

Todas essas práticas podiam ser transferidas rapidamente e haviam se mostrado bem-sucedidas nos Estados Unidos. A operação canadense do Walmart tornou-se lucrativa em 1996 — apenas dois anos após a aquisição. Em 1997, já era o varejista de descontos líder no país.

Adaptação local

A entrada do Walmart na China oferece *insights* sobre os desafios associados à necessidade de adaptação a preferências locais, assim como a requisitos regulatórios e de competitividade. Entre 1990 e 1995, as vendas no varejo chinês cresceram a uma taxa anual de 11 por cento, movidas pela liberalização econômica e por uma grande demanda por bens de consumo. Essas estatísticas mascaram os desafios singulares enfrentados pela empresa. Regulamentações e políticas governamentais eram sempre imprevisíveis, a infraestrutura chinesa era pouco desenvolvida e os baixos níveis de renda disponível e diferenças de idioma exigiam abordagens de marketing sob medida para seleção de produtos, rotulagem e gestão da marca.

O Walmart experimentou diferentes formatos de loja, incluindo uma híbrida que combinava um Supercenter e um clube de atacado, na qual tanto os sócios como os não sócios podiam fazer compras, e pequenas lojas-satélite que pareciam ajustar-se melhor às necessidades locais. Além dessa variedade de formatos, o Walmart testou diversas mercadorias para determinar quais tinham maior atratividade para o consumidor e quais se adequavam mais à cultura chinesa. Como resultado, começou a oferecer uma gama maior de produtos, particularmente itens perecíveis que agradavam ao paladar dos chineses. A aquisição de produtos foi outra área que exigiu adaptação. O Walmart decidiu comprar mais de três quartos das mercadorias dirigidas ao mercado chinês na própria China. Essa estratégia buscava equilibrar o desejo dos clientes locais por bens de consumo refinados fabricados nos Estados Unidos e a pressão dos governos locais para a aquisição de produtos no país.

Concorrência local

Ao implementar sua estratégia global, o Walmart usou diversas abordagens para vencer concorrentes locais em diferentes mercados.

- *Adquirir um participante que fosse líder de mercado.* Na Alemanha, o Walmart adquiriu a rede de hipermercados Wertkauf com 21 lojas, uma das cadeias mais lucrativas de hipermercados do país, após decidir que construir novos hipermercados no local não seria aconselhável devido à maturidade do mercado europeu. Além disso, leis de zoneamento rígidas impediam operações do tipo *greenfield*.
- *Adquirir um participante de mercado que fosse fraco.* Adquirir um participante fraco do mercado local é uma abordagem eficaz, contanto que a empresa global tenha a capacidade de transformá-lo rapidamente. Foi isso que o Walmart fez no Canadá ao adquirir a Woolco.
- *Lançar um ataque frontal sobre os líderes.* Atacar de frente concorrentes que sejam líderes locais só é factível quando a empresa global pode trazer uma vantagem competitiva significativa para o país anfitrião. A entrada do Walmart no Brasil ilustra o potencial — e as limitações — de um ataque frontal. O Carrefour, a rede varejista francesa, operava no Brasil desde 1975. Quando o Walmart entrou no país, em 1996, decidiu desafiar os concorrentes por meio de preços agressivos. Essa estratégia teve um efeito contrário quando o Carrefour e outros competidores locais retaliaram e iniciaram uma guerra de preços. O Walmart também percebeu que seu *sourcing* (suprimento) global não proporcionava nenhuma vantagem embutida de preço, porque a categoria líder de vendas nos hipermercados do Brasil era a de produtos alimentícios, adquiridos em grande parte localmente. Concorrentes, como o Carrefour, tinham vantagens no *sourcing* devido a seu longo relacionamento com fornecedores locais. O Walmart, portanto, decidiu focar em duas dimensões nas quais poderia se diferenciar: (1) atendimento ao cliente, com o objetivo de neutralizar o Carrefour, e (2) mix de mercadorias, buscando dominar pequenos concorrentes locais.

Perdas e ganhos

Nem todos os movimentos globais do Walmart tiveram sucesso, o que representa uma fonte contínua de frustração para os investidores. Em 1999, a empresa investiu

$10,8 bilhões na aquisição da cadeia de supermercados inglesa Asda. Ela não só era saudável e lucrativa, mas já se posicionava como 'Walmart light'. Atualmente, a Asda está bem distante de sua concorrente número um, a Tesco. Embora as operações britânicas do Walmart sejam lucrativas, o crescimento de vendas foi baixo por quase quatro anos, e a Asda não atingiu as metas de lucros por vários trimestres seguidos, além de correr o risco de cair do segundo para o terceiro lugar no mercado do Reino Unido.

Junte-se a esse resultado a saída onerosa do Walmart do mercado alemão. Em 2005, ele vendeu suas 85 lojas alemãs para o concorrente Metro, amargando um prejuízo de $1 bilhão. Oito anos após entrar no altamente competitivo mercado alemão por meio de uma aquisição, os executivos do Walmart, acostumados a usar a potência do mercado de massa da empresa para apertar os fornecedores, admitiram o fracasso em atingir as economias de escala necessárias para combater os preços da concorrência, provocando uma saída precoce e cara.

Apesar desses e de outros contratempos, o Walmart tem pouca escolha a não ser persistir com seus planos globais. Os pontos de vendas internacionais respondem por cerca de 40 por cento do total de 6.600 lojas da empresa, mas geram menos de um quarto das vendas totais. Ao mesmo tempo, somente os mercados no exterior oferecem ao maior varejista mundial o tipo de espaço que necessita para crescer. É por isso que cada vez mais Wall Street atenta para seus resultados internacionais.[15]

Estratégia global e risco

Mesmo com o melhor planejamento, as estratégias globais carregam riscos substanciais. Muitas delas representam uma considerável extensão da base de experiência, recursos e competências empresariais. A empresa pode focar novos mercados, frequentemente em novos cenários culturais. Pode buscar novas tecnologias, iniciar novas parcerias ou adotar objetivos de participação de mercado que requeiram compromissos maiores do que os retornos atuais possam justificar. No processo, a empresa pode encontrar formas novas e diferentes de concorrência e descobrir que o modelo econômico que a levou à posição atual não é mais aplicável. Em geral, uma postura mais global implica a exposição a diferentes padrões cíclicos, moedas e riscos políticos. Além disso, existem custos substanciais associados à coordenação de operações globais. Como consequência, antes de decidir por entrar em outro país ou continente, as empresas devem analisar cuidadosamente os riscos envolvidos. Por fim, elas devem reconhecer que o estilo de gestão que se provou bem-sucedido em escala nacional pode mostrar-se ineficiente em um cenário global.

Tipos de risco

Os riscos que uma empresa pode encontrar no ambiente empresarial internacional podem ser de *natureza política, legal, financeira/econômica* ou *sociocultural*.

Risco político

Riscos políticos estão relacionados a ações de cunho político e a políticas implementadas por governos estrangeiros. Sua análise envolve a avaliação da estabilidade do governo atual de um país e de suas relações com outros países. Um alto nível de risco afeta a posse de ativos físicos e de propriedade intelectual, a segurança de funcionários e, consequentemente, o potencial por problemas. É comum os analistas dividirem o risco político em duas subcategorias: *global* e *específico do país*. O risco global afeta todas as operações de uma empresa multinacional, enquanto o específico do país diz respeito a investimentos em um país estrangeiro específico. Podemos fazer uma distinção entre *macro* e *micro* risco político. Macro risco político refere-se a como o investimento externo em geral é afetado em um determinado país. Analisando o uso passado de instrumentos políticos *soft* (moderados) por parte de um governo, como embargos, controle indireto de preços ou greves em determinados setores, e políticas *hard* (agressivas), como expropriação, confisco, nacionalização ou participação acionária local compulsória, uma empresa pode estar mais bem preparada para potenciais ações governamentais futuras. No nível micro, a análise de risco fica focada em determinada empresa ou em um grupo delas. Um balanço patrimonial fraco, práticas questionáveis de contabilidade ou uma quebra regular de contratos devem suscitar preocupação.

Risco legal

Risco legal é aquele que as empresas multinacionais enfrentam no ambiente jurídico de determinado país. Está, geralmente, bastante associado ao risco político de um país. A avaliação do risco legal exige analisar os fundamentos do sistema legal de um país e determinar se suas leis são aplicadas de forma apropriada. Portanto, a análise do risco legal envolve familiarizar-se com os órgãos regulatórios e fiscalizadores de um país e seu escopo de ação. Como muitas empresas descobriram, diversos países criam leis de proteção aos direitos de empresas multinacionais, mas raramente as aplicam. Entrar em lugares como esses pode expor as empresas a diversos riscos, incluindo a perda de propriedade intelectual, tecnologias e marcas registradas.

Risco financeiro/econômico

O risco financeiro/econômico em um país estrangeiro é análogo ao risco operacional e financeiro no mercado interno. A volatilidade do desempenho macroeconômico de um país e sua capacidade em cumprir as obrigações financeiras afetam diretamente seu desempenho. A competitividade e a flutuação da moeda de uma nação são indicadores importantes de sua estabilidade — tanto financeira quanto política — e de sua disposição para adotar mudanças e inovações. Além disso, a análise do risco financeiro deve considerar fatores como a eficiência da gestão da economia, o nível de desenvolvimento econômico, as condições de trabalho, a infraestrutura, a inovação tecnológica e a disponibilidade de recursos naturais/humanos de um país.

Risco sociocultural

O risco sociocultural está associado à operação em diferentes ambientes socioculturais. Por exemplo, pode ser aconselhável analisar ideologias específicas; a importância relativa de movimentos étnicos, religiosos ou nacionalistas; e a capacidade do país em lidar com mudanças que, mais cedo ou mais tarde, serão induzidas por investimentos externos. Dessa forma, elementos como padrão de vida, patriotismo, fatores religiosos ou a presença de líderes carismáticos podem desempenhar um papel importante na avaliação desses riscos.

Estratégias globais — explorando semelhanças e diferenças[16]

Como atestam os resultados internacionais do Walmart, estabelecer a estratégia global certa é intimidante até para as empresas mais bem-sucedidas. A estratégia global envolve mais do que adotar um modelo de negócios superior (por suposição) e implementá-lo em nível global para obter economias de escala. Essa perspectiva estreita do 'quanto adaptar o modelo de negócios — quanto padronizar de um país a outro *versus* quanto realizar localmente para atender às diferenças locais' define de modo implícito a estratégia global no tocante à exploração das *semelhanças* entre os países e o potencial de economias de escala que essas semelhanças revelam, como a principal fonte de valor agregado. Em outras palavras, as diferenças de um país a outro são tidas como obstáculos a serem superados.

Embora fazer a escolha certa sobre o nível de adaptação de um modelo de negócio seja importante para extrair valor das operações internacionais, um foco singular em possíveis compensações entre economias de escala globais e aspectos locais obscurece as oportunidades estratégicas baseadas na exploração das *diferenças*. Na realidade, as estratégias globais baseadas no princípio da arbitragem, a exploração deliberada das diferenças entre os mercados — no tocante a custo, estrutura mercadológica e outras variáveis essenciais — pode oferecer fontes sustentáveis de vantagem competitiva. Na verdade, as melhores estratégias globais fazem as duas coisas; exploram as oportunidades para padronizar alguns aspectos do processo de criação de valor enquanto diferenciam a empresa ou a marca dos concorrentes.

A Cemex — fabricante mexicana global de cimento — ilustra bem esse caso. Ela adotou uma estratégia financeira de arbitragem das diferenças de custo de capital, enquanto implementava uma estratégia operacional padronizada. Estabeleceu cadeias de produção e distribuição completas e uniformes na maioria de seus principais mercados, reforçou as economias de escala através das fronteiras em áreas como comercialização, logística, tecnologia da informação e inovação (no sentido mais amplo do termo). Nesse caso, foi possível misturar e combinar porque, em larga medida, a Cemex pôde escolher como levantar capital independentemente da forma pela qual optasse para competir nos mercados de produtos; ou seja, ela podia organizar suas operações em pacotes relativamente autônomos de atividades em que as economais de escala e a padronização eram essenciais e aquelas em que as economias de arbitragem estavam sendo perseguidas.

Como revela o exemplo da Cemex, as diferenças podem tornar a arbitragem tão valiosa quanto as semelhanças que criam oportunidades de economias de escala. Isso gera real oportunidade para que as empresas tenham imaginação para vislumbrar a completa gama de possibilidades.

Notas

1. KRUGMAN, P. *Geography and trade*. Cambridge: MIT Press, 1993.
2. PORTER, M. *The competitive advantage of nations*. The Free Press (uma divisão da MacMillan, Inc.), Nova York, 1990.
3. OSTER, S.M. *Modern competitive analysis*, 2. ed., Cambridge, Oxford University Press, 1994.
4. OSTER, 1994, op. cit.
5. Esta seção baseia-se em YIP, George S. *Total global strategy: managing for worldwide competitive advantage*. Upper Saddle River, NJ, Prentice Hall, 1992, capítulos 1 e 2.
6. JEANNET, Jean-Pierre. *Managing with a global mindset*. Upper Saddle River, NJ, Financial Times/Prentice Hall, 2000, capítulos 4 e 5.
7. JEANNET, op. cit.
8. BARTLETT, C.A.; GHOSHAL, S. *Managing across borders: the transnational solution*. Boston, Harvard Business School Press, 1989.
9. YIP, 1992, op. cit., capítulo 4, p. 85.
10. De aulas ministradas no Templeton College pelo Professor Kunal Basu, primavera 2000, com permissão.
11. Special report on outsourcing, *Business Week*, jan. 2006.
12. HAMEL, G.; PRAHALAD, C.K. "Do you really have a global strategy?", *Harvard Business Review*, jul./ago. 1985, p. 139–148.
13. Esta seção baseia-se em KHANNA, Turan; PALEPU, Krishna G.; e SINHA, Jayant. "Strategies that fit emerging markets", *Harvard Business Review*, jun. 2005, p. 63–74.
14. Esta seção baseia-se em GOVINDARAJAN, Vijay; GUPTA, Anil K. "Taking Walmart global: lessons from retailing's giant", *Strategy + Business*, 4º trimestre e fontes da empresa, 1999.
15. GROSE, Thomas K. "Walmart´s rollback — after retreating from Germany, the giant retailer makes a last stand in Britain", *U.S. News & World Report*, 16 o ut. 2006.
16. Esta seção baseia-se em GHEMAWAT, Pankaj, "The forgotten strategy", *Harvard Business Review*, nov. 2003, p. 76–84.

CAPÍTULO 9

ESTRATÉGIA CORPORATIVA: MOLDANDO O PORTFÓLIO

Introdução

Para empresas de negócio único, a pergunta 'Qual é exatamente sua estratégia?' deve ter uma resposta clara e concisa que possa ser prontamente assimilada por investidores, jornalistas, membros do conselho, gerentes, funcionários e até fornecedores e clientes. No caso das corporações multinegócios, a questão revela-se mais complexa. Qual é a estratégia da GE? Uma empresa diversificada deve ter uma estratégia única, abrangente para todos os negócios ou ela pode ter estratégias únicas para cada negócio que compartilham certas características ou focos? Algumas multinacionais diversificadas de sucesso concluíram que a resposta mais eficaz para 'Qual é sua estratégia?' consiste em identificar de três a cinco temas estratégicos que sejam simples de comunicar e compreender. Por exemplo, Jeffrey Immelt, CEO da GE, menciona os valores essenciais da GE, sua força em desenvolver líderes, sua habilidade em integrar negócios em escala global e sua destreza em fazer aquisições habilidosas, em vez de discorrer sobre negócios ou mercados específicos.

Decompor a estratégia corporativa em alguns temas simples pode criar uma poderosa ferramenta gerencial para alinhar comportamentos e tomada de decisões em todos os níveis organizacionais — a principal finalidade da estratégia. Isso pode, em contrapartida, prover a base da comunicação à comunidade mais ampla de *stakeholders* (grupo de interesses). Todavia, chegar aos temas estratégicos certos é mais fácil de dizer do que de fazer e requer cuidadosa análise do *portóflio* dos negócios e o racional que sustenta a composição desse portfólio.

Dessa forma, enquanto a *estratégia de unidades de negócios* lida com a questão de *como* competir em determinado setor, a *estratégia corporativa* preocupa-se com decisões sobre *quais negócios a empresa deve operar* — ações que *moldam o portfólio de negócios corporativo* — e sobre como criar valor no portfólio *explorando sinergias entre múltiplas unidades de negócios.*

Este capítulo trata da primeira dimensão — moldar o portfólio corporativo. Começamos introduzindo o conceito de *economias de escala e de escopo* e perguntando: Ser maior é melhor? Depois, examinamos

> a questão da definição da *essência* de um portfólio e de seu potencial de crescimento. Em seguida, consideramos todo o espectro de *estratégias de crescimento* no nível corporativo, incluindo estratégias de crescimento concentrado, integração vertical e horizontal, diversificação, fusões, aquisições e estratégias cooperativas, como *joint-ventures* e alianças. Mais adiante, examinamos as *opções de desinvestimento*, definidas para incluir *sell--offs, spin-offs* e liquidações. A segunda dimensão da estratégia corporativa — encontrar meios para criar valor no portfólio explorando sinergias entre múltiplas unidades de negócios — será discutida no Capítulo 10.

Economias de escala e de escopo

Alfred D. Chandler, historiador da área de negócios, argumentava que "para competir globalmente, você precisa ser grande".[1] Examinando mais de um século de história corporativa, ele observou que a "lógica da iniciativa gerencial" começa pela economia — e pelas vantagens de custo associadas à escala e ao escopo em setores de capital intensivo tecnologicamente avançados. Em geral as grandes fábricas conseguem fabricar produtos a um custo muito mais baixo do que as menores, porque o custo por unidade diminui à medida que o volume cresce (*economias de escala*). Além disso, fábricas maiores podem utilizar muitas das mesmas matérias-primas, dos mesmos produtos semiacabados e processos de produção para gerar uma variedade de produtos diferentes (*economias de escopo*). Esses princípios não se limitam ao setor de produção. A Procter & Gamble, por meio de suas estratégias de multimarcas, beneficia-se de economias de escopo devido a sua considerável influência no nível do varejo. No setor de serviços, as economias de escala e de escopo das maiores empresas de contabilidade permitiram que elas dominassem o mercado de serviços de auditoria para grandes companhias, retirando do mercado um grande número de empresas respeitáveis de contabilidade, locais e regionais.

Economias de escala

De um modo mais formal, as *economias de escala* ocorrem quando o custo unitário para realizar uma atividade diminui conforme a escala da atividade aumenta. O custo unitário pode cair à medida que a escala aumenta por razões como o uso de melhores tecnologias em processos de produção ou o maior poder de compra em situações de compra em larga escala. Uma forma diferente de economia de escala ocorre quando o custo pode ser reduzido como resultado da descoberta de melhores maneiras de realizar uma dada tarefa. Nesse cenário, o número acumulado de unidades processadas ou de tarefas realizadas leva à redução do custo. Isso é denominado *economia por aprendizagem*. A representação gráfica desse fenômeno é chamada de *curva de aprendizagem ou curva de experiência*.

Economias de escopo

Economias de escopo ocorrem quando o custo unitário de uma atividade cai porque o ativo utilizado é compartilhado com outra atividade. Por exemplo, quando a Frito-Lay Corporation utiliza seus caminhões não apenas para distribuir seus salgadinhos de milho e batatas fritas, mas também para distribuir os molhos que são utilizados como acompanhamento, ela cria economias de escopo. Oportunidades de decisão para gerar economias de escopo são classificadas em três categorias gerais: (1) *escopo horizontal*, (2) *escopo geográfico* e (3) *escopo vertical*.

As *decisões de escopo horizontal* referem-se principalmente a opções de escopo de um produto. A General Electric é uma empresa altamente diversificada, com interesses em eletrodomésticos, sistemas médicos, motores de aviões, financiamento e muitas outras áreas. Bens intangíveis, como conhecimento (por exemplo, a experiência da Sony em fazer miniaturas de produtos) ou marcas — pense na marca Virgin Records —, também podem ser fontes de economias horizontais de escopo quando utilizadas no desenvolvimento, na produção e no marketing de mais de um produto.

As *decisões de escopo geográfico* envolvem escolhas sobre a cobertura geográfica. O McDonald's atua em quase 100 países, a Whirlpool tem fábricas em poucos lugares, mas vende seus produtos em um grande número de países, e empresas baseadas na Internet, como o eBay e a Amazon, atingiram escopo geográfico em uma base virtual.

As *decisões de escopo vertical* dizem respeito a como uma empresa integra suas atividades da cadeia de valor verticalmente. No setor de computadores, a IBM tem, por tradição, uma alta integração vertical. A Dell, por outro lado, não fabrica nada. Na verdade, ela depende de uma rede extensa de fornecedores terceirizados em seu processo de criação de valor.

É claro que apenas tamanho não basta para garantir o sucesso competitivo. Para capitalizar as vantagens que escala e escopo podem trazer, as empresas devem realizar investimentos relacionados para criar organizações globais de marketing e distribuição. Elas devem também criar a estrutura administrativa certa para coordenar com eficiência a miríade de atividades que compõem as corporações multinacionais modernas.

Senso de oportunidade também é essencial. Não é por acaso que empresas como IBM, Intel, Microsoft, Hoechst e Sony — todas líderes em seus setores — foram *pioneiras*. A vantagem do pioneirismo explica por que as empresas de hardware e software norte-americanas foram bem-sucedidas na construção de uma presença global e por que as corporações japonesas obtiveram vantagem em muitos setores de eletrônicos. Os desafiantes enfrentam uma formidável batalha para ascender. Eles precisam construir uma capacidade produtiva — enquanto os pioneiros aperfeiçoam seus processos de produção — e também desenvolver organizações de marketing e distribuição para competir por participação em mercados já estabelecidos. Além disso, precisam atrair talentos em gestão, capazes de vencer concorrentes entrincheirados.

O que é 'essencial'?

Um ponto de partida útil para se criar um portfólio estratégico corporativo é a definição do que é *essencial*. Para muitas empresas, o *essencial* é definido por seus clientes de maior valor, seus produtos de maior valor, canais mais importantes e competências diferenciadas. O desafio está em definir a empresa como diferente das outras, de uma maneira que enfatize os pontos fortes e as competências reais (isto é, que evite a 'estratégia baseada em esperanças' de uma maneira que seja relevante para todos os *stakeholders*, e que tenha espaço para crescimento).[2] É aqui que a arte e a ciência da formulação estratégica encontram-se e os CEOs têm uma oportunidade única para posicionar suas empresas com clientes, fornecedores, parceiros em alianças e mercados financeiros.

Não escolher o que é essencial por *default* também é uma opção. Entretanto, deixar de fazer uma escolha deliberada pode gerar confusão acerca do posicionamento de uma empresa nos mercados por ela atendidos e tornar mais difícil criar valor em uma base sustentável.

Definir cuidadosamente a essência de um portfólio é importante, porque existe uma tendência sistemática por parte das empresas de subexplorar o potencial total de suas unidades de negócios de alto desempenho. Uma interpretação errônea comum da relação entre retornos e força competitiva é a principal causa que leva uma empresa a subestimar o potencial futuro de seu negócio central. Em vez de ser linear — um negócio 'de alguma forma' mais forte deveria ter uma lucratividade 'de alguma forma' maior —, a relação mostra retornos *crescentes* para os líderes (veja a Figura 9.1). De acordo com a Bain International, um líder forte de mercado, definido como uma empresa com participação relativa de mercado mais de duas vezes maior em relação aos concorrentes, deve ganhar 18 por cento a mais que seu custo de capital, enquanto uma empresa com participação relativa de mercado igual à da concorrência ganhará 1 por cento — uma diferença de 18 vezes para uma força competitiva duas vezes maior.[3]

O mesmo estudo sugere que essa visão errada da relação entre retornos e forças competitivas pode levar as empresas a cair em uma ou mais das três seguintes 'armadilhas estratégicas': (1) presumir que as unidades de negócios que têm bom desempenho já alcançaram seus limites e, portanto, decidir não realizar nenhum investimento adicional no negócio central; (2) presumir que há maior potencial de crescimento nos componentes com baixo desempenho do portfólio e realizar investimentos, sem garantia, mais arriscados nesses componentes; e (3) abandonar prematuramente negócios centrais.

A história da Colgate-Palmolive ilustra o que é possível quando uma empresa decide focar o crescimento de seu negócio central e levá-lo ao potencial máximo. Desde 1984, o preço da ação da Colgate supera o da General Electric e proporciona um retorno três vezes maior do que o da S&P 500.* Os resultados são notáveis porque a Colgate é uma

---

* O índice S&P 500 é formado pelas principais empresas norte-americanas, de acordo com valor de mercado, representatividade no setor em que atuam e liquidez das ações (N. do R.T.).

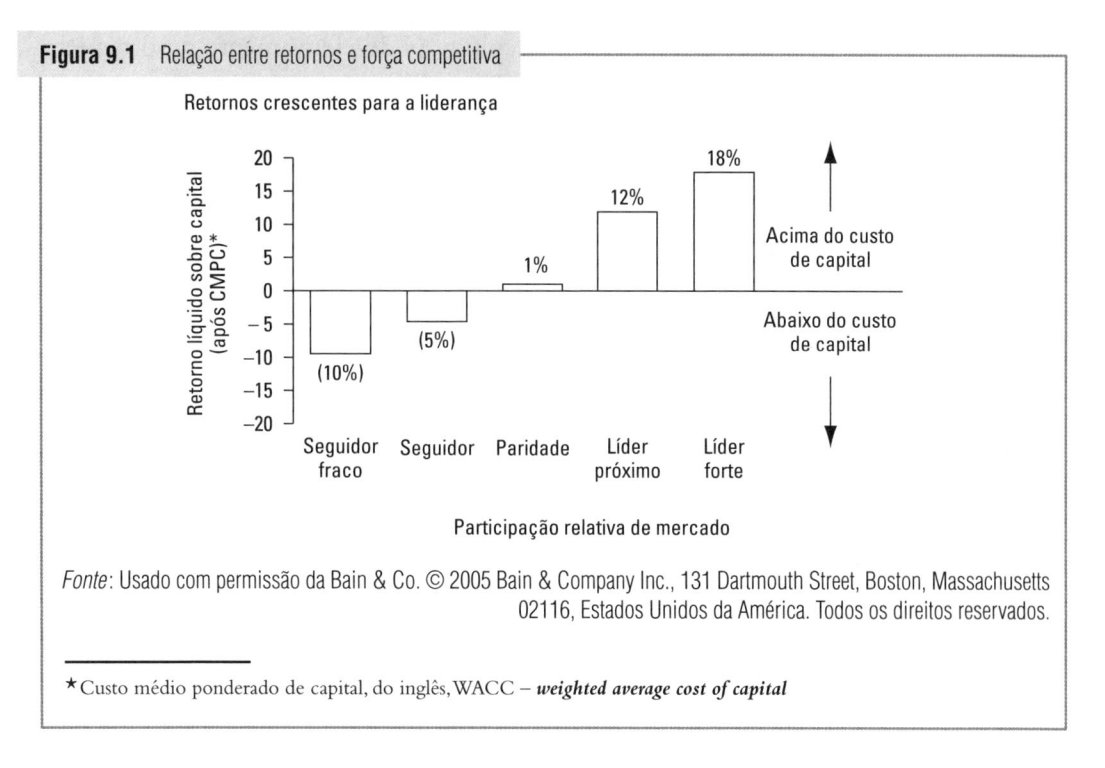

Figura 9.1 Relação entre retornos e força competitiva

Retornos crescentes para a liderança

Retorno líquido sobre capital (após CMPC)*

- Seguidor fraco: (10%)
- Seguidor: (5%)
- Paridade: 1%
- Líder próximo: 12%
- Líder forte: 18%

Acima do custo de capital / Abaixo do custo de capital

Participação relativa de mercado

Fonte: Usado com permissão da Bain & Co. © 2005 Bain & Company Inc., 131 Dartmouth Street, Boston, Massachusetts 02116, Estados Unidos da América. Todos os direitos reservados.

★ Custo médio ponderado de capital, do inglês, WACC – *weighted average cost of capital*

empresa de crescimento lento. Sua receita líquida cresceu menos de 2 por cento ao ano entre 1996 e 2000. No mesmo período, porém, o preço de sua ação quase triplicou. Esses resultados foram obtidos com a realização de grandes investimentos no negócio central da empresa, tornando-a líder em seu setor.[4]

Estratégias de crescimento

Atingir consistência em receita e crescimento nos lucros não é fácil — sobretudo para grandes empresas. Para colocar esse desafio em perspectiva, uma empresa de $30 bilhões, perfil médio da *Fortune 100*, que queira crescer seis por cento, deve criar uma nova empresa de $2 bilhões por ano. Além disso, uma estratégia que funcione para determinada empresa pode não ser adequada para outra. Pode até ser desastrosa. Uma alta porcentagem de fusões e aquisições, por exemplo, fracassam em atender às expectativas iniciais. Fazer a aquisição certa, integrar com sucesso uma empresa adquirida às operações da compradora e realizar as sinergias prometidas é difícil até para empresas experientes como a GE. Empresas que fazem aquisições apenas ocasionalmente têm um histórico sombrio de desempenho. Basear-se somente em crescimento interno para atingir objetivos de crescimento pode ser igualmente arriscado, sobretudo em anos de crescimento econômico lento. Poucas empresas atingem um crescimento consistente superior ao PIB a partir apenas de fontes internas.

Para formular uma estratégia de crescimento bem-sucedida, uma empresa deve analisar cuidadosamente seus pontos fortes e fracos, o modo como atribui valor para os clientes e quais estratégias de crescimento sua cultura pode efetivamente suportar. Para líderes de valor em preço, como Walmart ou Dell, uma estratégia de crescimento focada em entrar em mercados adjacentes é altamente adequada. Por outro lado, para empresas de valor em desempenho, como Intel e Genentech, a inovação contínua pode ser uma plataforma mais eficaz para o aumento de receita. Selecionar a estratégia de crescimento correta, portanto, requer uma análise cuidadosa de oportunidades, recursos estratégicos e adequação cultural.[5]

Independentemente da decisão tomada pela empresa, seja a de fazer investimentos adicionais ou de expandir seu negócio central atual, existem apenas três caminhos por meio dos quais ela pode aumentar sua base de receita: (1) crescimento orgânico ou interno, (2) crescimento por meio de aquisição e (3) crescimento por meio de alianças. Isso é conhecido como paradigma '*build, buy or bond*' — construir, comprar ou coligar. O Walmart e a Dell recorrem primariamente ao crescimento orgânico. A General Electric faz aquisições estratégicas regulares em mercados que considera atraentes para atingir seus objetivos de crescimento. A Amazon e o eBay possuem inúmeras alianças e relacionamentos com fornecedores que aumentam seu crescimento de receita.

Também podemos caracterizar as estratégias de crescimento usando a opção produto–mercado como critério principal: (1) crescimento concentrado, (2) integração horizontal e vertical e (3) diversificação.

Estratégias de crescimento concentrado

Com frequência, os mercados de produto existentes são vias atraentes de crescimento. Diz-se que uma corporação que continua a direcionar seus recursos ao crescimento lucrativo de uma única categoria de produto, em um mercado bem definido e, possivelmente, com uma tecnologia dominante, persegue uma *estratégia de crescimento concentrado*.[6] A forma mais direta de obter um crescimento concentrado é buscar aumentos de participação de mercado. Isso pode ser feito de três maneiras: (1) aumentando-se o número de usuários de um produto; (2) aumentando-se a utilização de um produto, por meio do estímulo ao uso de uma quantidade maior ou do desenvolvimento de novas aplicações; ou (3) aumentando-se a frequência de uso do produto.

O crescimento concentrado pode ser uma poderosa arma de competitividade. Um foco estrito no mercado–produto permite a uma empresa avaliar minuciosamente as necessidades do mercado, desenvolver um conhecimento detalhado do comportamento do cliente e de sua sensibilidade ao preço e melhorar a eficácia dos esforços de marketing e promoções. Altos índices de sucesso de produtos novos também estão associados a evitar situações que requeiram habilidades pouco desenvolvidas, como atender a novos clientes e mercados, adquirir novas tecnologias, construir novos canais, desenvolver novas capacidades promocionais e enfrentar novos concorrentes.

Existem quatro condições específicas que favorecem o crescimento concentrado:

1. O setor é resistente a avanços tecnológicos de peso. Esse é geralmente o caso nos estágios de crescimento tardio e de maturidade do ciclo de vida do produto e nos mercados em que a demanda pelo produto é estável e as barreiras setoriais, como capitalização, são altas.
2. Os mercados visados não estão saturados de produtos. Mercados com *gaps* competitivos proporcionam alternativas de crescimento para a empresa, sem ter de conquistar parte do mercado dos concorrentes.
3. O mercado do produto é suficientemente diferenciado para dissuadir os concorrentes a tentar invadir o segmento.
4. Os insumos necessários têm preço e quantidade estáveis e estão disponíveis em volume e no momento necessário.

Uma pequena amostra de empresas que usaram a estratégia de crescimento concentrado com sucesso inclui Allstate, Amoco, Avon, Caterpillar, Chemlawn, KFC, John Deere, Hyatt Legal Services, Goodyear, Giant Foods, Mack Truck, Martin-Marietta, McDonald's, Swatch e Tenant.

Integração horizontal e vertical

Se as linhas atuais de negócios de uma corporação mostram um forte potencial de crescimento, duas vias adicionais de crescimento — *integração vertical* e *horizontal* — podem ser utilizadas.

A *integração vertical* descreve uma estratégia para aumentar a participação vertical de uma corporação na cadeia de valor de um setor. A *integração para trás* (a jusante) diz respeito a adquirir fornecedores de recursos ou matérias-primas ou componentes de manufatura que costumavam ser comprados em outro lugar. A *integração para a frente* (a montante) refere-se à estratégia de aproximar-se do consumidor final, por exemplo, adquirindo um canal de distribuição ou oferecendo serviços pós-venda. A integração vertical poderá ser valiosa, se a corporação possuir uma unidade de negócios com forte posição competitiva em um setor com alta atratividade — em especial quando a tecnologia do setor é previsível e os mercados estão crescendo rapidamente. Por outro lado, pode reduzir a flexibilidade estratégica de uma corporação ao criar uma barreira de saída que impeça a empresa de deixar o setor, se os retornos diminuírem.

As decisões sobre escopo vertical são de importância estratégica fundamental, tanto no nível de unidade de negócios quanto no corporativo, porque envolvem a decisão de redefinir os domínios em que a empresa vai operar. A integração vertical, portanto, também afeta a estrutura do setor e a intensidade competitiva. No setor de petróleo, por exemplo, algumas empresas são totalmente integradas, da exploração ao refino e à comercialização, enquanto outras são especializadas em um ou mais estágios 'acima' ou 'abaixo' na cadeia de valor.

São quatro os motivos que levam à integração vertical:[7]

1. O mercado é arriscado demais e nada confiável, sujeito ao 'fracasso'. As características mais comuns de um mercado vertical fracassado são (1) um pequeno número de compradores e vendedores; (2) alta especificidade de ativos, durabilidade e intensidade; e (3) transações frequentes.
2. Uma empresa que está em um estágio adjacente da cadeia vertical detém mais poder de mercado. Especificamente, se um estágio de uma cadeia vertical exerce poder de mercado sobre outro e, dessa forma, atinge retornos elevados anormais, pode ser atrativo para os participantes no setor dominado entrar no setor dominador. Entretanto, embora os participantes nos estágios fracos de uma cadeia vertical possam ter claros incentivos para penetrar nos estágios fortes, esse movimento não é isento de risco. Em geral, os participantes de um setor acreditam que podem entrar em outro negócio dentro da cadeia mais facilmente do que os que vêm de fora. No entanto, as habilidades essenciais ao longo da cadeia vertical geralmente diferem de modo tão substancial que os forasteiros com habilidades análogas de outros setores costumam ser estreantes superiores.
3. A integração vertical também faz sentido estratégico quando utilizado para criar ou explorar o poder de mercado, ao erguer barreiras de entrada ou permitir discriminação de preço por segmento de consumidores.

    - *Barreiras à entrada*. Quando a maioria dos competidores em um setor está verticalmente integrada, pode ser difícil para os participantes não integrados entrarem. Os ingressantes em potencial poderão ter que entrar em todos os estágios para competir. Isso aumenta os custos de capital e a escala eficiente mínima de operações, desse modo erguendo barreiras à entrada. Tomemos o setor automobilístico como exemplo. Em geral, as montadoras de automóveis integram-se para a frente, em redes de distribuição e concessionárias franqueadas. Aquelas com fortes redes tendem a ter concessionárias exclusivas. Isso significa que os novos participantes devem estabelecer amplas redes de revenda, a um custo e uma dedicação de tempo elevados. Sem suas redes 'herdadas' de revenda, fabricantes como a General Motors teriam perdido mais participação de mercado do que já perderam aos japoneses.
    - *Discriminação de preço*. A integração para a frente em segmentos selecionados de clientes pode permitir a uma empresa beneficiar-se da discriminação de preço. Vamos pensar em um fornecedor com poder de mercado, que venda um produto *commodity* a dois segmentos de consumidores com diferentes graus de sensibilidade

a preço. O fornecedor gostaria de maximizar seus lucros totais cobrando um preço mais alto do segmento menos sensível a preço e outro mais baixo ao segmento sensível ao preço, mas ele não pode fazer isso porque os consumidores de baixo preço podem revender aos de alto preço e, em última instância, minar toda a estratégia. Ao integrar para a frente no segmento de baixo preço, o fornecedor evita a revenda. Há constatação de que os fabricantes de alumínio integraram-se para a frente em segmentos com as demandas mais sensíveis ao preço (tais como estoque de latas, cabos e fundição para automóveis) e resistiram à integração em segmentos em que a ameaça de substituição é baixa.

4. Quando um setor é jovem, as empresas podem integrar-se para a frente visando desenvolver o mercado. Por exemplo, nas décadas iniciais da indústria do alumínio, os produtores foram forçados a integrar-se para a frente em produtos fabricados e até manufaturar produto final para penetrar em mercados que tradicionalmente usavam materiais como aço e cobre. Esse tipo de integração para a frente tem sucesso somente quando o negócio *downstream* possui tecnologia proprietária ou uma forte imagem de marca evita a imitação por concorrentes 'caroneiros'. É inútil desenvolver novos mercados, se uma empresa não pode capturar ganhos econômicos por no mínimo alguns anos.

O estudo mais abrangente de integração vertical foi conduzido como parte da análise comparativa PIMS, que foi abordada no Capítulo 6, com várias empresas, em diversos setores. Ele apresentou três perguntas importantes quanto à integração vertical e horizontal: (1) Empresas altamente integradas são, de modo geral, mais ou menos lucrativas do que as menos integradas? (2) Sob quais circunstâncias um alto nível de integração vertical tende a ser mais lucrativo? (3) Além de sua influência na lucratividade como um todo, quais são os principais benefícios e riscos associados às estratégias de integração vertical?[8]

As respostas são intrigantes. Com relação à primeira pergunta sobre a lucratividade gerada pela integração vertical, o estudo constatou que, tanto para empresas de manufatura industrial quanto de consumo, a integração para trás, de modo geral, aumentou o ROI (retorno sobre o investimento, do inglês, *return on investiment*), mas a integração para a frente não, enquanto a integração parcial prejudicou o ROI. As descobertas também mostram que o impacto da integração vertical na lucratividade varia com o tamanho do negócio. Empresas maiores tendem a se beneficiar mais do que as menores. Isso sugere que a integração vertical pode ser uma opção particularmente atraente para empresas com substancial participação de mercado, quando uma integração para trás adicional tem o potencial de aumentar a vantagem competitiva e as barreiras à entrada. Por fim, com relação à pergunta sobre quais outros fatores devem ser considerados, os resultados sugerem que: (1) alternativas à propriedade, tais como contratos de longo prazo e alianças, devem ser consideradas; (2) a integração vertical quase sempre requer aumentos substanciais no investimento; (3) reduções projetadas de custo nem sempre se materializam; e (4) a integração vertical algumas vezes resulta em aumentos na inovação de produtos.

É importante observar que, embora útil como um guia geral para elaborar uma estratégia, talvez seja necessário validar algumas dessas conclusões antes de aplicá-las a um setor específico.

A *integração horizontal* envolve aumentar a variedade de produtos e serviços oferecidos aos mercados atuais ou expandir a presença da empresa para um número maior de localizações geográficas. As estratégias de integração horizontal frequentemente se destinam a alavancar o potencial de marca. Nos últimos anos, as *alianças estratégicas* ganharam popularidade como forma de implementar estratégias de crescimento horizontal.

Estratégias de diversificação

A palavra *diversificação* tem uma ampla gama de significados associados a aspectos da atividade empresarial. Falamos sobre diversificar em novos setores, tecnologias, bases de fornecedores, segmentos de consumidores, regiões geográficas ou fontes de financiamento. Entretanto, em um contexto estratégico, ela é definida como a estratégia para entrar em mercados de produto diferentes daqueles em que uma empresa atua no presente. A Berkshire Hathaway é um bom exemplo de engajamento na diversificação; ela opera no ramo de seguros, alimentos, móveis, calçados e em diversos outros setores.

As estratégias de diversificação impõem um grande desafio aos executivos corporativos. Na década de 1970, muitas empresas norte-americanas, que enfrentavam uma concorrência mais acirrada do exterior e perspectivas de redução do crescimento em diversos setores tradicionais, passaram a atuar em setores nos quais não tinham nenhuma vantagem competitiva em particular. Acreditando que uma competência gerencial geral poderia compensar o conhecimento adquirido com a experiência em um setor, os executivos achavam que, pelo fato de serem bem-sucedidos em seus próprios setores, poderiam ter o mesmo sucesso em outros. As experiências subsequentes mostraram que esses executivos superestimaram sua competência e, nessas circunstâncias, ser maior era pior, não melhor.

Estratégias de diversificação podem ser motivadas por várias razões, incluindo o desejo de criar crescimento de receita, aumentar a lucratividade por meio de recursos compartilhados e sinergias, reduzir a exposição da empresa ao risco equilibrando o portfólio de negócios, ou uma oportunidade de explorar recursos subutilizados. Uma empresa pode ver uma oportunidade em capitalizar sua posição competitiva atual — alavancando um nome de marca forte, por exemplo — passando a operar em um mercado ou negócio relacionado. Entrar em um novo negócio também pode contrabalançar os ciclos de desempenho ou usar a capacidade ociosa.

A existência de um *grau de relacionamento* (*relatedness*) ou de um potencial de sinergia é uma consideração importante na formulação de estratégias de diversificação. Estratégias de diversificação relacionadas focam oportunidades de novos negócios que tenham aspectos em comum com o restante do portfólio da empresa. A diversificação não relacionada não dispõe desses aspectos em comum. O *relacionamento*, ou *sinergia*, pode ser definido de várias maneiras. A interpretação mais comum define-o como *vínculos tangíveis* entre unidades de negócios. Esses vínculos geralmente surgem de oportunidades de compartilhamento de atividades na cadeia de valor entre unidades de negócios relacionadas, possibilitadas pela presença de compradores, canais, tecnologias ou outros aspectos em comum. Uma segunda forma de relacionamento entre unidades de negócios baseia-se em *recursos intangíveis* em comum, tais como conhecimento ou competências. A experiência da Sony em 'miniaturizar' produtos é um bom exemplo. Uma terceira forma diz respeito à capacidade das unidades de negócios de *ganhar ou exercer poder de mercado* em conjunto. Exemplos dessa forma de relacionamento incluem a capacidade de uma empresa em oferecer subsídios cruzados a batalhas competitivas em mercados ou localidades geográficas nas quais ela oferece produtos; de tirar proveito de oportunidades recíprocas de compra; de proporcionar produtos complementares ou 'soluções completas', em vez de produtos individuais; e de enfrentar desafios de grupos de *stakeholders* ou órgãos reguladores. Uma quarta forma é o *relacionamento estratégico*, definido no tocante à semelhança entre os desafios estratégicos enfrentados por diferentes unidades de negócios. Por exemplo, uma empresa pode ter desenvolvido uma *expertise* especial em operar negócios em mercados maduros, de baixa tecnologia e de crescimento lento. Todos esses cenários oferecem às empresas uma oportunidade para explorar diferentes tipos de relacionamento — não disponíveis para concorrentes com um único negócio — e obter vantagens competitivas.

Um estudo bastante conhecido associa o desempenho de uma empresa ao *grau de relacionamento* entre seus vários negócios. Ele identifica três categorias de relacionamento com base no *coeficiente de especialização* de uma empresa, definido como a proporção da receita derivada do maior grupo individual de negócios relacionados: *empresas com negócios dominantes, empresas com negócios relacionados* e *empresas com negócios não relacionados*.[9] Empresas com negócios dominantes, como a General Motors e a IBM, derivam a maior parte de suas receitas de uma única linha de negócios. Empresas de negócios relacionados, como a General Foods, a Eastman Kodak e a Dupont, diversificam para mais de um tipo de negócio, mas mantêm uma linha de relacionamento entre os componentes de seu portfólio. Os componentes do portfólio de empresas com negócios não relacionados ou conglomerados diversificados têm pouco em comum. A Rockwell International e a Textron são exemplos de conglomerados que não dispõem de possibilidades sinérgicas entre seus produtos, mercados ou tecnologias. O estudo concluiu que empresas com portfólios estritamente relacionados tendem a mostrar melhor desempenho do que corporações amplamente diversificadas.

As seis perguntas a seguir são úteis para a avaliação dos riscos associados a uma estratégia de diversificação:[10]

1. *O que nossa empresa pode fazer melhor em seus mercados atuais do que qualquer um de nossos concorrentes?* Essa pergunta destina-se a identificar os ativos estratégicos únicos de uma empresa. Ela força a organização a pensar sobre como pode adicionar valor a uma empresa adquirida ou a um novo mercado de atuação.
2. *Quais ativos estratégicos são necessários para se ter sucesso em um mercado novo?* Dispor de *algumas* das habilidades necessárias para estabelecer uma posição em um mercado novo não é suficiente. Uma empresa deve ter, ou saber onde obter, *todas* elas.
3. *A empresa pode alcançar ou passar na frente dos concorrentes?* Se uma empresa não tem todas as habilidades requeridas para ser bem-sucedida em um mercado novo, deve saber como adquiri-las, desenvolvê-las ou torná-las desnecessárias mudando as regras da concorrência. Quando a Canon diversificou, passando a produzir fotocopiadoras além de câmeras fotográficas, não dispunha de uma força de vendas direta capaz de desafiar a Xerox em sua base de clientes de empresas grandes. Em vez de investir na força de vendas, a Canon decidiu focar as empresas de pequeno e médio portes e o mercado consumidor final por meio de revendedores estabelecidos.
4. *A diversificação separará ativos que precisam estar juntos?* Ativos corporativos são frequentemente sinérgicos. Canibalizar um ou mais ativos, cuidadosamente desenvolvidos, de um conjunto integrado criado para um mercado a fim de usá-lo em uma nova arena competitiva pode destruir as sinergias geradoras de lucro da corporação.
5. *Nossa empresa será simplesmente mais um participante no novo mercado ou será um vencedor?* As empresas diversificadas correm o risco de serem passadas para trás por seus novos concorrentes; sobretudo, se seus ativos estratégicos forem de mais fácil imitação, aquisição ou substituição do que supunham originalmente.
6. *O que a corporação pode aprender diversificando, e estamos organizados para assimilar esse aprendizado?* A diversificação propicia à empresa uma oportunidade de aprender sobre novos mercados e modelos de negócios e, portanto, sobre como melhorar os negócios existentes. Coletar, codificar e incutir de modo sistemático esse conhecimento por toda a empresa é a chave para o sucesso de longo prazo.

Porter resumiu essas considerações na forma de três testes úteis para decidir se uma iniciativa de diversificação em particular tem probabilidade de aumentar o valor para o acionista:

1. *Teste de atratividade.* O setor em que a empresa está prestes a entrar é fundamentalmente atraente sob uma perspectiva de crescimento, competitividade e lucratividade, ou ela pode criar essas condições favoráveis?
2. *Teste de custo de entrada.* Os custos de entrada são razoáveis? O horizonte de tempo até que o projeto torne-se lucrativo é aceitável? Os níveis de risco estão dentro da tolerância aceitável?

3. *Teste de melhoria*. A posição competitiva e o desempenho do portfólio, como um todo, melhoram como resultado da iniciativa de diversificação?[11]

A diversificação é uma arma poderosa do arsenal estratégico de uma corporação. No entanto, não é uma panacéia para recuperar corporações com desempenho medíocre. Se implementada com cuidado, a diversificação pode melhorar o valor para o acionista, mas precisa ser planejada no contexto da estratégia corporativa como um todo.

Fusões e aquisições

As empresas podem implementar estratégias de diversificação por meio de desenvolvimento interno, de iniciativas de cooperação (como alianças) ou de *fusões e aquisições*. O desenvolvimento interno pode ser lento e caro. As alianças envolvem todas as complicações e compromissos de um relacionamento renegociável, incluindo discussões sobre investimentos e lucro. Como resultado, um vínculo permanente com outra empresa é às vezes visto como a maneira mais fácil de diversificar. Dois termos descrevem esse tipo de relacionamento: *fusões* e *aquisições*. Uma *fusão* significa que duas empresas uniram-se para tornarem-se uma só. Uma *aquisição* ocorre quando uma empresa compra outra. Para as pessoas de fora, a diferença pode parecer pequena e menos relacionada à propriedade do que à área financeira. Entretanto, a principal diferença costuma estar no controle administrativo. Nas aquisições, a equipe administrativa do comprador tende a dominar o processo decisório da empresa combinada.

As vantagens de adquirir um participante já estabelecido no mercado podem ser atraentes. Uma aquisição pode posicionar rapidamente uma empresa em um negócio ou mercado novo. Ela também elimina um concorrente potencial e, portanto, não contribui para o desenvolvimento de excesso de capacidade.

Mas as aquisições são geralmente caras. Ágios de 30 por cento ou mais sobre o valor atual da ação não são incomuns. Isso significa que, embora seja comum os vendedores embolsarem belos lucros, a aquisição de empresas costuma causar uma perda de valor para o acionista. O processo pelo qual são tomadas as decisões de aquisição e fusão contribui para esse problema. Na teoria, as aquisições fazem parte de uma estratégia de diversificação corporativa baseada na identificação explícita dos participantes mais adequados nos setores mais atraentes como alvos de compra. As estratégias de aquisição também devem especificar uma estrutura abrangente para a *due diligence* (auditoria/análise de riscos) das empresas visadas, planos de integração das empresas adquiridas ao portfólio corporativo e uma determinação cuidadosa de 'quanto é caro demais' para ser pago.

Na prática, o processo de aquisição é bem mais complexo. Uma vez que o conselho tenha aprovado os planos de expansão para novos negócios ou mercados, ou que a empresa-alvo ou potencial tenha sido identificada, o tempo para entrar em ação é curto. As pressões para 'fazer negócio' são intensas e emanam de altos executivos, diretores e banqueiros de investimentos, que ganham com *qualquer* acordo; de grupos de acionistas; e de concorrentes apostando contra a empresa. O ambiente pode tornar-se frenético. As avaliações tendem a aumentar à medida que as corporações passam a confiar demais em sua capacidade de adicionar valor à empresa-alvo e conforme as expectativas sobre sinergias crescem. A análise de *due diligence* é conduzida mais rapidamente do que o desejável e tende a ficar limitada a considerações financeiras. O planejamento da integração fica em segundo plano. Diferenças entre culturas corporativas são desconsideradas. Nesse clima, até mesmo as estratégias mais bem desenhadas podem falhar em produzir um resultado bem-sucedido, como já foi constatado por muitas empresas e seus acionistas.

O que pode ser feito para aumentar a eficácia do processo de fusão ou aquisição? Embora não existam fórmulas de sucesso, seis temas são importantes:

1. Aquisições bem-sucedidas geralmente fazem parte de uma estratégia corporativa bem desenvolvida.
2. A diversificação por meio de aquisição é um processo contínuo e de longo prazo, que requer paciência.
3. Aquisições bem-sucedidas geralmente resultam de uma análise estratégica disciplinada, que examina setores antes de focar empresas, embora reconheça que bons negócios dependem especificamente das empresas.
4. Um adquirente pode agregar valor e, antes de prosseguir com uma aquisição, a empresa compradora deve ser capaz de especificar como o valor será criado e como serão alcançadas as sinergias.
5. A objetividade é essencial, embora seja difícil mantê-la uma vez iniciada a caçada pela aquisição.
6. A maioria das aquisições tropeça na implementação — estratégias de implementação devem ser formuladas antes que a aquisição seja concluída e executadas imediatamente após o fechamento do negócio.

Estratégias cooperativas

Estratégias cooperativas — *joint-ventures*, alianças estratégicas e outras parcerias — tornaram-se muito populares nos últimos anos. Para diversas corporações, as estratégias cooperativas capturam os benefícios do desenvolvimento interno e da aquisição ao mesmo tempo em que evitam as desvantagens de ambos.

A globalização é um fator importante no crescimento das iniciativas cooperativas. Aventurar-se sozinho em um ambiente competitivo global pode frequentemente significar assumir riscos extraordinários. Custos fixos galopantes, associados à intenção de atingir uma cobertura global de mercado e de se manter atualizado com as tecnologias mais recentes, e a crescente exposição ao risco cambial e político tornam o compartilhamento de riscos uma necessidade em muitos setores. Para muitas empresas, uma postura estratégica global sem alianças seria insustentável.

Esse tipo de estratégia assume muitas formas e é levado em consideração por muitas razões. Entretanto, a motivação fundamental em todos os casos é a capacidade da corporação de espalhar seus investimentos em um leque de opções, cada qual com um perfil diferente de risco. Essencialmente, ela troca a probabilidade de um retorno substancial pela capacidade de otimizar seus investimentos apostando em múltiplas opções. Os principais direcionadores que atraem os executivos para estratégias cooperativas incluem a necessidade de compartilhar riscos, as limitações de fundos da empresa e o desejo de ganhar acesso a mercados e a tecnologias.[12]

Compartilhamento de risco   A maioria das empresas não pode se dar ao luxo de 'apostar' na participação em todos os mercados de produto de interesse estratégico. Se a empresa estiver considerando entrar em um mercado global ou investir em novas tecnologias, a lógica dominante dita que ela priorize seus interesses estratégicos e equilibre-os de acordo com o risco.

Limitações de fundos   Historicamente, muitas empresas concentraram-se em construir uma vantagem sustentável estabelecendo liderança em *todas* as atividades de negócios que fossem criadoras de valor. Com investimento cumulativo e integração vertical, elas tentaram erguer barreiras à entrada que fossem difíceis de penetrar. Entretanto, com a acelerada globalização do ambiente empresarial e a intensificação da corrida por tecnologia, tal postura estratégica tornou-se cada vez mais difícil de sustentar. Tornar-se global sozinho já não é mais praticável em muitos setores. Para competir na arena global, as empresas devem incorrer em custos fixos imensos com um período mais curto de retorno e a um nível mais elevado de risco.

Acesso ao mercado   As empresas geralmente reconhecem que não dispõem do conhecimento prévio, da infraestrutura ou dos relacionamentos essenciais necessários à distribuição de seus produtos para novos clientes. As estratégias cooperativas podem ajudá-las a preencher essas lacunas. Por exemplo, a Hitachi tem uma aliança com a Deere & Company, na América do Norte, e com a Fiat Allis, na Europa, para distribuir suas escavadeiras hidráulicas. Esse arranjo faz sentido porque a linha de produtos da Hitachi é muito limitada para justificar uma rede de distribuição separada. Além disso, os clientes beneficiam-se porque as brechas em sua linha de produtos são preenchidas com produtos de qualidade, como tratores e carregadeiras, de seus parceiros de aliança.

Acesso à tecnologia   Um grande número de produtos depende de tantas tecnologias diferentes que poucas empresas têm condições de se manter atualizadas em todas elas.

Cada vez mais, as montadoras dependem de avanços na eletrônica, os desenvolvedores de software dependem de novos recursos entregues pela Microsoft em sua próxima geração de sistema operacional e as agências de publicidade precisam de sistemas de rastreamento de dados mais sofisticados para criar cronogramas para os clientes. Ao mesmo tempo, o ritmo acelerado com que a tecnologia espalha-se pelo mundo está tornando o tempo uma variável ainda mais importante no desenvolvimento e na sustentação da vantagem competitiva. Geralmente está além das competências, dos recursos e da sorte em P&D de qualquer corporação alcançar a vantagem tecnológica necessária para criar, de forma independente, uma ruptura no mercado. Portanto, estabelecer uma parceria com empresas tecnologicamente compatíveis para alcançar o nível de excelência requerido costuma ser essencial. A implementação de tais estratégias, por sua vez, aumenta a velocidade com que a tecnologia difunde-se ao redor do mundo.

Outras razões para buscar uma estratégia cooperativa são falta de *habilidades gerenciais* específicas, *incapacidade de agregar* valor internamente e a *falta de oportunidades de aquisição*, devido a restrições de tamanho, geográficas ou de propriedade.

As estratégias cooperativas cobrem um amplo espectro de arranjos *non-equity* (sem patrimônio), *cross-equity* (patrimônio cruzado) e *shared-equity* (patrimônio compartilhado). Selecionar o arranjo mais apropriado envolve analisar a natureza da oportunidade e dos interesses estratégicos mútuos na iniciativa de cooperação, além da experiência anterior em *joint-ventures* de ambos os parceiros. A questão essencial é: Como podemos estruturar essa oportunidade para maximizar o(s) benefício(s) para ambas as partes?

O setor de aviação proporciona um bom exemplo de alguns dos direcionadores e questões envolvidos em estabelecer alianças estratégicas. Embora nos Estados Unidos o setor já esteja desregulamentado há alguns anos, a aviação internacional permanece controlada por uma série de acordos bilaterais com traços de protecionismo. Limitações retrógradas de propriedade estrangeira distorcem ainda mais as forças naturais de mercado em direção a uma postura mais global do setor. Como consequência, as empresas aéreas têm sido forçadas a confrontar os desafios da competição global de outras maneiras. Com as aquisições e fusões bloqueadas, elas formaram todo tipo de alianças — do compartilhamento de rotas à manutenção de aeronaves e aos programas de fidelidade.

As expectativas são de que quatro grupos principais dominarão o setor de aviação em breve. A Aliança Oneworld inclui British Airways, American Airlines, Qantas, Canadian Airways e Cathay Pacific. A Star Alliance é liderada pela United Airlines e pela Lufthansa e inclui diversas empresas menores, como Thai, SAS, Air Canada, Varig, SAA, Singapore, ANA, ANX e Ansett. Um terceiro grupo, encabeçado pela KLM (agora parte da Air France) e pela Northwest, inclui a Continental e a Alitalia. O último grupo é composto pelas empresas aéreas Delta, Swissair, Sabena e Austrian.

A lógica estratégica das alianças empresariais

Segundo a consultoria Booz-Allen & Hamilton, cada fase do ciclo de vida de uma empresa tem direcionadores próprios e únicos.[13] A inovação de produto, a credibilidade e o acesso ao capital são os principais direcionadores de alianças no estágio inicial de crescimento (Figura 9.2). O valor externo, o mercado e o alcance de clientes de uma aliança são os fatores mais importantes nas fases de crescimento e consolidação. No estágio de estabilidade, o custo reduzido, o fortalecimento da cadeia de valor e a extensão de produto são os fatores mais importantes.

Com base no papel desempenhado pela aliança na estratégia corporativa dos participantes e da estrutura de liderança da *joint-venture*, distinguem-se quatro modelos de aliança: franquia, portfólio, cooperativo e constelação (Figura 9.3).

1. Quando os *gaps* na cadeia de valor de uma organização são maiores do que a capacidade de qualquer parceiro em preenchê-los, os gerentes podem recorrer ao modelo de *franquia*. Nesse modelo, uma empresa desenvolve uma estrutura de aliança que pode ser facilmente replicada para uma classe de parcerias. A Nintendo usa o mo-

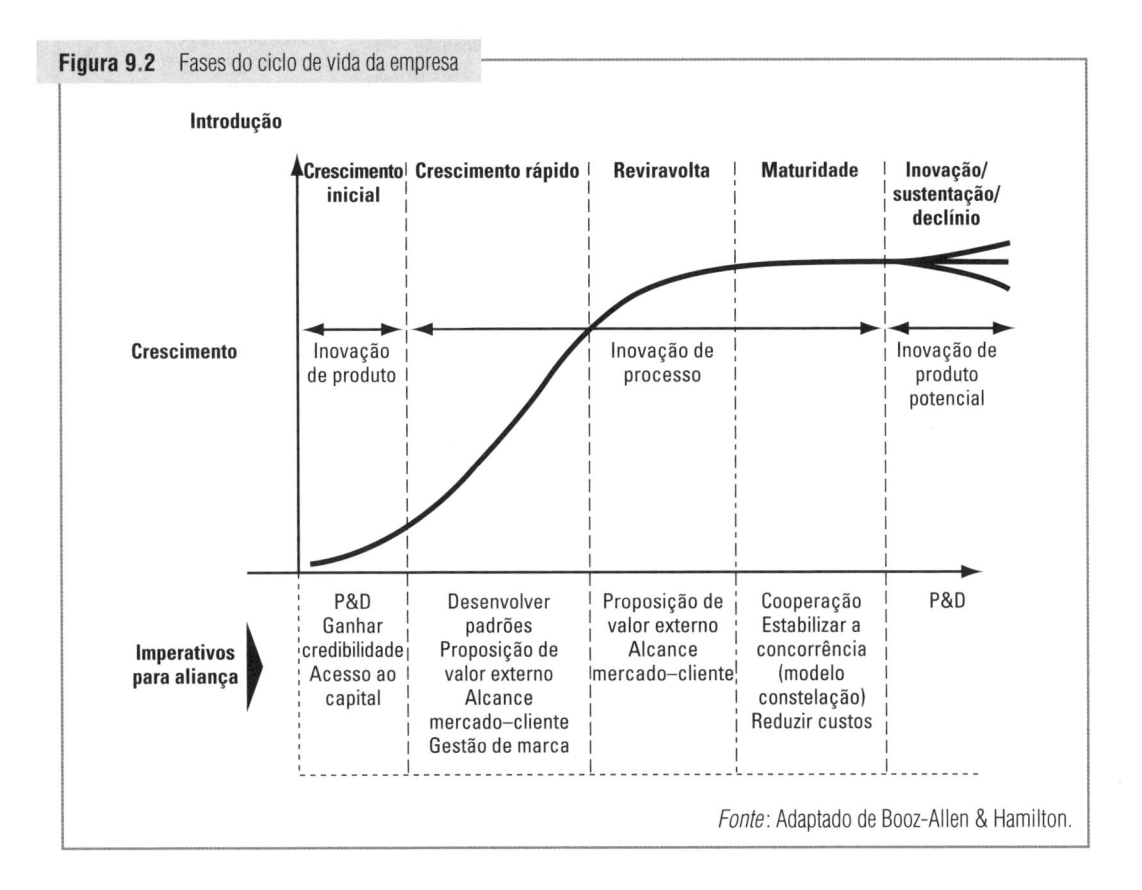

Figura 9.2 Fases do ciclo de vida da empresa

Fonte: Adaptado de Booz-Allen & Hamilton.

Figura 9.3 Modelos de arquiteturas de alianças

- **Necessidade de competências adicionais** (eixo vertical)
- **Número de papéis nas alianças**: Várias (*gaps* múltiplos) / Uma (*gap* único)
- **Estrutura de liderança** (eixo horizontal): Entidade única / Coalizão
- **Necessidade de envolver parceiras**

Quadrantes:
- **Portfólio** (ex: Time Warner, AT&T) — *Alianças de múltiplas classes administradas como portfólio de uma única empresa*
- **Constelação** (ex: Mondex, Excite@Home) — *Alianças múltiplas interdependentes lideradas por duas ou mais parceiros de tamanho comparável* — **Ativos posicionais**
- **Franquia** (ex: McDonald's, Nintendo) — *Aliança entre a empresa e uma classe distinta de parceiros*
- **Cooperativo** (ex: Visa, Tri-Star) — *Alianças entre muitas parceiras de tamanho comparável*

Fonte: Adaptado de Booz-Allen & Hamilton.

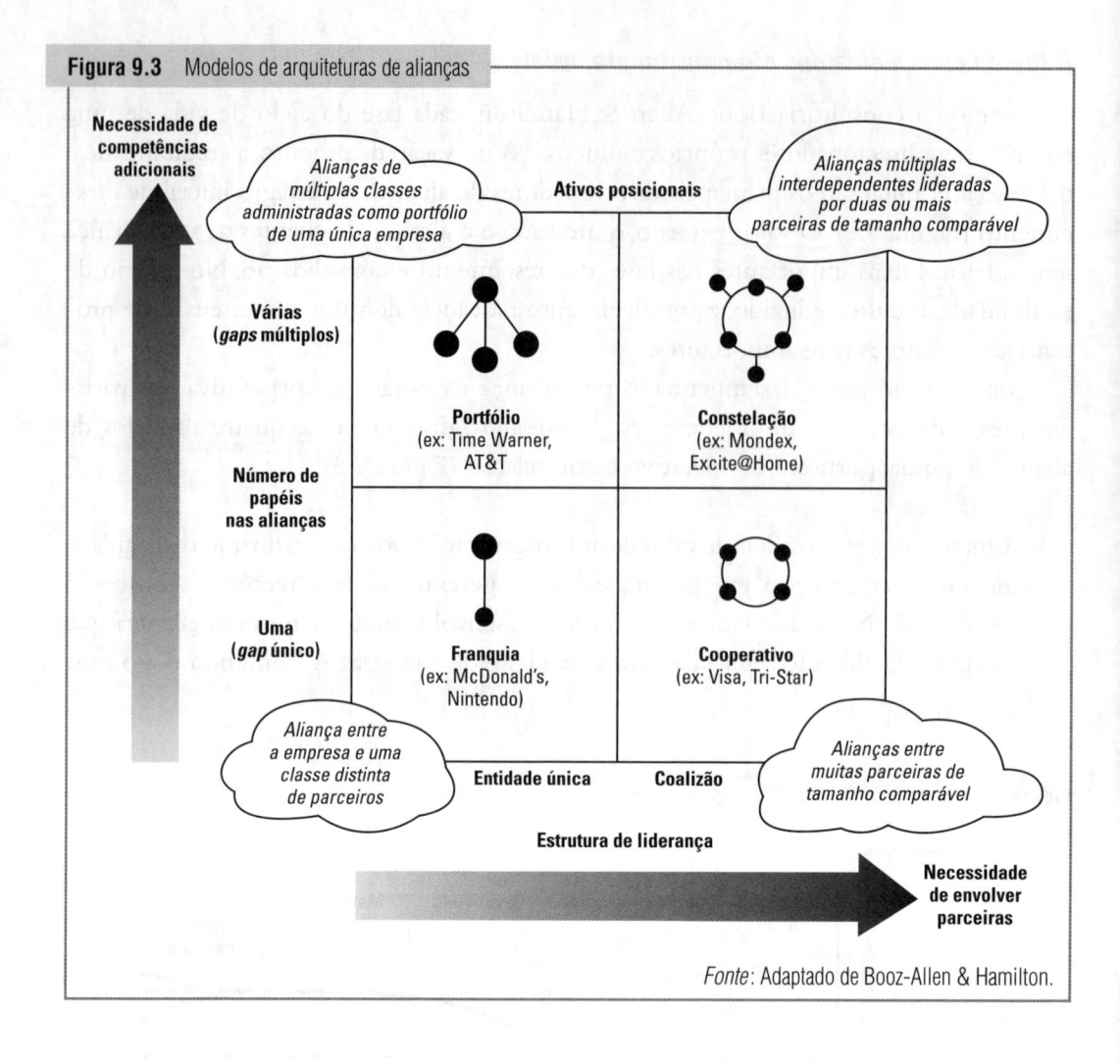

delo de franquia para suprir uma necessidade de competência essencial — o desenvolvimento de jogos para seus consoles.

2. O modelo de *portfólio*, também conhecido como *hub-and-spoke*, envolve o estabelecimento de múltiplas alianças gerenciadas como um portfólio único. Uma empresa atua como o *hub* (catalisador) das alianças e administra os parceiros externos. A AT&T e a Time Warner utilizam essa abordagem.

3. No modelo *cooperativo*, a aliança está no centro. O relacionamento com os clientes passa de membros de uma empresa individual para o centro da aliança. Nenhuma empresa fica no controle; em vez disso, todos os parceiros trabalham juntos, com o mesmo objetivo unificador. A Tri-Star — uma aliança entre CBS, Columbia Pictures e HBO — é um exemplo de modelo cooperativo.

4. Empresas que usam o modelo *constelação* desenvolvem estratégias de avanço destinadas a colocar os concorrentes na defensiva. Uma constelação requer um centro

próprio, focado na criação de valor para a entidade expandida nas áreas de liderança estratégica, gestão de competências, identidade, controle e capital. Por exemplo, entrar no setor de *e-procurement* exige um número considerável de parceiros que possam desempenhar papéis múltiplos em alianças, o que pode ser facilitado pelo design de um modelo de constelação.

O Boston Consulting Group trouxe uma visão adicional ao papel estratégico das alianças, que as divide em quatro grupos, dependendo se os participantes são concorrentes e da profundidade/amplitude relativa da aliança em si (Figura 9.4):

1. *Alianças de expertise* caracterizam-se por reunir empresas não concorrentes para compartilhar experiências e competências específicas. A terceirização dos serviços de tecnologia da informação constitui um bom exemplo.
2. *Alianças de novos negócios* são parcerias focadas na entrada em um novo negócio ou mercado. Por exemplo, muitas empresas formaram parcerias para fazer negócios em novas regiões do mundo (como a China).
3. *Alianças cooperativas* representam esforços conjuntos entre empresas concorrentes para obter massa crítica ou economias de escala. É o caso de concorrentes que se juntam em busca de um plano de saúde mais econômico para seus funcionários ou de ações combinadas de compras.
4. *Alianças do tipo fusões e aquisições*, como o nome indica, enfocam a quase completa integração, mas são impedidas de fazer isso por restrições regulatórias legais (setor de aviação) ou por condições desfavoráveis do mercado acionário.

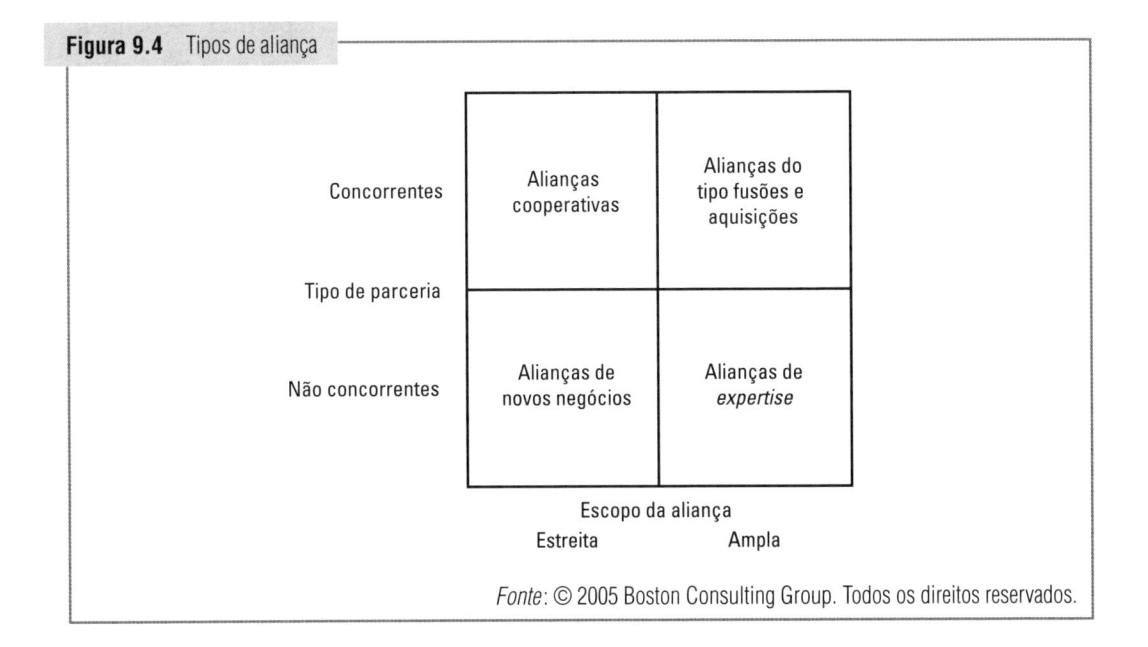

Figura 9.4 Tipos de aliança

	Escopo da aliança Estreita	Escopo da aliança Ampla
Concorrentes	Alianças cooperativas	Alianças do tipo fusões e aquisições
Não concorrentes	Alianças de novos negócios	Alianças de *expertise*

Tipo de parceria

Fonte: © 2005 Boston Consulting Group. Todos os direitos reservados.

O BCG descobriu que, enquanto as alianças de *novos negócios* representavam uma clara maioria (mais de 50 por cento), as de *expertise* eram as mais favorecidas pelo mercado acionário e as do tipo *fusões e aquisições*, as menos favorecidas. Não surpreende o fato de que as do tipo fusões e aquisições tenham fraco desempenho, uma vez que esse tipo de aliança surge em resposta a condições regulatórias e mercadológicas desfavoráveis.[14]

Crescimento e risco estratégico[15]

Estratégias de crescimento distintas envolvem diferentes tipos e níveis de risco estratégico. Um estudo conduzido pela Bain International sugere que podemos medir o risco estratégico com base no quanto uma iniciativa de crescimento afasta uma empresa das forças estabelecidas de seu negócio central. Essa distância é medida em cinco dimensões principais (veja a Figura 9.5). Cada iniciativa de crescimento é caracterizada quanto ao número de passos que ela dista dessas dimensões centrais, que são decorrentes de determinado movimento estratégico. Isso é calculado por meio da avaliação do grau de compartilhamento entre o negócio central e a oportunidade de crescimento.

À medida que uma empresa afasta-se do negócio central, sua taxa de sucesso normalmente diminui e seu risco estratégico aumenta (Figura 9.6). Além disso, as chances de sucesso variam com o *tipo* de adjacência que define uma iniciativa de crescimento em particular. Por exemplo, uma expansão geográfica ou a introdução de um produto novo em uma localidade que já faça parte da base de atuação é, de modo geral, menos arriscada do que visar a novos clientes ou canais. Integrar para a frente ou para trás ao longo da cadeia de valor ou entrar em um negócio totalmente novo é ainda mais arriscado (Figura 9.7).

Juntas, essas duas dimensões de risco estratégico — a distância do negócio central e o tipo de adjacência estratégica representam uma iniciativa de crescimento específica — definem um *heat map* (mapa de temperatura/calor) do risco estratégico, que é útil para gerenciar o perfil de risco de uma estratégia de crescimento corporativo no geral (Figura 9.8). O mapa sugere, por exemplo, que uma estratégia de crescimento formada somente por movimentos de adjacência 'Passo 3' é perigosa e deve ser reexaminada com um olho na redução do risco estratégico.

Desinvestimentos: vendas (*sell-offs*), desmembramentos (*spin-offs*) e liquidações

Às vezes, as empresas enfrentam a perspectiva de ter de se desfazer de uma ou mais linhas de negócios. A venda (*sell-off*) de uma UEN para um concorrente ou seu desmembramento (*spin-off*) em uma empresa separada faz sentido quando a análise confirma que a corporação não é a matriz apropriada para o negócio. Nessas circunstâncias, é possível

Figura 9.5 Distância do negócio central

A distância do negócio central é medida em cinco dimensões

	Clientes compartilhados	Custos compartilhados	Canais compartilhados	Concorrentes compartilhados	Competências/ tecnologias compartilhadas
Negócio central	●	●	●	●	●
Adjacências de 1 passo	●	●	○	◐	◕
Adjacências de 2–3 passos	◐	◐	○	◐	◐
Adjacências de múltiplos passos	○	◐	●	○	◐
Diversificação	○	◕	○	○	◐
Dimensões principais	✓	✓			

● Compartilhamento total
◐ Compartilhamento parcial
○ Nenhum compartilhamento

Fonte: Uso permitido pela Bain & Co. © 2005 Bain & Company Inc., 131 Dartmouth Street, Boston, Massachusetts 02116, Estados Unidos da América. Todos os direitos reservados.

Figura 9.6 Adjacência e risco estratégico

Afastar-se do negócio central quase sempre garante o fracasso

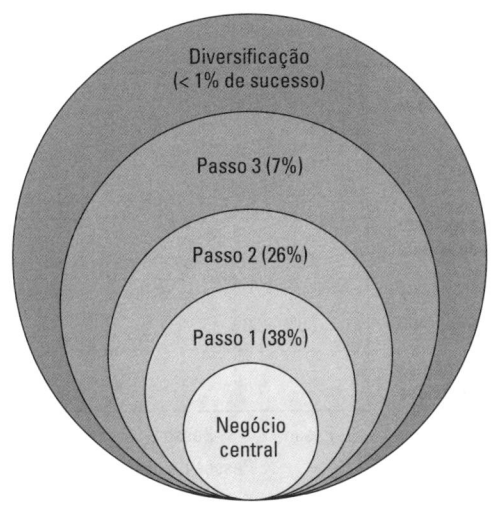

- Diversificação (< 1% de sucesso)
- Passo 3 (7%)
- Passo 2 (26%)
- Passo 1 (38%)
- Negócio central

Fonte: Uso permitido pela Bain & Co. © 2005 Bain & Company Inc., 131 Dartmouth Street, Boston, Massachusetts 02116, Estados Unidos da América. Todos os direitos reservados.

Figura 9.7 Tipos de adjacências e risco estratégico

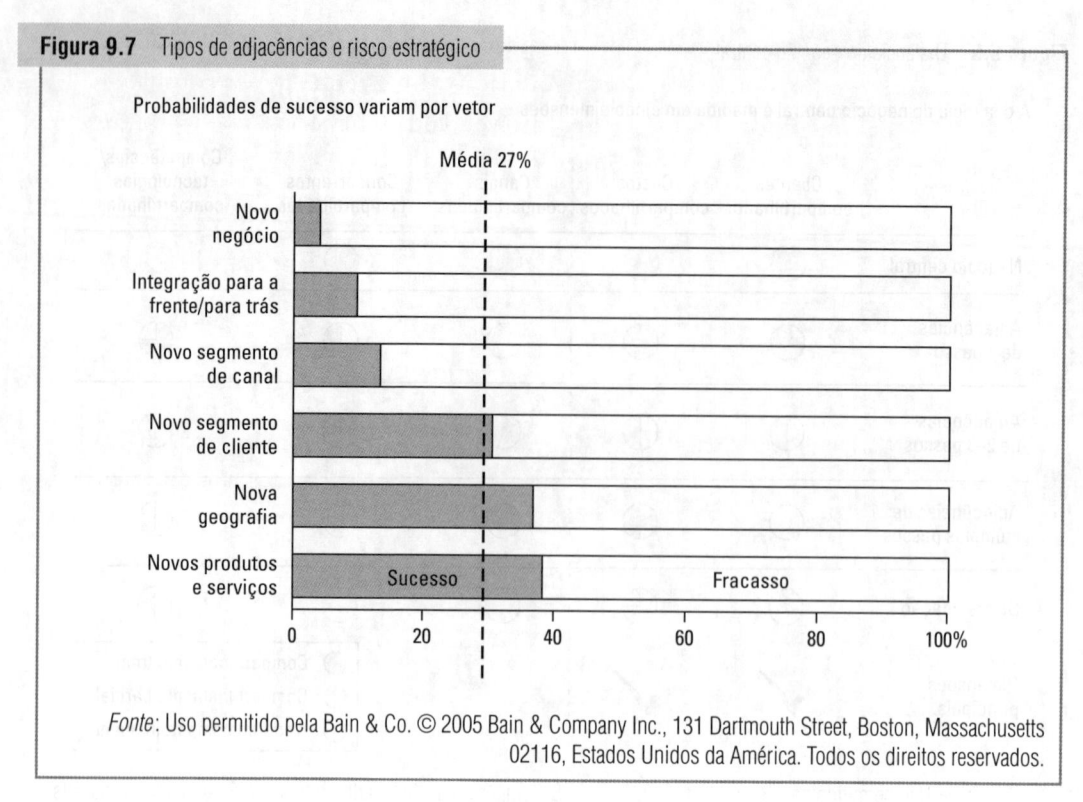

Probabilidades de sucesso variam por vetor

Média 27%

- Novo negócio
- Integração para a frente/para trás
- Novo segmento de canal
- Novo segmento de cliente
- Nova geografia
- Novos produtos e serviços

Sucesso | Fracasso

0   20   40   60   80   100%

Fonte: Uso permitido pela Bain & Co. © 2005 Bain & Company Inc., 131 Dartmouth Street, Boston, Massachusetts 02116, Estados Unidos da América. Todos os direitos reservados.

Figura 9.8 Perfil de sucesso de crescimento estratégico

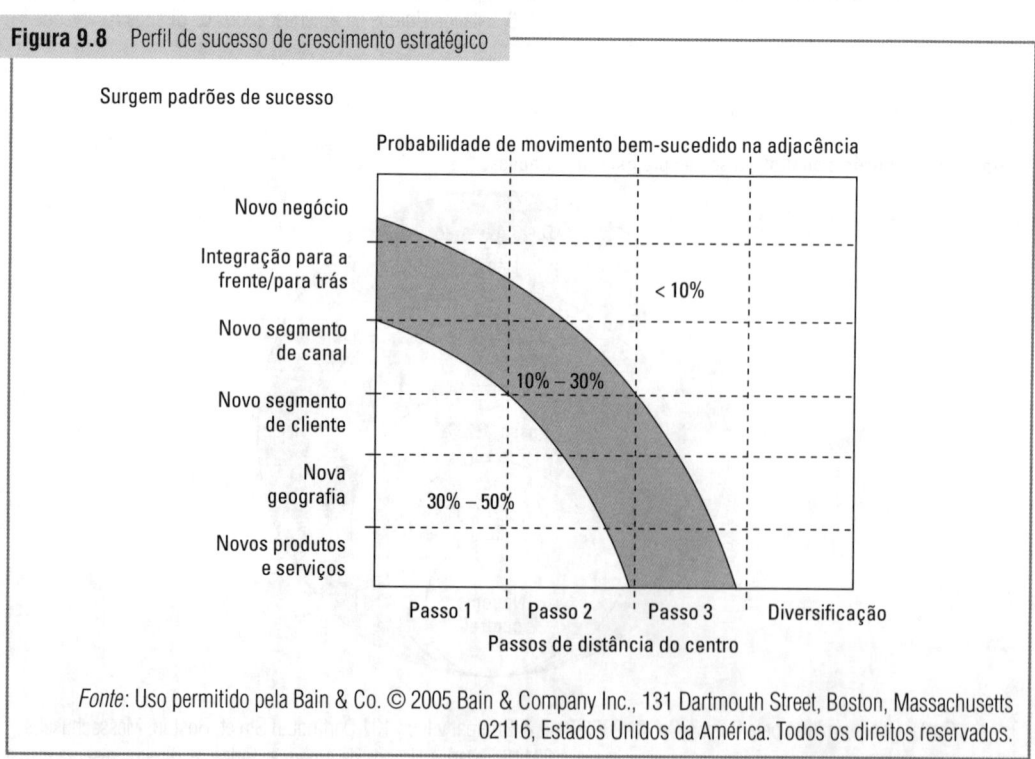

Surgem padrões de sucesso

Probabilidade de movimento bem-sucedido na adjacência

- Novo negócio
- Integração para a frente/para trás
- Novo segmento de canal
- Novo segmento de cliente
- Nova geografia
- Novos produtos e serviços

< 10%
10% – 30%
30% – 50%

Passo 1   Passo 2   Passo 3   Diversificação

Passos de distância do centro

Fonte: Uso permitido pela Bain & Co. © 2005 Bain & Company Inc., 131 Dartmouth Street, Boston, Massachusetts 02116, Estados Unidos da América. Todos os direitos reservados.

agregar valor dando aos mercados a oportunidade de decidir o destino do negócio. Se não houver compradores potenciais, uma liquidação talvez tenha de ser considerada.

Um bom exemplo é fornecido pela recente venda da Chrysler para a Cerberus, uma empresa de *private equity*, por $ 7,4 bilhões, três meses após a DaimlerChrysler anunciar que 'todas as opções' estavam sobre a mesa para a unidade norte-americana em dificuldades da Chrysler. A Cerberus venceu outras duas proponentes: uma parceria entre rivais em *private equity*, Blackstone Group e Centerbridge Capital Partners, e um fabricante canadense de autopeças, a Magna International.

A nova empresa passou a se chamar Chrysler Holding, e a antiga matriz alemã, Daimler, sujeito à aprovação em uma futura reunião extraordinária de acionistas. A Daimler-Benz havia pagado $ 36 bilhões pela Chrysler em 1998 no que foi chamado na época de 'fusão de iguais'. O *spin-off* resultou em um casamento muito infeliz. Sob os termos do acordo, a Cerberus investirá $ 5 bilhões na nova empresa, sendo $ 1,45 bilhão para a DaimlerChrysler que, por sua vez, afirmou que investiria $ 600 milhões na nova Chrysler. A Cerberus também investirá $ 1,05 bilhão no braço financeiro da Chrysler — uma atrativa sinergia para a empresa de *private equity*, que já possuía 51 por cento de participação na GMAC, o negócio financeiro da General Motors.

Desvantagens

Uma motivação fundamental para dividir uma empresa grande em duas ou mais unidades independentes é proporcionar valor para os acionistas. O valor, no entanto, pode ser ilusório. Para cada desmembramento bem-sucedido, dois fracassam em atingir seu potencial. É vital, portanto, que executivos, conselhos de administração e especialmente gerentes sêniores das unidades desmembradas entendam as pressões especiais sob as quais as empresas *spin-off* trabalham, para que possam desenvolver e executar estratégias de crescimento que cumpram as expectativas.

O que distingue uma *spin-off* de sucesso? A análise de empresas desmembradas que geraram retornos excelentes para os acionistas, como o desmembramento do conglomerado Marriott na Host Marriott Corporation e na Marriott International, Inc. ou o desmembramento da American Express Corporation da Lehman Brothers Holdings Inc., em 1994, sugere três fatores principais de sucesso:

1. *Assegurar que tanto a corporação controladora quanto a unidade desmembrada tenham estruturas de negócio e financeira viáveis.* A decisão de uma empresa de desmembrar uma divisão frequentemente é desencadeada pelo fraco desempenho da controladora. Um desempenho financeiro insuficiente pode deixar as controladoras tentadas a melhorar seus balanços onerando a empresa recém-criada. Nesse caso, as empresas

desmembradas têm mais probabilidade de falir do que a controladora, porque esta as sobrecarrega de dívidas, contratos onerosos e ativos depreciados.

2. *Atender ou superar as expectativas de lucro.* Isso é importante para todas as empresas, porém mais ainda para uma *spin-off*, especialmente em seus dois primeiros anos de vida, quando a bolsa de valores está formando sua visão sobre a qualidade e a confiabilidade da equipe de gestão da nova empresa independente. Deixar de gerar lucro nesse período crítico tem um efeito maior sobre o preço da ação de uma *spin--off* do que sobre o preço médio das ações das empresas que negociam seus títulos.

3. *Crescimento contínuo.* O terceiro passo de um desmembramento bem-sucedido é o crescimento contínuo. Um crescimento do lucro nivelado com o crescimento do PIB normalmente implica um retorno abaixo da média para os acionistas e, portanto, não é bom o suficiente para atrair novos investidores.[16]

Notas

1. CHANDLER, A.D. "The enduring logic of industrial success", *Harvard Business Review*, mar./abr. 1990, p. 130–140.
2. CALTHROP, Paul. "Define the core: strategy as choice", *Management Ideas in Action*, Bain International, nov. 2001.
3. CALTHROP, Paul. "Driving a business to its full potential", *Management Ideas in Action*, Bain International, dez. 2001/jan. 2002.
4. Ibid, op. cit.
5. DAY, George S. "Which way should you grow", *Harvard Business Review*, jul./ago. 2004, p. 24–26.
6. PEARCE II, J.A.; HARVEY, J.W. "Concentrated growth strategies", *Academy of Management Executive*, fev. 1990, p. 61–68.
7. STUCKEY, John; WHITE, David. "When and when not do vertically integrate", *Sloan Management Review*, primavera 1993, p. 71–83.
8. BUZZELL, R.D.; GALE, B.T. *The PIMS principles: linking strategy to performance.* Nova York: The Free Press, 1987.
9. RUMELT, R.P. *Strategy, structure, and economic performance.* Cambridge: Harvard University Press, 1974.
10. MARKIDES, C.C. "To diversify or not to diversify?", *Harvard Business Review*, nov./dez. 1997, p. 93–99.
11. PORTER, Michael E. "From competitive advantage to corporate strategy", *Harvard Business Review*, maio/jun. 1987, p. 46.
12. *A practical guide to alliances: leapfrogging the learning curve.* Los Angeles: Booz Allen & Hamilton, 1993.
13. Esta seção foi baseada em HARBISON, J.R.; VISCIO, A.; PEKAR, JR. P.; e MOLONEY, D. *The allianced enterprise: breakout strategy for the new millennium.* Los Angeles: Booz-Allen & Hamilton, Inc., 2000.
14. COOLS, Kees; ROOS, Alexander. *The role of alliances in corporate strategy*, The Boston Consulting Group, 2005.
15. Esta seção foi baseada em CALTHROP, Paul. "A common language of strategic risk", *Management Ideas in Action*, Bain International, out. 2003.
16. LUCIER, Chuck; DYER Jan; e ADOLPH, Gerald. "Breaking up is hard to do — and to manage", *Strategy + Business*, 3º trimestre 2002.

CAPÍTULO 10

ESTRATÉGIA CORPORATIVA: GESTÃO DE PORTFÓLIO

Introdução

O Capítulo 9 focou a escolha das empresas sobre em *quais negócios e mercados entrar ou de quais deles sair*, isto é, as decisões sobre como moldar o *portfólio de negócios* no qual uma empresa está engajada. Neste capítulo, vamos lidar com o segundo componente da estratégia corporativa — encontrar meios para criar valor fazendo *escolhas sobre como gerenciar o portfólio*. Três perspectivas serão identificadas — os pontos de vista de portfólio, baseado em valor e baseado em recursos — e seus méritos relativos serão avaliados. Em seguida, examinaremos a importância do estilo adotado por uma corporação para gerenciar e manter seu portfólio de negócios. Segue-se uma descrição de práticas de planejamento estratégico no nível corporativo e uma discussão sobre as estratégias horizontais destinadas a realizar sinergias potenciais e a criar uma cultura sem fronteiras em um portfólio de negócios. Concluímos o capítulo com uma discussão sobre como avaliar opções de estratégia no nível corporativo.

Gerenciando um portfólio de negócios

Uma pesquisa realizada pelo Ashridge Strategic Management Center sugere que a maioria das corporações com múltiplos negócios destrói, em vez de criar, valor para o acionista, pelo menos em parte de seus portfólios.[1] Quatro causas de destruição de valor são citadas: (1) efeitos negativos da influência de altos executivos sobre as empresas, (2) a busca por sinergias ilusórias na construção de um portfólio de negócios, (3) o comportamento restritivo de gerências corporativas e (4) aquisição inoportuna. Grandes fusões, em geral, e combinações de alta tecnologia, em particular, tendem a causar uma perda de rumo nos negócios. Fundir diferentes culturas corporativas e linhas de produto pode levar anos — uma eternidade no mundo hipercompetitivo da alta tecnologia. Isso não significa que as oportunidades para realizar economias de escala e de escopo devam ser ignoradas. Ao contrário, essas descobertas sugerem que o maior nem sempre é melhor e que há uma compensação entre tamanho e complexidade organizacional, ao se gerir uma corporação de múltiplos negócios.[2]

Perspectivas iniciais: modelo de gestão do tipo 'estrutura segue a estratégia'

Uma pesquisa inicial sobre os desafios associados ao gerenciamento de um portfólio diversificado de negócios focou a relação entre a estratégia e a estrutura organizacional de corporações grandes e diversificadas. Essa pesquisa documentou a evolução da estrutura organizacional *multidivisional* (denominada *M-form*, ou forma M) na década de 1960 e instigou administradores a criar um *ajuste* entre estrutura e estratégia para que a "estrutura seguisse a estratégia".[3] Em parte, essa teoria foi desenvolvida para justificar a existência da forma 'pura' de conglomerado, na qual as unidades de negócios têm pouco ou nada em comum e, portanto, não dispõem do potencial para realizar economias de escopo. A diversificação não relacionada foi justificada com o argumento de que os conglomerados podem gerar ganhos de eficiência mesmo quando baseados em características de governança, tais como uma organização multidivisional.[4] A tese era que conglomerados com estrutura *M-form* podiam alocar recursos de capital e coordenar atividades divisionais com mais eficácia do que o mercado de capital externo e que a administração corporativa possuía informações e vantagens de controle sobre investidores privados, o que lhes permitia gerar retornos superiores.

Abordagem BCG para gestão de portfólio

Na década de 1970, o Boston Consulting Group (BCG) introduziu a famosa *matriz crescimento/participação*, que continua sendo uma das mais duradouras técnicas de análise de portfólio.[5] Ela foi desenvolvida também para auxiliar os executivos corporativos que lutavam para criar uma lógica e formular uma estratégia coerente para sua gama diversificada de divisões semiautônomas, sobre as quais eles geralmente sabiam pouco.

A abordagem BCG de análise de portfólio baseia-se na premissa de que empresas multidivisionais, com múltiplos produtos, possuem uma vantagem diferencial sobre empresas não diversificadas: a capacidade de canalizar recursos para as unidades mais produtivas. Uma empresa diversificada pode usar a força de uma unidade para impulsionar a expansão de outra. Essa capacidade de integrar padrões de investimentos entre negócios diferentes permite otimizar o desempenho do portfólio como um todo, em vez de focar o desempenho de unidades individuais. Para atingir essa alocação ótima de recursos, a abordagem BCG reconhece um papel para cada unidade estratégica de negócios da corporação e integra esses papéis em uma abordagem global de portfólio. Os papéis dos produtos são atribuídos com base no potencial de fluxo de caixa e na posição de custo de uma unidade de negócios em relação a seus principais concorrentes. Diferenças no crescimento e no potencial de fluxo de caixa determinam como os fundos são alocados no portfólio.

A análise começa com a construção da *matriz crescimento/participação* para a empresa e seus principais concorrentes. Um gráfico bidimensional é traçado para cada unidade de negócios, de acordo com sua participação de mercado relativa e com a taxa de crescimento que caracteriza seu mercado, como mostra a Figura 10.1.

Embora o posicionamento das unidades de negócios na matriz seja feito, em geral, subjetivamente, é possível aumentar a sofisticação do modelo representando uma unidade de negócios por um círculo, cujo tamanho é proporcional ao total das vendas anuais em dólares. Um segmento do círculo, então, é sombreado para indicar a participação de mercado relativa da empresa.

Também é possível ser mais específico sobre o posicionamento apropriado de uma empresa em um quadrante. Mercados de alto crescimento geralmente apresentam taxas de crescimento maiores que 10 por cento ao ano, e produtos com alta participação ocupam posições de liderança em seus mercados (ou seja, têm uma participação de mercado relativa de no mínimo 1,0). Portanto, os pontos médios nos eixos horizontal e vertical podem ser mostrados como 0,10 e 1,00, respectivamente.

A matriz BCG está dividida em quatro quadrantes, cada um representando uma posição de crescimento/participação diferente. Os *pontos de interrogação* são negócios com baixa participação/alto crescimento. Normalmente, eles representam produtos novos com grande potencial futuro de vendas. São necessários investimentos de capital substanciais para melhorar a participação de cada negócio de uma posição de entrada de 'mais um' para uma posição de líder no mercado. *Estrelas* são negócios com alta participação/alto crescimento que podem ou não ser autossuficientes no que se refere à necessidade de caixa. Se administrados com sucesso, serão as futuras vacas leiteiras da empresa. *Vacas leiteiras* são negócios com alta participação/baixo crescimento que geram grandes quantias de caixa — muito mais do que podem reinvestir lucrativamente e, portanto, uma fonte de fundos. *Abacaxis* (ou *cachorros*, conforme denominação original) são negócios com baixa participação/baixo crescimento; eles não geram tampouco requerem muito caixa. Como algum nível de investimento sempre é necessário e o retorno, quando muito, é modesto, esses negócios costumam ser 'armadilhas de caixa'.

Conforme definido pelo Boston Consulting Group, a maneira como os negócios se movimentam pelo gráfico, ao longo do tempo, reflete as ações estratégicas da empresa e as forças evolucionárias que atuam no setor. Por exemplo, se forem feitos investimentos apenas no nível de manutenção de participação, as forças de mercado farão todos os negócios moverem-se para baixo e, por fim, acabarão como abacaxis. A principal tarefa estratégica, portanto, é redirecionar o excesso de caixa gerado pelas vacas leiteiras para

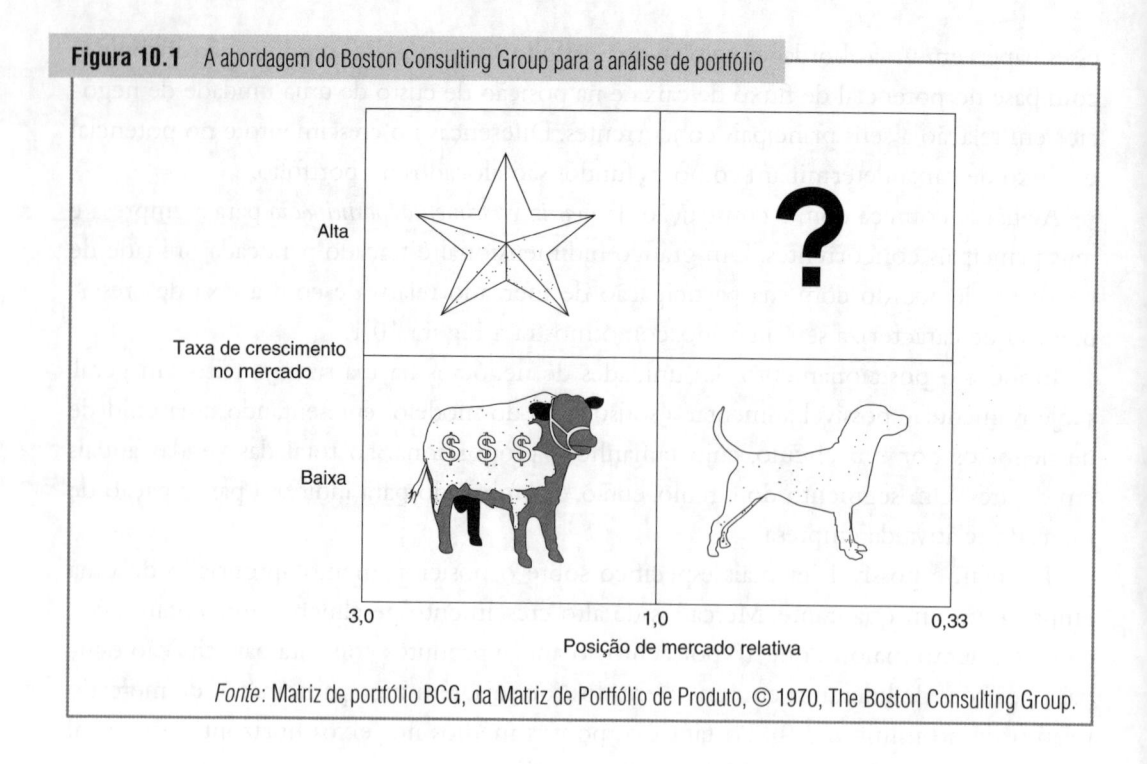

Figura 10.1 A abordagem do Boston Consulting Group para a análise de portfólio

Fonte: Matriz de portfólio BCG, da Matriz de Portfólio de Produto, © 1970, The Boston Consulting Group.

financiar aumentos de participação de mercado para os negócios mais promissores do portfólio — pontos de interrogação selecionados, cujas posições sejam fortes o suficiente para se tornarem estrelas. Sob essa filosofia, os pontos de interrogação com uma posição competitiva relativamente fraca devem ser desinvestidos ou mantidos sob uma doutrina de 'sem alocação de fundos'. Os abacaxis podem permanecer no portfólio, contanto que contribuam para o fluxo de caixa e não vinculem quantias desproporcionais de capital de giro que possam ter melhor uso.

Essas perspectivas sobre a estratégia são baseadas na conclusão de que a alta participação de mercado e a lucratividade estão fortemente correlacionadas em muitas situações de mercado estável. Portanto, a liderança de mercado torna-se uma meta estratégica apropriada em mercados de alto crescimento, e maximizar a geração de caixa é desejável em mercados de baixo crescimento, onde ganhos de participação são mais custosos de obter. Quantos e quais negócios selecionar para crescer depende de suas forças competitivas relativas, do custo de conquistar a liderança de mercado e do fluxo de caixa gerado por outros negócios do portfólio.

Os efeitos da curva de experiência são fatores importantes para explicar a correlação entre participação de mercado e lucratividade. Para muitos negócios de manufatura, por exemplo, uma grande porcentagem das variações na lucratividade pode ser explicada por diferenciais em custo competitivo, que refletem diferenças na experiência dos concorrentes. A empresa com o maior volume cumulativo de produção frequentemente tem o menor custo unitário, o que se traduz em maior fluxo de caixa.

No entanto, o argumento de forte correlação entre participação de mercado e lucratividade nem sempre é justificado e, portanto, deve ser aplicado com cuidado. Decisões ruins de investimento podem desgastar a capacidade de um líder de mercado em gerar caixa. A experiência em uma tecnologia ou em produtos relacionados — chamada de 'experiência compartilhada' — é, às vezes, tão importante quanto uma experiência direta. Além disso, para empresas de serviços, efeitos de experiência podem ser menos pronunciados.

Modelo *Business Screen* da General Electric

Pouco depois de o Boston Consulting Group ter lançado sua abordagem de análise de portfólio, a General Electric e a McKinsey & Company desenvolveram uma matriz ligeiramente mais complexa. Apresentada na Figura 10.2, a abordagem *Business Screen*, da General Electric, usa nove células para descrever o portfólio de uma empresa. Em vez de classificar um mercado com base apenas na taxa de crescimento, ela usa a *atratividade do setor* no longo prazo, definida de forma a incluir fatores como taxa de crescimento setorial, intensidade do investimento, intensidade tecnológica, influência governamental e outros fatores regulatórios. Além disso, em vez de caracterizar a posição de um negócio apenas em termos de participação de mercado, ela define a *força do negócio* com relação a participação de mercado, força tecnológica, coesão e profundidade da gerência e acesso a recursos financeiros. Com base na interseção da classificação de uma empresa quanto à atratividade do setor e quanto à força do negócio, o modelo *Business Screen* prescreve estratégias de crescimento/investimento, investimento/lucro seletivo ou corte/desinvestimento.[6]

Estrutura estratégica corporativa ativada pelo mercado da McKinsey[7]

A matriz BCG de crescimento/participação e a da McKinsey de nove células estratégicas foram criadas para mapear os mercados de produto em que as empresas vendem bens e serviços aos clientes. Considerando-se que uma estratégia abrangente também deve contribuir para uma matriz obter no mercado o controle corporativo — em que as unidades de negócios em si são compradas, vendidas, desmembradas e privatizadas —, a McKinsey desenvolveu uma ferramenta analítica adicional chamada de estrutura de Macs (estratégia corporativa ativada pelo mercado, do inglês, *market-activated corporate strategy*).

Assim como a antiga matriz de nove células, a Macs inclui uma medida do valor independente de cada unidade de negócios dentro da corporação, mas acrescenta um indicador da adequação da unidade de negócios para a venda a outras empresas. Essa nova medida é o que torna a Macs especialmente útil.

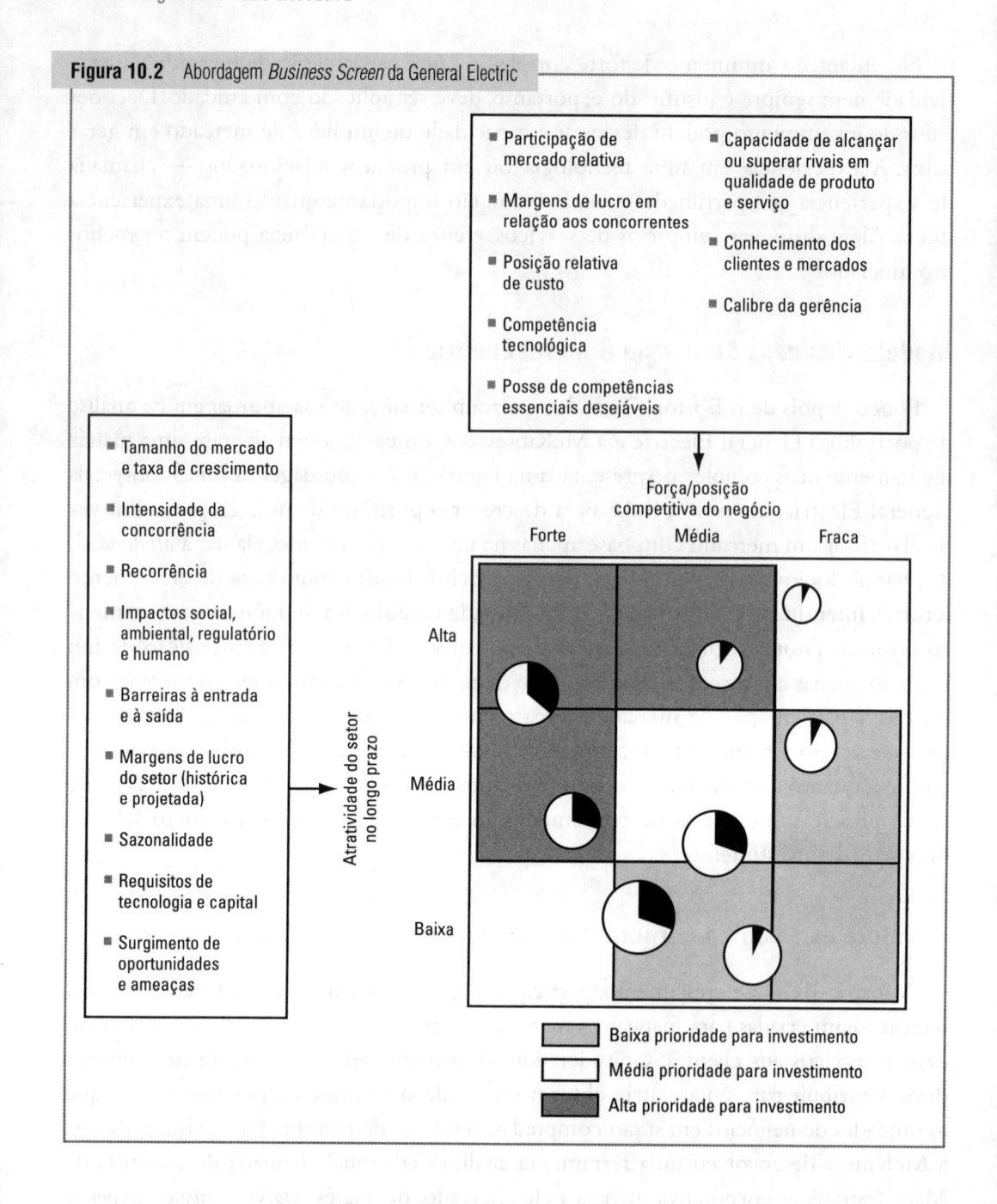

Figura 10.2 Abordagem *Business Screen* da General Electric

- Participação de mercado relativa
- Margens de lucro em relação aos concorrentes
- Posição relativa de custo
- Competência tecnológica
- Posse de competências essenciais desejáveis

- Capacidade de alcançar ou superar rivais em qualidade de produto e serviço
- Conhecimento dos clientes e mercados
- Calibre da gerência

- Tamanho do mercado e taxa de crescimento
- Intensidade da concorrência
- Recorrência
- Impactos social, ambiental, regulatório e humano
- Barreiras à entrada e à saída
- Margens de lucro do setor (histórica e projetada)
- Sazonalidade
- Requisitos de tecnologia e capital
- Surgimento de oportunidades e ameaças

Atratividade do setor no longo prazo

Força/posição competitiva do negócio

Forte | Média | Fraca

Alta | Média | Baixa

- Baixa prioridade para investimento
- Média prioridade para investimento
- Alta prioridade para investimento

A principal contribuição da estrutura Macs é que ela reconhece que a capacidade de uma corporação para extrair valor de uma unidade de negócios deve ser comparada externamente em relação à de outros potenciais proprietários e levada em conta na decisão quanto a vender ou manter a unidade em questão. A premissa básica é que tal decisão não deve ser tomada somente com base na avaliação da unidade de negócios sob uma perspectiva isolada. Em vez disso, do ponto de vista da Macs, as decisões sobre a venda de uma unidade de negócios devem ter menos a ver com sua real falta de atratividade (a principal preocupação da matriz de nove células) e mais com a avaliação sobre a aptidão de uma empresa, por qualquer motivo, para administrá-la.

Na matriz Macs, os eixos da conhecida estrutura de nove células que medem a atratividade setorial e a capacidade competitiva da unidade de negócios transformaram-se em um único eixo horizontal, representando o *potencial* da unidade de negócios *de criar valor como um empreendimento independente*. O eixo vertical na Macs representa a *capacidade* da matriz, *em relação a outros potenciais proprietários, de extrair valor* de uma unidade de negócios. É essa segunda medida que diferencia a estrutura Macs dos demais métodos de avaliação.

Como no caso do modelo de nove células, cada unidade de negócios na Macs é representada como uma bolha cujo raio é proporcional às vendas, aos fundos empregados ou ao valor agregado por essa unidade. A tabela resultante pode ser usada para planejar aquisições ou desinvestimentos e para identificar os tipos de esforço institucional para formação de habilidades que a matriz deve colocar em prática.

A dimensão horizontal de uma matriz Macs mostra o *valor potencial de uma unidade de negócios como um empreendimento independente administrado de forma ótima* (não o valor efetivo). Com frequência, essa estimativa envolverá aspectos qualitativos. Para obter uma medida de comparação entre unidades de negócios, pode-se calcular o potencial máximo do NPV (valor presente líquido, do inglês, *net present value*) e a seguir dimensionar esse NPV com base em algum fator — como vendas, valor agregado ou fundos empregados — para torná-lo comparável aos valores das outras unidades. Se a unidade de negócios pode ser mais bem administrada por diferentes gerentes, seu valor é avaliado como se isso já ocorresse, uma vez que o objetivo é estimar o valor ótimo, não o real.

Esse valor ótimo depende de três fatores:

1. A *atratividade do setor* resulta da estrutura setorial e da conduta de seus participantes que refletem as forças externas impostas a um setor, tais como novas tecnologias, políticas governamentais e mudanças no estilo de vida, bem como aspectos estruturais e econômicos, incluindo suprimento, demanda e cadeia do setor, além da conduta e do desempenho financeiro dos participantes.
2. A *posição da unidade de negócios* no âmbito de seu setor depende de sua capacidade de sustentar preços superiores ou custos inferiores aos da concorrência. Isso pode ser avaliado tomando-se a unidade de negócios como um sistema de entrega de valor, no qual 'valor' significa benefícios aos compradores, exceto o preço.
3. As *oportunidades de melhoria* da atratividade do setor ou da posição competitiva da unidade de negócios dentro dele podem ocorrer de duas formas: oportunidades de executar um trabalho melhor de gerenciamento interno e meios possíveis de moldar a estrutura setorial ou a conduta de seus participantes.

O eixo vertical da matriz Macs mede a *capacidade relativa* de uma corporação *para extrair valor* de cada unidade de negócios em seu portfólio. A matriz é classificada como 'parte do grupo', se não for considerada melhor do que outras em extrair valor de um unidade de negócios em particular, ou como um 'proprietário natural', se estiver em condições únicas de aptidão ao trabalho.

Ser o 'proprietário natural' de uma unidade de negócios pode ter múltiplas dimensões. A matriz pode ser capaz de vislumbrar melhor o formato futuro do setor e alavancar essa visão por meio da reestruturação de ativos. Ela pode ser mais competente em exercer controle interno: cortar custos, otimizar fornecedores e assim por diante. Também pode ter outros negócios com os quais compartilhar recursos da nova unidade ou transferir bens ou serviços intermediários para ele ou dele. Por exemplo, a GE tem se beneficiado de seu braço financeiro para criar vantagem competitiva dentro de suas outras unidades de negócios. Por fim, os fatores financeiros ou técnicos podem determinar, em alguma medida, o proprietário natural de uma unidade de negócios. Dentre eles estão tributação, incentivos, informações imperfeitas e diversas técnicas de avaliação.

Assim que as unidades de negócios de uma empresa forem alocadas na matriz Macs, podem ser tomadas decisões sobre se elas devem permanecer como parte do portfólio.

As prescrições estratégicas sugeridas pela estrutura Macs incluem:

- Levar em consideração o desinvestimento de negócios estruturalmente atrativos, caso eles valham mais para outra empresa.
- Avaliar a possibilidade de reter negócios estruturalmente medíocres (ou de fraco desempenho), se a empresa puder extrair mais valor deles do que outros proprietários conseguiriam.
- Dar prioridade máxima às unidades de negócios que estejam posicionadas na extremidade esquerda da matriz — seja desenvolvendo-as internamente, seja vendendo-as.
- Pensar em aprimorar uma unidade de negócios e vendê-la a um 'proprietário natural', caso seu valor possa ser intensificado por meio de melhorias internas; ou, se a empresa não for o 'proprietário natural', esteja em excelentes condições.

Uma observação faz-se necessária neste ponto. Como outros modelos de portfólio, a matriz Macs oferece apenas uma fotografia instantânea. Há casos em que uma matriz muda sua forma de extrair valor e, ao fazê-lo, pode tornar-se o proprietário natural de um negócio, mesmo que não o fosse anteriormente. Todavia, essa mudança acarreta custo à matriz e a outras unidades em seu protfólio. O objetivo da gerência é desconbrir a combinação entre competência corporativa e unidades de negócios que resulte no melhor escopo geral para criar valor.

Matriz de ciclo de vida

Outra variante de análise de portfólio que ganhou certa notoriedade foi a desenvolvida na Arthur D. Little, Inc. A abordagem da matriz de ciclo de vida representa os negócios com relação à evolução de um setor e à força da posição competitiva de uma empresa, como mostra a Figura 10.3.[8]

Limitações das técnicas de análise de portfólio

Embora a análise de portfólio seja útil para descrever o portfólio atual de uma empresa, ela tem limitações como técnica para desenvolver estratégias ou para auxiliar na gestão do portfólio de uma corporação. Rotular negócios é perigoso, principalmente como vaca leiteira ou abacaxi, porque isso pode levar a profecias autorrealizáveis; ordenar um negócio vaca leiteira certamente limitará seu crescimento, e classificar um negócio como

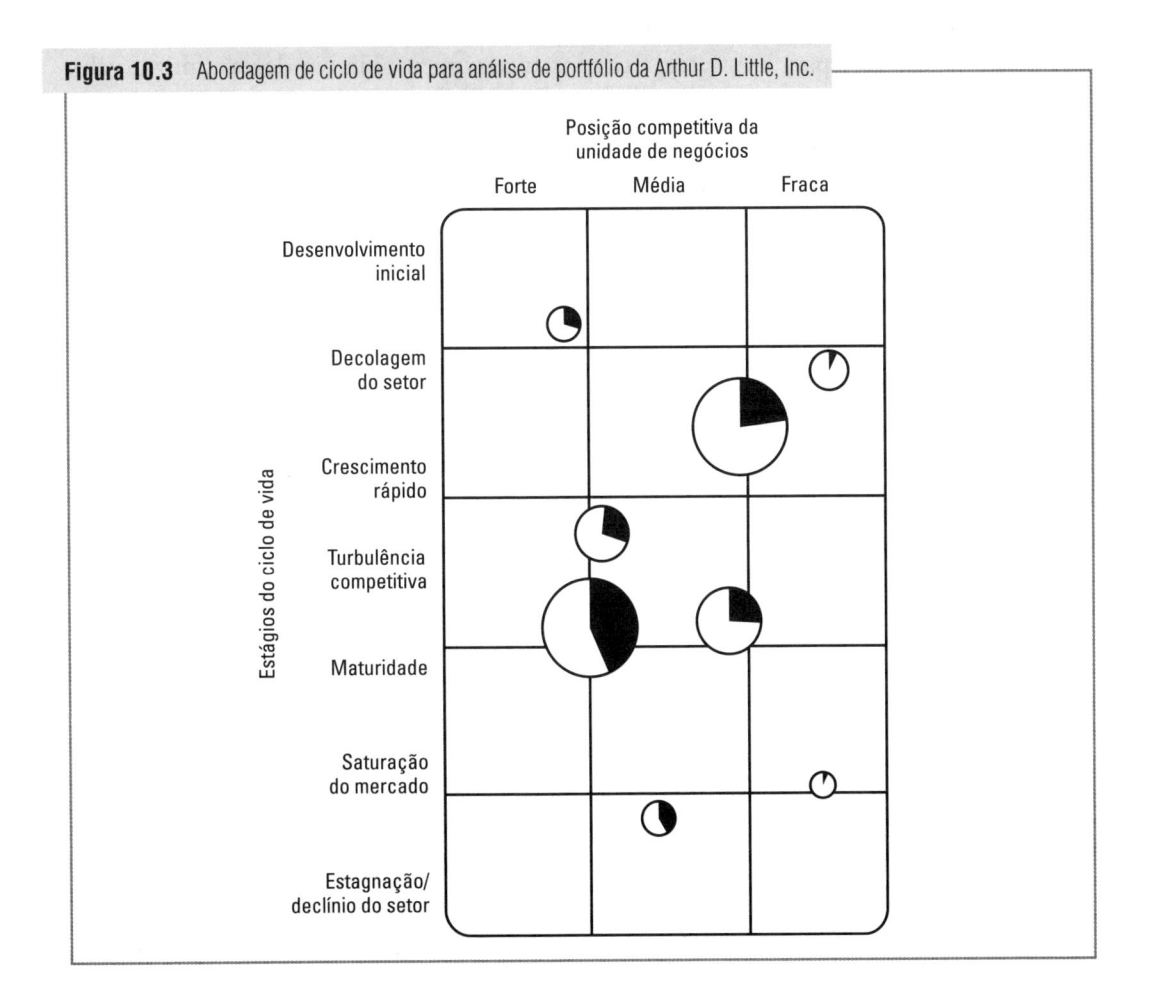

Figura 10.3 Abordagem de ciclo de vida para análise de portfólio da Arthur D. Little, Inc.

abacaxi pode desestimular o uso da criatividade em traçar seu futuro. A análise de portfólio também tem limitações quanto a prescrever estratégias. Ela não responde às seguintes questões: Como aumentamos nossa receita como um todo? Que novos negócios devem ser adicionados ao portfólio? Além disso, à medida que a posse das grandes corporações tornou-se mais pulverizada e as ações passaram a ser negociadas mais livremente, a premissa de que as empresas devem ser autossuficientes em capital — uma premissa central da matriz do BCG — perdeu sua validade. Novas opções precisaram ser consideradas, como pagar o 'excesso' de fluxo de caixa livre aos acionistas na forma de dividendos, e levantar fundos de investimento adicionais no mercado de capitais. Ao mesmo tempo, o rápido crescimento do pessoal administrativo na matriz de muitas corporações instigou os investidores a perguntar com que valor esses recursos corporativos contribuíam para as operações semiautônomas das divisões.

Abordagem baseada em valor para gestão de portfólio

Mudanças no ambiente competitivo prepararam o terreno para o surgimento da *abordagem baseada em valor* para a estratégia corporativa, com o objetivo de maximizar valor para o acionista. Essa abordagem trata unidades estratégicas de negócios como entidades separadas, cujos valores são determinados segundo seu fluxo de caixa. Ela suscita questões sobre quanto valor econômico cada divisão cria e sobre qual é a estrutura ótima para a corporação. A abordagem baseada em valor define, de maneira implícita, um preço de ação para cada unidade de negócios. Se o valor de mercado da corporação como um todo é menor que a soma dos valores das diferentes unidades de negócios, torna-se necessária uma ação, normalmente na forma de *sell-off* das unidades de negócios que estão implicitamente subvalorizadas.

A Figura 10.4 mostra a estrutura em forma de 'pentágono' que ilustra a abordagem baseada em valor.[9] Ela apresenta os diversos níveis de análise, começando pelos dados disponíveis internamente e opções de reestruturação do portfólio atual. No primeiro passo, o valor atual de mercado da empresa é comparado a uma avaliação objetiva do valor gerado por sua estratégia corporativa atual. Se a análise do fluxo de caixa descontado 'tal como é' do portfólio atual produzir um valor maior do que os acionistas estão dispostos a pagar, a gerência precisa melhorar sua comunicação com os acionistas. Além disso, para mostrar sua confiança na estratégia corporativa, ela deve considerar iniciativas como um programa de recompra de ações. Se a análise de fluxo de caixa desenvolvida internamente mostrar que a empresa está supervalorizada pelo mercado, isso pode significar que os acionistas estão antecipando uma possível aquisição ou cisão. Esse resultado é um sinal claro de advertência de que a gerência precisa rever sua estratégia corporativa e melhorar o valor para o acionista.

Dependendo do resultado da avaliação geral da empresa, é natural considerar melhorias estratégicas e operacionais no portfólio atual como um segundo passo. Essas melhorias

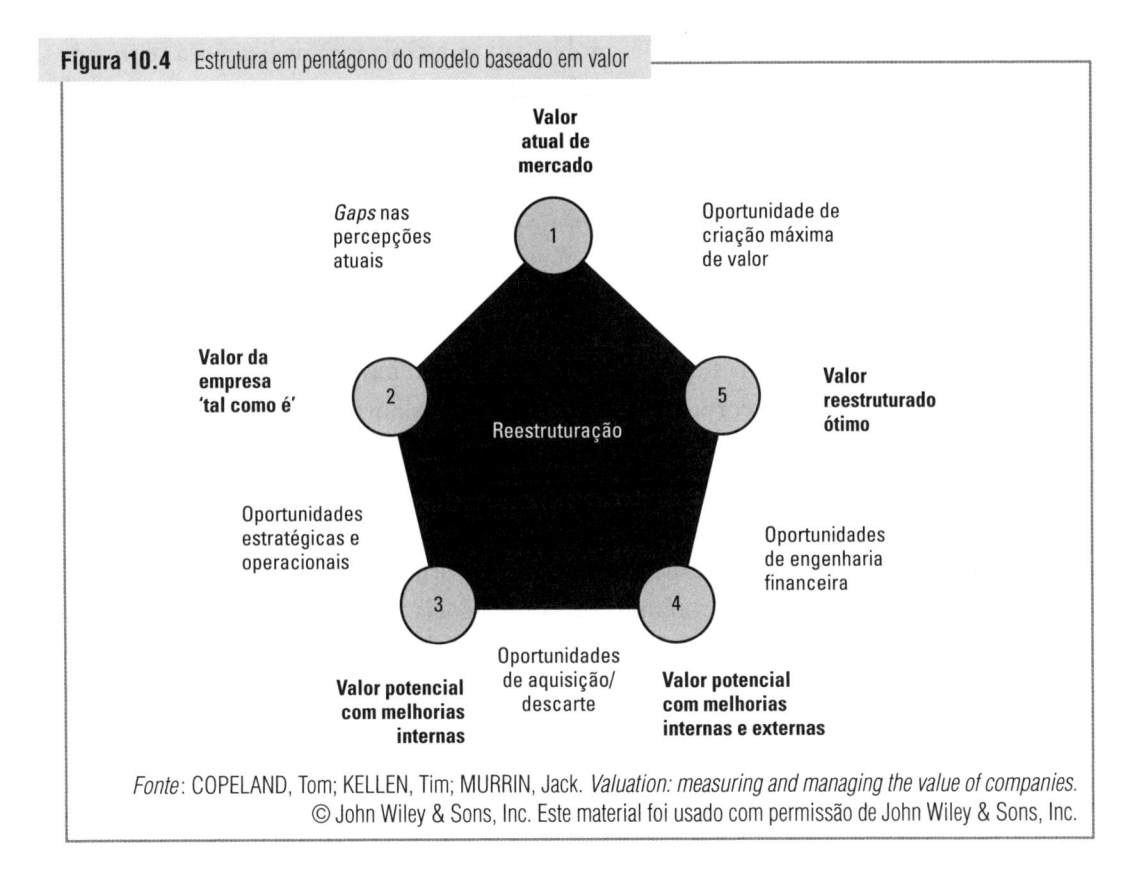

Figura 10.4 Estrutura em pentágono do modelo baseado em valor

- 1: Valor atual de mercado
- Gaps nas percepções atuais
- Oportunidade de criação máxima de valor
- 2: Valor da empresa 'tal como é'
- 5: Valor reestruturado ótimo
- Reestruturação
- Oportunidades estratégicas e operacionais
- Oportunidades de engenharia financeira
- 3: Valor potencial com melhorias internas
- Oportunidades de aquisição/descarte
- 4: Valor potencial com melhorias internas e externas

Fonte: COPELAND, Tom; KELLEN, Tim; MURRIN, Jack. *Valuation: measuring and managing the value of companies.* © John Wiley & Sons, Inc. Este material foi usado com permissão de John Wiley & Sons, Inc.

podem ser alcançadas no nível de unidade de negócios, por exemplo, por meio do foco no aumento de vendas e de margens operacionais ou por meio da redução de requisitos de capital de giro. No nível corporativo, as melhorias podem incluir a redução de custos fixos ou a reavaliação de estratégias de gestão do portfólio. Se os problemas revelados nesse estágio forem gerenciáveis, o uso de estratégias simples de *turnaround*, envolvendo uma ou mais unidades de negócios, é apropriado. Se os problemas forem disseminados, ou puderem ser mais bem tratados por uma corporação controladora diferente, uma ação mais drástica pode ser necessária.

Se melhorias diretas nas unidades de negócios, ou uma estratégia de *turnaround*, tiverem pouca probabilidade de aumentar suficientemente o valor para o acionista, ajustes no portfólio podem ser considerados como um terceiro passo. Como parte desse processo, a gerência deve rever a lógica da postura diversificada da corporação. Ajustes de portfólio a serem considerados incluem a redução do escopo das atividades da empresa, por meio de vendas (*sell-offs*), desmembramentos (*spin-offs*) e liquidações, ou a expansão por meio de diversificação.

O quarto e último passo na abordagem baseada em valor envolve a *engenharia financeira* do portfólio corporativo reconfigurado. Entre as opções que têm proporcionado o aumento de valor para o acionista em corporações problemáticas estão a recapitalização, a reorganização fiscalmente favorável de estruturas globais de controle acionário e as mudanças no índice dívida–patrimônio da corporação.

Abordagem baseada em recursos para gestão de portfólio

Em seu famoso artigo "The core competence of the corporation" (A competência essencial da corporação), C.K.Prahalad e Gary Hamel argumentam que as empresas devem construir competências essenciais que transcendam as fronteiras das unidades de negócios tradicionais.[10] Eles exortam as corporações a concentrar seus portfólios nos negócios essenciais e a adotar metas e processos destinados a aprimorar suas competências essenciais. Essa perspectiva de competência essencial foi estendida posteriormente para o que é conhecido hoje como visão baseada em recursos da empresa. Esse ponto de vista foca a adequação dos recursos corporativos aos mercados de produto, a corporação como um conjunto de ativos tangíveis e intangíveis e o conjunto de competências organizacionais que define a competência diferenciada da corporação.

Três elementos — *recursos*; *negócios*; e *estrutura, sistemas e processos* — definem os pilares da abordagem baseada em recursos para a estratégia corporativa. Ela sustenta que, quando esses três elementos estão alinhados na busca de uma *visão* cuidadosamente articulada e motivada por *metas* e *objetivos* corretos, é possível criar uma *vantagem corporativa* que justifique a existência da corporação como uma entidade de múltiplos negócios.[11]

Usando uma abordagem de portfólio para administrar alianças

Atualmente, a qualquer momento, a estratégia corporativa das grandes empresas pode abranger até 100 ou mais alianças. Portanto, cada vez mais as empresas necessitam de um processo para monitorar de modo ativo a eficácia desses arranjos e identificar quais deles criam ou destroem valor. Ao adotar uma abordagem de portfólio para adminstrar alianças, uma empresa pode proteger-se das consequências do fracasso de qualquer ação e posicionar-se de modo a tirar proveito das opções que podem apresentar um grau mais elevado de risco, mas que também podem gerar retornos acima da média.[12]

Por exemplo, para administrar seu portfólio de alianças, a Royal Philips Electronics usa uma matriz simples para dividi-las em quatro grupos com base no nível de sinergia entre os parceiros e o potencial de valor de longo prazo da aliança para a Philips:

- *Alianças de negócios* são amplamente operacionais e táticas e geralmente focam a logística ou as compras.

- *Alianças estratégicas* costumam ser criadas para desenvolver um novo produto, serviço ou negócio.
- *Alianças de relacionamento* são parcerias de longa duração que envolvem múltiplas divisões.
- *Alianças corporativas* constituem dez parcerias designadas pelo conselho por sua importância estratégica específica para o futuro da empresa.

As alianças *de negócios* e *estratégicas* são administradas pelas unidades de negócios patrocinadoras, ao passo que as de *relacionamento* e *corporativas* são dirigidas por uma *matriz de alianças* especialmente criada. A abordagem de gestão de portfólio para administrar alianças possui a vantagem de focar o tempo e a atenção da alta gerência nos acordos cooperativos mais relevantes. Ao mesmo tempo, a criação da matriz de alianças contribuiu para que a Philips desenvolvesse uma nova competência essencial à execução de sua estratégia corporativa.[13]

O papel da matriz

O estilo gerencial da matriz determina a estrutura organizacional, os sistemas e os processos que uma empresa usa para implementar uma estratégia. Ele define os papéis dos executivos corporativos na elaboração e na execução de estratégias divisionais, os métodos pelos quais as atividades das várias unidades de negócios semiautônomas são controladas e como a coerência entre as diversas atividades corporativas pode levar à criação de um bloco monolítico.

Em um estudo conduzido em grandes empresas britânicas com múltiplos negócios, Goold e Campbell identificaram cinco estilos de gerenciamento com base na análise do *papel da matriz* e do tipo de controle, *estratégico* ou *financeiro*, exercido pela empresa.[14] Aquelas em que a matriz exerce um alto nível de influência na elaboração e na coordenação de estratégias de unidades de negócios e de divisões podiam ser caracterizadas como tendo um gerenciamento no estilo *planejamento estratégico* ou no estilo *centralizado*, o que dependia de o controle utilizado ser estratégico ou financeiro. Empresas em que as unidades de negócios tinham grande autonomia foram caracterizadas como *holdings* ou como tendo um estilo do tipo *controle financeiro*. O estudo constatou que um quinto estilo de gerenciamento — denominado *controle estratégico* — era o mais frequentemente utilizado. Esse estilo é definido por uma posição intermediária em ambas as dimensões. Foram identificados apenas poucos casos de estilo de gerenciamento puramente centralizado ou de *holding*.

Uma maneira diferente de caracterizar o estilo de gerenciamento de uma corporação baseia-se na distinção entre controle de *comportamento* e de *resultado*. Algumas empresas, como a Textron e a ABB, operam com um pequeno quadro de pessoal na matriz, conferem uma autonomia substancial a suas unidades operacionais e exercem o controle principalmente por meio da definição de padrões financeiros de desempenho. Em outras palavras, exercem um controle de *resultado*. Outras empresas, como a Cooper Industries, assumem um papel muito mais proativo na condução de suas operações divisionais e exercem o controle envolvendo-se em decisões sobre 'como fazer'. Esse estilo de gerenciamento é baseado no controle de *comportamento*.

A Figura 10.5 resume as principais diferenças entre essas duas abordagens com base em como a estrutura, os sistemas e os procedimentos de uma empresa estão alinhados com seu direcionamento estratégico. Na realidade, as empresas que praticam um controle de resultado também fazem perguntas relacionadas ao controle de comportamento e vice-versa. Entretanto, as diferenças entre as duas filosofias são reais. Elas afetam a maneira como os sistemas e processos corporativos são usados e moldam a cultura corporativa.

A maioria das empresas usa uma combinação de ambos os controles. Por exemplo, em muitas corporações, os executivos baseiam suas avaliações de desempenho divisional principalmente em medidas financeiras (controle de resultados), mas estão mais envolvidos em iniciativas como modernizar processos de produção ou implementar programas de qualidade total (controle de comportamento).

O controle de resultado geralmente é mais apropriado quando uma única medida do desempenho financeiro atual, tal como fluxo de caixa, é adequada para avaliar a posição estratégica de uma unidade; quando fatores externos à unidade de negócios têm um efeito mínimo sobre o desempenho; e quando há pouca necessidade de coordenação entre as várias unidades de negócios. Por essas razões, o controle de resultado é mais relevante para

Figura 10.5 Controle de resultado e de comportamento: principais dimensões

Controle de resultado	Controle de comportamento
▪ Estrutura: unidades autônomas, independentes	▪ Recompensas, incentivos: focado em plano de carreira; avaliação de desempenho baseada em múltiplas metas quantitativas e qualitativas
▪ Recompensas, incentivos: parte considerável ou toda remuneração vinculada a um objetivo único, quantificável	▪ Pessoal: evolução da carreira interna; desenvolvimento ativo de carreira focado em experiência no setor e específica na empresa
▪ Alocação de recursos: controles rígidos de gastos	▪ Cultura: foco na cultura corporativa comum destinada a permitir que os gerentes transitem livremente entre divisões
▪ Pessoal: foco em experiência no setor, alinhamento de incentivo com desempenho	▪ Matriz: gerentes corporativos experientes que atuam como consultores e monitores
▪ Matriz: porte pequeno, focada na análise de resultados	

empresas com um portfólio de negócios não relacionados, ao passo que estilos envolvendo um controle substancial de comportamento são encontrados com maior frequência em empresas formadas por negócios relacionados.

Planejamento estratégico corporativo

Trinta anos trás, os processos de planejamento elaborados, com o suporte de altos executivos dedicados, podiam ser encontrados em praticamente todas as empresas entre as 500 melhores da revista *Fortune*. Então, houve uma reação, e o planejamento estratégico caiu em desgraça. Resultados corporativos decepcionantes, desgaste na competitividade, falta de inovação e de iniciativa em assumir riscos eram acusações feitas ao planejamento estratégico. O uso de modelos simplistas, que geravam números duvidosos, também foi citado como uma das principais causas do fracasso. Em resposta, processos formais, burocráticos, foram substituídos por outros mais simples e eficientes; sistemas elaborados de planejamento deram lugar a formas mais enxutas e descentralizadas de desenvolvimento de estratégias; e equipes da alta administração, que haviam sido a espinha dorsal de muitos processos de planejamento estratégico, foram eliminadas. A formulação da estratégia voltou a ser uma função da gerência de linha, e os processos, que eram exclusivamente de natureza *top-down* (de cima para baixo), foram substituídos por abordagens que envolviam gerentes em todos os níveis, refletindo a nova cultura de *empowerment* (autonomia de decisão). No processo, documentos volumosos de planejamento estratégico foram trocados por planos de cinco páginas, mais fáceis de comunicar e assimilar.

Embora fosse louvável a intenção por trás dessas mudanças — tornar o desenvolvimento de estratégia novamente uma responsabilidade direta de nível de linha, restaurar o equilíbrio entre influências *top-down* (descendentes) e *bottom-up* (ascendentes) e simplificar os processos de planejamento —, a implementação frequentemente deixava muito a desejar. Como resultado, muitas empresas pagaram um preço alto por essas mudanças. No frenesi de alcançar os concorrentes, os executivos passaram a se preocupar com questões táticas e operacionais como reengenharia, *benchmarking*, *downsizing*, programas de qualidade total, trabalho em equipe e *empowerment*. A execução e a implementação tornaram-se o ponto central do esforço gerencial. A estratégia era fácil, pensavam algumas pessoas que viam na implementação o verdadeiro desafio.

Um desempenho superior, sustentado e de longo prazo requer pensamento estratégico *e* planejamento estratégico. O foco do *pensamento estratégico* está em criar uma visão para o futuro da organização e em elaborar um projeto claro e conciso para realizar essa visão. O *planejamento estratégico* é um processo usado para desenvolver uma análise de suporte e para comunicar e implementar a estratégia escolhida. Somente um CEO ou um gerente sênior pode conduzir o processo de pensamento estratégico. Esse processo inicia-se no topo da organização e é iterativo, pois, por meio de uma série de trocas, avança rumo à base para envolver cada nível da organização.

Do planejamento estratégico para o gerenciamento estratégico

Para criar uma efetiva competência essencial de planejamento estratégico, as empresas costumam evoluir por quatro fases de desenvolvimento. A primeira, focada em *planejamento financeiro*, é a atividade mais básica e pode ser encontrada em todas as empresas. O planejamento financeiro consiste no simples processo de estabelecer orçamentos anuais e usá-los para monitorar o progresso em relação aos objetivos. Quando os responsáveis pelo planejamento financeiro ampliam seus horizontes de tempo para além do ano corrente, geralmente passam para o *planejamento baseado em previsões*, que é a segunda fase. A terceira representa um grande salto à frente e pode ser caracterizado como o *planejamento orientado para fora*, porque deriva grande parte de suas vantagens da análise mais profunda e criativa das tendências de mercado, consumidores e concorrência. Na quarta fase — caracterizada por uma incorporação sistemática e abrangente do planejamento orientado para fora — o planejamento estratégico transforma-se em *gerenciamento estratégico*.

Em seu nível mais elevado de desenvolvimento, o planejamento estratégico funde-se com a administração cotidiana em um processo único, perfeitamente integrado. Nesse nível, as técnicas de planejamento não são necessariamente mais sofisticadas, mas se integram plenamente ao processo de gerenciamento em si. O planejamento não é mais uma atividade anual ou trimestral. Em vez disso, entrelaça-se na malha da tomada de decisões operacionais.

Somente poucas empresas no mundo — dentre as quais, a multinacional GE — atingiram esse nível de competência. É provável que a necessidade de planejar para centenas de negócios em rápida evolução e atuantes em milhares de mercados de produtos em dezenas de nações tenha acelerado a evolução dessas corporações. Cinco atributos distinguem o processo de planejamento dessas empresas estrategicamente administradas em relação a seus concorrentes:

1. *Uma estrutura conceitual bem compreendida que classifica os vários tipos de questões estratégicas inter-relacionadas.* Essa estrutura é definida por questões estratégicas futuras e não pela estrutura organizacional atual. A alta gerência supervisiona o processo e decide quais aspectos deve tratar e quais devem ser designados aos gerentes operacionais.
2. *Competências de pensamento estratégico que são disseminadas pela empresa, não se limitando aos escalões mais altos.* Isso comprova que o pensamento estratégico empresarial evoluiu de um ritual de planejamento para uma competência essencial e que o planejamento estratégico de baixo para cima complementa o cenário de direção estratégica de cima para baixo.

3. *Um processo de negociação de impasses entre objetivos competitivos que envolve uma série de ciclos de feedback em vez de uma sequência de cumprimentos de planejamento.* Uma estratégia bem concebida planeja os recursos necessários e, quando eles são escassos, busca alternativas.
4. *Um sistema de revisão de planejamento que concentra a atenção da alta gerência no problema e nas áreas de oportunidades principais, sem penalizar os executivos com revisões minuciosas da estratégia de cada unidade de negócios, todo ano.* A alta gerência deve concentrar-se em tendências emergentes, novos desdobramentos competitivos, desenvolvimento de liderança e inovação.
5. *Um sistema motivacional e valores gerenciais que recompensam e promovem o exercício do pensamento estratégico.* Opiniões contrárias, pensamento 'fora da caixa' e experimentação deliberada de novas ideias e modelos de negócios devem ser bem-vindos e estimulados; eventuais falhas devem ser previstas e tratadas como lições aprendidas.

Desenvolver uma forte competência em planejamento estratégico é compensador. O verdadeiro gerenciamento estratégico melhora de forma comprovada o sucesso corporativo de longo prazo. E os altos executivos das empresas gerenciadas de modo estratégico conhecem o valor das estratégias eficazes de negócios suportadas por planos funcionais coerentes. Em cada caso, eles podem identificar os sucessos individuais que geraram retornos expressivos do investimento crescente em planejamento.

Planejamento estratégico corporativo como um processo

Um processo de planejamento estratégico eficaz requer a consideração explícita do desenvolvimento da estratégia no nível corporativo ou 'de grupo' e no nível de UEN (unidade estratégica de negócios). Exige também a análise explícita de possíveis sinergias e *trade-offs* entre os vários componentes do portfólio.

A *estratégia corporativa* abrange os seguintes aspectos:

1. Define as fronteiras do portfólio corporativo (ou seja, em quais setores a empresa atua no presente ou pode vir a entrar no futuro) e fornece a lógica por trás dessa definição. Também delineia como os recursos devem ser obtidos e a seguir alocados entre os diferentes negócios.
2. Estabelece uma estrutura de grupo, delineia papéis e estipula os relacionamentos entre as várias unidades de negócios.
3. Determina os valores compartilhados fundamentais e a cultura do grupo.
4. Identifica recursos, funções e responsabilidades 'compartilhados'.
5. Define medidas de desempenho e níveis de consecução de metas para as unidades de negócios individualmente.

As *estratégias de UEN* são focadas na determinação de como uma unidade pode competir de forma mais eficaz em sua própria área de negócios. Uma estratégia de UEN abrange os seguintes aspectos específicos:

1. Define as fronteiras do negócio e avalia sua posição competitiva.
2. Delineia como se pretende passar para segmentos mais atraentes do setor, melhorar sua posição competitiva no setor e promover o crescimento do negócio.
3. Especifica qual será sua vantagem competitiva e como ela pode ser sustentada.

De modo geral, o processo é de natureza iterativa e segue os três passos apresentados no Capítulo 1. O primeiro, a análise 'Onde estamos?', concentra-se em uma avaliação realista das restrições e oportunidades existentes no ambiente da empresa no nível corporativo e de UEN. Nessa fase, a tarefa de cada unidade de negócios é desenvolver um entendimento profundo do mercado e de sua dinâmica competitiva, conduzir uma análise objetiva e rigorosa de seus pontos fortes e fracos e identificar oportunidades de maior crescimento e lucro. Para permitir uma análise comparativa no nível de grupo, cada UEN deve resumir sua situação estratégica usando um conjunto comum de fatores que refletem valores corporativos. A seguir, vem a etapa 'Para onde vamos?', na qual o portfólio é examinado em detalhes. A análise de portfólio é usada para avaliar objetivos estratégicos amplos, oportunidades de crescimento, opções de investimentos e limites do escopo futuro para unidades de negócios. O grupo, então, estabelece uma direção estratégica preliminar para cada UEN e para o grupo. O terceiro passo, focado em 'Como chegaremos lá?', busca estabelecer as formas e os meios necessários para coordenar e integrar as ações da gerência por toda a empresa. Nessa fase, as unidades de negócios devem desenvolver um conjunto de estratégias consistentes e detalhadas. Uma vez que cada UEN tenha formulado seus planos, a equipe de gestão do grupo posiciona-os em uma grade de portfólio e avalia suas contribuições relativas para as metas da corporação, seus requisitos de recursos e gestão e oportunidades de sinergia. Por fim, é desenvolvido um croqui para a implementação de toda a estratégia e são identificados as formas e os meios necessários para coordenar e integrar as ações da gerência por toda a empresa. O produto final, o plano estratégico, deve ser um documento objetivo — conciso o suficiente para proporcionar direcionamento, mas flexível o bastante para permitir adaptações oportunas a mudanças no mercado.

A experiência sugere algumas diretrizes que ajudam a deixar o processo focado e eficaz: (1) manter o processo participativo e interativo; (2) separar responsabilidades fundamentais — a matriz deve conduzir a avaliação do grupo como um todo, e cada UEN deve realizar sua própria análise estratégica; (3) solicitar uma documentação concisa, factual e (4) não buscar a perfeição imediata; em vez disso, tirar proveito da natureza iterativa do processo.

Limitações do planejamento estratégico

Um planejamento estratégico enxuto e eficaz pode proporcionar o foco tão necessário ao processo de desenvolvimento de estratégia. No entanto, uma confiança exagerada nesse planejamento tem suas desvantagens:

1. Técnicas formais de planejamento nem sempre conseguem lidar de maneira eficaz com problemas imprevistos. A análise de cenário, discutida no Capítulo 3, ajuda, mas não substitui o *insight* e a flexibilidade gerenciais.
2. Técnicas de planejamento concentram-se, com demasiada frequência, em extrapolar tendências atuais (conhecidas) em vez de explorar, de forma criativa, futuros alternativos.
3. Planos estratégicos comumente se baseiam em dados de pouca qualidade. A maioria dos modelos de planejamento requer estimativas detalhadas, que variam de dados sobre participação de mercado a estimativas de crescimento e avaliações de produtividade. Obter números precisos para todas essas variáveis é difícil e oneroso. Como resultado, geralmente se recorre a atalhos e 'chutômetros'. Isso distorce resultados e cria ilusões de certeza. Mais perigoso ainda, se metas e incentivos forem baseados nessas análises e conclusões, o resultado pode ser um comportamento contraproducente.
4. A relação entre planejamento formal e desempenho no longo prazo é fraca. Bons processos de planejamento certamente são úteis, mas o desempenho final está mais estreitamente associado a um pensamento estratégico eficaz do que ao planejamento em si.

Estratégias horizontais para gerenciar um portfólio

Eliminar barreiras artificiais impostas por estrutura organizacional, domínios funcionais ou processos e procedimentos formais tem se tornado cada vez mais importante para a implementação bem-sucedida da estratégia e para a criação de valor em um portfólio de negócios. Estimular o *compartilhamento de recursos*, a *aprendizagem interfuncional e interdivisional* e a *transferência de habilidades essenciais* por toda a organização são os focos fundamentais de uma *estratégia horizontal*.

Compartilhamento de recursos

A provisão central de funções ou serviços essenciais por parte da matriz é um exemplo de compartilhamento de recursos no nível corporativo. Muitas corporações possuem um departamento central de recursos humanos; proporcionam serviços financeiros, contábeis, de pesquisa, de compra e de planejamento para suas unidades de negócios; e oferecem serviços especializados, como relacionamento com acionistas, em nome de toda a corporação. Os serviços a serem centralizados são simplesmente um *trade-off* entre custos e benefícios. Serviços centralizados em larga escala podem ser menos custosos, mas também menos eficazes às demandas de negócios individuais. Incentivos com base no mercado para unidades com serviços compartilhados, como deixá-las competir com fornecedores independentes, são úteis para manter a capacidade de resposta e os custos baixos.

Aprendendo e transferindo habilidades essenciais

Aprender e transferir habilidades essenciais de uma parte da corporação para outra é fundamental para criar uma cultura de melhoria contínua e aumentar a competitividade de diferentes negócios em um portfólio corporativo. O *benchmarking*, a identificação das *melhores práticas* e a *TQM* (gestão de qualidade total, do inglês, *total quality management*) são exemplos conhecidos de técnicas desenvolvidas para adotar e implementar uma filosofia de melhoria contínua.

O *benchmarking* é uma técnica de múltiplas etapas, focada na avaliação comparativa de um processo, produto, serviço ou estratégia. Tendo surgido como um exercício interno que as empresas realizavam para aumentar sua eficiência, o *benchmarking* foi mais tarde estendido para a identificação de *melhores práticas* no âmbito interno ou até externo do setor de uma empresa. Ao identificar o que os concorrentes ou líderes na categoria fazem melhor e como o fazem, essas técnicas permitem que as empresas: (1) aumentem sua competitividade por meio da melhoria contínua de produtos e processos; (2) promovam atitudes positivas voltadas para o trabalho em equipe, cooperação, autoavaliação e aceitação de ideias novas e diferentes e (3) identifiquem maneiras de redirecionar sua estratégia para a obtenção de maior eficácia. A *gestão de qualidade total* (TQM) é um conjunto de processos e sistemas gerenciais desenvolvido na década de 1950 por defensores da qualidade, tais como W. Edwards Deming, Joseph Juran, Philip Crosby e Armand Feigenbaum. Está focada na qualidade de produto e de processos como principal direcionador da criação de uma vantagem competitiva. A TQM baseia-se em cinco premissas fundamentais: (1) comprometimento total, (2) foco nos clientes, (3) foco nos processos, (4) tomada de decisões baseada em fatos e (5) melhoria contínua.[15] Ela se estende a fornecedores e outros parceiros no processo de criação de valor e depende fortemente do uso de métodos estatísticos de controle de qualidade.

Criando uma *learning organization*

Em uma organização que aprende (*learning organization*), todos — desde os operários aos executivos da alta administração — estão envolvidos na identificação e na solução de problemas, o que permite à empresa experimentar, mudar e melhorar continuamente, aumentando, assim, sua capacidade de crescer, aprender e atingir seu propósito.[16] O conceito não implica uma estrutura específica. Pelo contrário, é uma visão e uma atitude sobre o que uma organização pode vir a ser.

Peter Senge identifica cinco disciplinas nas quais os administradores deveriam se concentrar para desenvolver uma *learning organization*:

1. Encorajar mais o *pensamento sistêmico* — ou seja, permitir que os funcionários saibam como a empresa realmente opera e como e onde eles se encaixam nesse processo.
2. Adotar uma *visão compartilhada* — ou seja, desenvolver um propósito e compromisso comuns.
3. *Desafiar modelos mentais existentes* — ou seja, questionar maneiras antigas de fazer coisas e estimular o pensamento criativo inovador.
4. Aprimorar a *aprendizagem em grupo* — ou seja, enfatizar as contribuições coletivas e o aprendizado, em detrimento das contribuições individuais.
5. Motivar funcionários a aprimorar o *domínio pessoal* de seu trabalho.[17]

Há pouca dúvida de que a busca desses objetivos ajudará as empresas a se adaptar de maneira mais eficaz a um ambiente competitivo mutável e a melhorar as chances de implementar mudanças estratégicas com sucesso.

A organização sem fronteiras

A General Electric está à frente no desenvolvimento de novos conceitos de aprendizagem organizacional e implementação de estratégias horizontais voltadas para a criação de valor. Na década de 1980, seu CEO, Jack Welch, notou que as organizações hierárquicas rígidas estavam mal estruturadas para competir no ambiente competitivo em mudança acelerada, centrado em informação e com foco no cliente, que acabava de surgir. Ele também percebeu que as pessoas eram o recurso estratégico mais importante da GE e que a diversidade de conhecimento, talentos e ideias que elas traziam seriam o principal direcionador de vantagem competitiva no novo ambiente competitivo. O *Work-Out*, um programa da GE que buscava eliminar a burocracia desnecessária, lançou a empresa 'sem fronteiras' como principal filosofia de gestão. Welch descreveu essa empresa sem fronteiras da seguinte forma:

> A diversidade da GE cria um enorme laboratório de inovação e de ideias que residem em cada um dos negócios, e explorá-los é tanto nosso desafio como uma oportunidade excelente. O comportamento sem fronteiras é o que nos integra e transforma

essa oportunidade em realidade, criando o valor real de uma empresa de múltiplos negócios — a grande vantagem competitiva que chamamos de 'diversidade integrada'.[18]

O programa *Work-Out* da GE proporcionou um fórum no qual funcionários e executivos podiam criar novas maneiras de responder a desafios competitivos. Com consultores externos desempenhando o papel de facilitadores, grupos de 40 a 100 funcionários de cada um dos negócios da empresa reuniram-se por vários dias para compartilhar pontos de vista sobre quais melhorias poderiam ser realizadas e como. As regras do processo exigiam que os administradores tomassem decisões imediatas sobre mudanças propostas ou que criassem uma equipe para avaliar a proposta até uma data estabelecida. Quase metade da força de trabalho da GE participou, e houve aumentos consideráveis na produtividade. No entanto, os benefícios mais importantes, provavelmente, não foram de natureza operacional. As reuniões estimularam funcionários da linha de frente a desafiar o *status quo* e a tomar a iniciativa de propor novas maneiras de fazer as coisas. No processo, o *Work-Out* ajudou a redefinir a cultura corporativa da GE no tocante a valores, tais como velocidade, simplicidade e autoconfiança. A rápida tomada de decisão modelou a velocidade, o foco na eliminação da burocracia reforçou a simplicidade e o ambiente e os processos protegidos de tomada de decisão criaram a autoconfiança.[19]

Essas sessões do *Work-Out* também revelaram a importância de ter os sistemas de recompensa corretos. Para criar congruência entre seu sistema de incentivos e o comportamento desejado, a GE permitiu que os administradores baseassem a remuneração de todos os níveis nos resultados, e não na posição. Jack Welch documentou esse aspecto importante da criação de uma cultura sem fronteiras no Relatório Anual de 1994 da GE:

> O comportamento sem fronteiras tornou-se o comportamento 'correto' na GE, e alinhado a esse comportamento está um sistema de recompensa que reconhece o adaptador ou implementador de uma ideia tanto quanto seu criador. Criar esse clima de abertura e compartilhamento maximiza a enorme e singular vantagem de uma GE com múltiplos negócios, à medida que nossa ampla diversidade de serviços e negócios compartilha um infindável fluxo de novas ideias e melhores práticas.[20]

Gestão do conhecimento

O sucesso das estratégias horizontais está diretamente relacionado à eficácia do sistema de gestão do conhecimento da corporação. Por muitos anos, o principal foco dos esforços para aprimorar a produtividade ou aumentar o valor estava em tirar o máximo proveito dos ativos físicos e financeiros. Hoje, o recurso estratégico mais importante de uma empresa é o *conhecimento*.[21]

A implementação de uma estratégia horizontal é complexa, porque o conhecimento assume diversas formas e reside em muitos lugares — tanto dentro como fora da organização. Os sistemas convencionais de informação nem sempre podem acessar ou integrar com eficácia o conhecimento necessário para uma tarefa específica. O conhecimento requerido para desenvolver a próxima geração de microprocessadores, por exemplo, ou o processo para produzi-los, é extremamente diferenciado, complexo e específico. O principal desafio, portanto, é integrar múltiplas formas de conhecimento da maneira mais eficaz, enquanto se mantém a eficiência associada com a criação de conhecimento específico.

O conhecimento assume duas formas básicas: *explícito* e *tácito*. O explícito é codificado e, portanto, pode ser transferido por toda a organização a um custo relativamente baixo. O tácito, por outro lado, é reconhecido apenas quando utilizado. Um exemplo é a experiência coletiva de 20 anos de um trabalhador na linha de produção. Tal conhecimento é extremamente valioso para uma organização, mas difícil de ser codificado e transmitido.

Muitas iniciativas estratégicas horizontais dependem da capacidade de uma empresa em *converter* conhecimento tácito em explícito e vice-versa. Converter conhecimento tácito em explícito é o processo de *sistematizar* o conhecimento. Isso pode ser alcançado encorajando-se o compartilhamento de conhecimento tácito entre indivíduos (por exemplo, compartilhar 'experiências') ou documentando-se o conhecimento (tácito, implícito) existente (por exemplo, conduzir uma auditoria de informação). O contrário — encorajar a conversão de conhecimento explícito em tácito — também pode ser útil. Por exemplo, quando uma cultura organizacional, em particular, é fundamental para a estratégia de uma empresa, o foco deve estar em estimular a *internalização* do conhecimento explícito por meio da criação de um conjunto de normas compartilhadas (ou seja, um conjunto desejado de comportamentos tácitos, implícitos).

Avaliando opções de estratégia no nível corporativo

O extenso número e a enorme diversidade de opções estratégicas viáveis no nível corporativo complicam a determinação da melhor opção. O crescimento interno é melhor do que o externo? O crescimento concentrado é preferível à diversificação? As estratégias cooperativas representam a melhor resposta? Temos capacidade para gerenciar uma aquisição com sucesso? Essas questões suscitam temas importantes sobre a avaliação de alternativas estratégicas.

A complexidade de atribuir um valor numérico a uma estratégia corporativa é intimidante. O fato é que não existe uma teoria financeira totalmente desenvolvida capaz de produzir estimativas precisas de valor em ambientes estratégicos dinâmicos. Técnicas como a análise de *fluxo de caixa descontado* são úteis para atribuir um valor a alternativas bem definidas, relativamente previsíveis e para as quais é possível gerar previsões de fluxo de caixa com razoável precisão. Entretanto, fazer o mesmo para alternativas estratégicas, em situações caracterizadas por níveis mais elevados de incerteza, é uma questão totalmente diferente.

Timothy Luehrman distingue três classes de problemas de atribuição de valor (*valuation*). Atribuir um valor a *operações* é o problema mais comum. Envolve atribuir valor a um negócio em operação ou decidir sobre um investimento estratégico específico. Nesse caso, o método de fluxo de caixa descontado pode ser utilizado.[22] Atribuir valor a *oportunidades* — o segundo tipo de problema — diz respeito a conferir um valor a opções, em vez de a uma ação subjacente. Nesse caso, atribui-se valor a operações futuras potenciais. Decidir sobre quanto e em que tipo de P&D gastar é um exemplo; uma decisão como essa prenuncia alternativas futuras. Aqui, métodos de *precificação de opções* são mais adequados do que esquemas de fluxo de caixa descontado, embora sua aplicação esteja longe de ser objetiva. Por fim, atribuir valor a *reivindicações de propriedade* — importante na avaliação de opções estratégicas como *joint-ventures* e alianças — envolve avaliar o valor do empreendimento assim como os *equity cash flows* (fluxos de caixa do acionista) associados a ele. A análise do *equity cash flow* é a técnica preferida nesse cenário.

Decidir sobre uma metodologia quantitativa generalizada e teoricamente consistente, para avaliar uma proposta estratégica corporativa complexa e que envolva múltiplas opções, não é tarefa fácil. Embora algum progresso tenha sido feito com modelos informatizados amigáveis, habilidades especializadas sempre serão necessárias para implementar com sucesso essas técnicas. Outra razão é que essa atribuição de valor tem necessariamente um elemento subjetivo. A análise quantitativa proporciona a sustentação para as previsões dos executivos. Ela estreita o campo de visão deles para que seus poderes conceituais possam manter o foco nas opções mais promissoras. Na medida em que o comportamento futuro de clientes, de concorrentes e de outros *stakeholders* (grupos de interesse) pode ser mais bem previsto com base em seu comportamento passado, executivos com experiência relevante estão mais bem preparados para ajudar a corporação a ver o que há 'por perto', como toda formulação de estratégia requer. Portanto, formular estratégias corporativas eficazes sempre vai exigir mais do que uma análise quantitativa detalhada. Exigirá também uma percepção gerencial aguçada, intuição e criatividade.

Notas

1. CAMPBELL, A.; SADTLER, D. "Corporate breakups", *Strategy + Business*, Booz-Allen & Hamilton, (12), 1998, p. 64–73.
2. DAVIS, P.C.; KAMRA, A. "The value of big in banking", *Strategy + Business*, Booz-Allen & Hamilton, (12), 1998, p. 7–9.
3. CHANDLER, A. *Strategy and structure*. Cambridge: MIT Press, 1960.
4. WILLIAMSON, O.E. *The economic institutions of capitalism*. Nova York: The Free Press, 1985.
5. "Note on the Boston Consulting Group concept of competitive analysis and cor-

porate strategy", Harvard Business School, 1975.
6. *Strategic management in GE*, Corporate planning and development, General Electric Corporation.
7. GLUCK, Frederick W.; KAUFMAN, Stephen P.; WALLECK, Steven A.; MCLEOD, Ken; e STUCKEY, John. "Thinking strategically", *McKinsey Quarterly*, 2000.
8. HOFER, C.D.; SCHENDEL, D. *Strategy formulation: analytical concepts*. St. Paul: West Publishing, 1978.
9. COPELAND, T.; KOLLER T.; e MARRIN, J. *Valuation: measuring and managing the value of companies*, McKinsey & Company. Nova York: John Wiley & Sons, 1995.
10. PRAHALAD, C.K.; HAMEL, G. "The core competence of the corporation", Harvard Business Review, maio/jun. 1990, p. 79–91
11. COLLIS, D.J.; MONTGOMERY, C.A. Corporate strategy; resources and scope of the firm. Homewood: Irwin, 1997.
12. COOLS, Kees; ROOS, Alexander. The role of alliances in corporate strategy, The Boston Consulting Group, 2005.
13. Ibid.
14. GOOLD, M.; CAMPBELL, A. Strategies and styles. Oxford: Blackwell Publishing, 1987.
15. BERGMAN, B.; KLEFSJÖ, B. *Quality: from customer needs to customer satisfaction*. Londres: McGraw-Hill, 1994.
16. DAFT, Richard L. *Management*. Nova York: The Dryden Press, 1997, p. 751.
17. Ibid, p. 750.
18. Relatório Anual da GE, 1992.
19. "GE's two-decade transformation: Jack Welch's leadership", Harvard Business School Case Study 9–399–150, Rev. jan. 2000.
20. Relatório Anual da GE, 1994.
21. NONAKA, I.; TAKEUCHI, H. *The knowledge creating company*. Nova York: Oxford University Press, 1995.
22. LUEHRMAN, T.A. "What's it worth? A general manager's guide to valuation", *Harvard Business Review,* maio/jun. 1997, p. 132–142. Luehrman recomenda substituir a *análise de fluxo de caixa descontado* tradicional que usa a *média ponderada do custo de capital* pela abordagem do *valor presente ajustado*, para facilitar ajustes para itens como proteção fiscal e mudanças na estrutura de capital.

ÍNDICE

A

Abacaxis, 198, 196
Abordagem
    baseada em recursos para gestão de portfólio, 204
    baseada em valor para gestão de portfólio, 202-204
Adjacência e risco estratégico, 188
Alianças
    abordagem de portfólio para administrar, 204-205
    baseadas em *expertise*, 188
    cooperativas, 187
    de novos negócios, 187-188
    do tipo fusões e aquisições, 187-188
    lógica estratégica de, 185-188
Alinhamento
    estratégia como, 10
Ambiente estratégico externo,
    considerações a respeito da sociedade, 59-61
    economia global do conhecimento, 55-56
    globalização, 44-47
    risco e incerteza, 56-59
    tectônica global, 47-55
Analisando a base de recursos financeiros e uma empresa, 82-87
Analisando a base de recursos estratégicos da empresa, 81-82
    ativos físicos, 82
    base de recursos financeiros de uma empresa, 82-87
    capital humano, 87
    competências essenciais, 92
    forças de mudança, 92-94
    importância das marcas, 90-91
    recursos organizacionais, 88-89
    stakeholders, 94-95
Analisando o escopo de mercado–produto, 76-77
    gaps, 78
    lucros consolidados, 79
    mercados, 76
    vetores de crescimento, 78
Análise
    da concorrência, 74-75
    de cadeia de valor, 102-105
    de cenário, 57-58
    de custos, 87
    de *gap*, 78
    de índices, 83-84
    de lucros consolidados, 78-79
    de mercado, 76
    de portfólio,
        limitações das técnicas, 201-202
    de recursos financeiros, 82-87
    de região,
        formulação de estratégia global, 158-159
    de risco financeiro, 87
    de setores, 64
        concorrentes, 64-65
        grupos estratégicos, 76
        modelo de ciclo de vida do produto, 70
        segmentação, 73-74
    de *stakeholders*, 94-95
    do vetor de crescimento, 77
Aquisições, 181-182
Aspectos econômicos da aprendizagem, 170
Ativos
    como objetivos estratégicos, 83
    fórmula DuPont para análise de retorno sobre ativos, 83
Avaliação de opções estratégicas, 18-19
    critérios, 18-19
    valor para o acionista, 19

B

Balanced scorecard, 22, 35-37
Benchmarking, 212
    de custos, 87
Biotecnologia, 53
Built to last, 22
Business Screen, 197
    da General Electric, 197

C

Capital humano, como recurso estratégico, 81-82
China, como nova potência, 46-47
Ciclo de planejamento, 17-18
Clustering, 144-145
    setorial, 144-145
Compartilhamento de recursos, 211-212
Competitividade do mercado interno, 147
Compradores, no modelo das cinco forças de Porter, 64-65

Conceito do porco-espinho, 22-24
Concentração, 69-70
Conflito e globalização, 53
Conhecimento
    explícito, 89
    implícito, 89
    tácito, 89
Considerações a respeito da sociedade, 59-61
Controle
    de comportamento, 38
    dos resultados, 38
    e desempenho, 37-38
Crescimento de setor
    estratégia no estágio de, 118-119
Crescimento por meio de fusões e parcerias (fórmula 4 + 2 para o sucesso sustentado nos negócios), 24-25
Criação de valor,
    foco a, 6-8
    por meio da inovação, 134-140
Criando um modelo de negócios lucrativo, 113-115
Cultura
    e mudança organizacional, 31
    fórmula 4 + 2 para o sucesso sustentado nos negócios, 24
Curva
    de aprendizagem/experiência, 170

D

Decisões
    de escopo
        geográfico, 171
        horizontal, 171
        vertical, 171
Declarações
    de missão, 12-13
    de visão, 12-13
Degradação ambiental, e globalização, 50-51
Desempenho
    e controle, 37-38
    inovação e, 137-140
    medidas de, 133
Desinvestimentos, 188
Diamante nacional de Porter, 145
Diferenciação,
    de produtos, 69-70

definição, 102-103
objetivos, 106-107
ou custo baixo, 105-106
Direcionadores
    de competitividade, globalização de setor, 147-148
    de custo, globalização de setor, 147-148
    de globalização de setor, 147-148
    governamentais, globalização de setor, 147-148
Disciplinas de valor, 110-113
    excelência operacional, 111-112
    intimidade com o cliente, 112-113
    liderança em produto, 111, 113
Disseminação de conhecimento, e globalização, 52
Doença, disseminação de, 50
Doom loop, 24

E

Eco-comunalismo, 59
Economia global do conhecimento global, 55-56
Economias
    de escala, 170
    de escopo, 171
Essência
    competências essenciais, como recurso estratégico, 91-92
    definição, 172-173
    distância de, 188
Estratégia, 1-2
    alinhamento estratégico, 10
    criação de valor, 6-8
    estratégia realizada *versus* pretendida, 10-11
    estratégia *versus* tática, 4-5
    evolução do pensamento estratégico, 2-4
    foco na criação de valor 6-8
    forçando *trade-offs*, 5-6
    níveis de estratégia, 11
    papel dos *stakeholders*, 11
    perspectiva de ecossistema, 9-10

propósito e extensão da estratégia, 13-14
setor sem fins lucrativos, 14-15
visão e missão, 11-13
Estratégia baseada em recursos, 2-3
Estratégia corporativa, 11
    avaliando opções de estratégia no nível corporativo, 215-216
    desinvestimentos, 188
    economias
        de escala, 170
        de escopo, 171
    essencial, 172-173
    gestão de portfólio. *Veja* Gestão de portfólio (de negócios)
Estratégia de unidades de negócios, 11
    criação de valor por meio da inovação, 134-140
    em um ambiente desregulamentado, 123-127
    evolução do setor e prioridades funcionais, 120-122
    reações competitivas sob concorrência extrema, 128-129
    setores
        em crescimento, 118-119
        emergentes, 117-118
        fragmentados, 122-123
        hipercompetitivos, 127-128
        maduros ou em declínio, 119-120
    velocidade, 129-134
Estratégia de unidades de negócios setoriais
    crescimento de um setor, 118-119
    criação de valor por meio da inovação, 134-137
    evolução do setor e prioridades funcionais, 120-122
    reações competitivas sob concorrência extrema, 128-129
    setores
        desregulamentados, 123-125

emergentes, 117-118
fragmentados, 122-123
hipercompetitivos, 127-128
maduros ou em declínio, 119-120
velocidade, 129-134
Estratégia global
multinacional, 150-151
transnacional, 150-151
Estratégia pretendida *versus* realizada, 10-11
Estratégia *versus* tática, 4-5
Estratégias cooperativas, 182-184
Estratégias de crescimento, 173-174
concentrado, 174-175
crescimento e risco estratégico, 188
estratégias cooperativas, 182-184
estratégias de diversificação, 178-182
fusões e aquisições, 181-182
integração horizontal e vertical, 175-178
lógica estratégica das alianças, 185-188
Estratégias de crescimento concentrado, 174-175
Estratégias de diversificação, 178-181
estratégias cooperativas, 182-184
fusões e aquisições, 181-182
lógica estratégica de alianças, 185-188
Estratégias de entrada, 157-158
Estratégias de unidades de negócios genéricas de Porter, 109-110
crítica a, 109-110
diferenciação *versus* baixo custo, 105-106
pré-requisitos para o sucesso, 106-107
riscos, 107-108
Estrategias funcionais, 11
Estratégias horizontais para gerenciar um portfólio, 211
aprendendo e tranferindo habilidades essenciais, 212
compartilhamento de recursos, 211-212

gestão do conhecimento, 214-215
learning organizations, 212
organização sem fronteiras, 213-214
Estratégias internacionais de entrada, 157-158
Estrutura
conceitual para estratégia e desempenho, 28-29
de estratégia corporativa ativada pelo mercado (Macs) da McKinsey, 197-200
e mudança organizacional, 31-32
fórmula 4 + 2 para o sucesso sustentado nos negócios, 24-25
Macs, 197-200
segue a estratégia, 194
setorial
evolução, 70
modelo das cinco forças de Porter, 64-65
EVA (valor econômico agregado), 19, 85-87
Evolução do pensamento estratégico, 2-4
Evolução do setor, 67-72
estrutura, concentração e dife-renciação de produtos, 69-70
modelo de ciclo de vida do produto, 70-72
novos padrões, 72
prioridades funcionais da estratégia de negócios, 120-122
quatro trajetórias de mudança, 67-69
Excelência operacional, 111-112
Execução, fórmula 4 + 2 para o sucesso sustentado nos negócios, 24-25
Extensão, 13, 14

F

Fases do ciclo de vida dos negócios, 185
Flywheel, efeito, 22
Foco em custo, 105
Forçando *trade-offs*, 5-6

Forças de mudança, 92-94
ciclos de vida da empresa, 93-94
do ciclo de vida da empresa para mudança, 92-94
estratégicas, 94
internas, 92
Fórmula 4 + 2 para o sucesso sustentado nos negócios, 24-28
adesão das práticas secundárias, 27
estrutura conceitual para estratégia e desempenho, 28-29
excelência em práticas primárias, 25
Fórmula DuPont para cálcular o de retorno sobre ativos, 85
Formulação
de estratégia competitiva
análise de cadeia de valor, 102-105
quatro desafios principais, 101
vantagem competitiva, 101-102
de estratégia de unidades de negócios
atratividade do setor, 98
criando um modelo de negócios lucrativo, 113-115
disciplinas de valor, 110-113
estratégias genéricas de unidade de negócios de Porter, 105-110
importância da participação de mercado, 99
importância de um setor, 98
lógica estratégica no nível da unidade de negócios, 98
posição relativa, 98
projeto PIMS, 99-100
de estratégia global, 150-151
análise de região/país, 158-159
concentração de atividades, 155-156
coordenação do processo decisório, 156

estratégias de entrada, 157-158
fatores não dependentes do mercado, 156-157
padronização/posicionamento, 152-154
participação de mercado, 151-152
risco, 164-167
Fornecedores, no modelo das cinco forças de Porter, 64
Fusões, 28, 181-182

G

Gestão
de portfólio (de negócios), 194-197
abordagem baseada em recursos, 204
abordagem baseada em valor, 202-204
abordagem BCG, 194-197
abordagem de matriz de ciclo de vida, 201
administrar alianças por meio da abordagem de portfólio, 204-205
Business Screen da General Electric, 197
estratégias horizontais, 211-215
estrutura de estratégia corporativa ativada pelo mercado da McKinsey (Macs), 197-200
estrutura segue a estratégia, 194
limitações das técnicas de análise de portfólio, 201-202
papel da matriz, 205-207
de recursos, e globalização, 48
do conhecimento, 214-215
estrutura segue a estratégia, 194
papel da liderança na transição do 'bom para o grandioso', 22-24
papel do conselho, 38-40
planejamento estratégico para o gerenciamento estratégico, 208-209
Globalização, 44-47
diamante nacional de Porter, 145

direcionadores da globalização de setor, 147-148
e *clustering* industrial, 144-145
econômica, 45
Índia e China, 46-47
política, 45
psicológica, 45
regionalismo, 45
tecnológica, 45
tipos de, 46
vantagem competitiva ancional, 145
"Good to great: why some companies make de leap... and others don´t", 21, 22-24
Goodwill Industries, métrica de desempenho, 15
Governança, e globalização, 54-55
Grupo de cenário global, 58-59

I

Incerteza, 56-59
análise de cenário, 57
grupo de cenário global, 58-59
Índia, como nova potência, 46-47
Índices
de alavancagem, 83
de atividade, 83
de liquidez, 83
de lucratividade, 83
Inovação
criação de valor por meio da inovação, 134-140
de ruptura, 134
e desempenho, 137-140
e lucratividade, 138-139
fórmula 4 + 2 para o sucesso sustentado nos negócios, 24-25
Instrumentos, 34
Integração
econômica, e globalização, 51
horizontal, 175-178
para a frente, 175
para trás, 175
vertical, 175-178
Interesse
de propriedade, 11
econômico, 11
social, 12
Intimidade com o cliente, 112-113

L

Learning organizations, 212
Liderança, 29-31
em custo, 105-108
em produto, 111-113
fórmula 4 + 2 para o sucesso sustentado nos negócios, 24-25
liderança em produto, 111, 113
papel do conselho de administração, 38-40
papel na transição do 'bom para o grandioso', 22-24
Líderes de nível cinco, 23
Liquidações, 188-191
Lucratividade, inovação e, 138-139

M

Manutenção do foco estratégico, 10
Marcas, importância como ativos estratégicos, 90-91
Matriz
de ciclo de vida, 201
de crescimento/participação, 194-197
Métrica
de desempenho, 132
organizações não governamentais, 14-15
Modelo
7-S, 94
cooperativo, a aliança, 186
das cinco forças de Porter, 64-65
ameaça de novos concorrentes, 64-65
bens e serviços substitutos, 66
fornecedores e compradores poderosos, 65-66
rivalidade entre participantes, 66-67
de arquitetura e aliança, 186
de ciclo de vida do produto, 70-72
de franquia de aliança, 185-186

de lucratividade
  baseado em sistema de componentes múltiplos, 114
  baseado no desenvolvimento de cliente/soluções para o cliente, 114
  baseado no tempo, 115
  da pirâmide de produto, 114
  de base instalada, 115
  de especialização, 115
  de padrão de facto, 115
  empreendedor, 115
  multiplicador, 115
  tipo *blockbuster*, 115
  tipo *switchboard*, 114-115
  de portfólio *hub-and-spoke*, 186
Modelos de arquiteturas de alianças, 186
Mudança organizacional
  cultura, 33-35
  estrutura, 31-32
  pessoas, 3
  processos, 32-33
  sistemas, 32-33
MVA (valor agregado de mercado), 86

N
Nanotecnologia, e globalização, 53
Nature Conservancy, métrica de desempenho, 15
Níveis de estratégia, 11

O
Organização sem fronteiras, 213-214

P
Padrões, na evolução setorial, 72
Papel da matriz, o, 205-207
Papel do conselho administrativo, 38-40
Paradigma estratégia–estrutura–sistemas, 29
Parcerias
  crescimento por meio de (fórmula 4 + 2 para o sucesso sustentado nos negócios), 24-25
  formação, 134

Participação de mercado, importância de, 99
Patentes, 88-89
Pensamento estratégico, evolução de, 2-4
Perspectiva , estratégia, 2
Perspectiva de capital humano e intelectual, 2-3
Perspectiva de ecossistema, 9-10
Pessoas
  capital humano, como recurso estratégico, 88
  e a mudança organizacional, 31
Pioneiros, 171
Planejamento estratégico corporativo, 207-211
  gerenciamento estratégico, 208-209
  limitações do planejamento estratégico, 211
  processo de planejamento estratégico, 209-210
Poder formal, 11
Posição relativa, 98-99
  formulação de estratégia global, 150-151
  posicionamento competitivo exclusivo, 5
  Posicionamento competitivo único, 5
Precificação, setores recém--desregulamentados, 125-126
Premissas básicas, 34
Processos, e mudança organizacional, 31
Produtos e serviços substitutos, no modelo das cinco forças de Porter, 64-65
Projeto PIMS (*profit impact of market strategy*), 99-100
Propósito, 29-30

Q
Quatro trajetórias de mudanças, 67-69

R
Reações competitivas sob concorrência extrema, 128-129
Recursos
  como um ativo estratégico, 88-89
  estratégicos organizacionais, 88-89

Regionalismo, 45
Relacionamento, 178-179
Risco, 56-59
  análise de cenário, 57-58
  análise de risco financeiro, 87
  crescimento e risco estratégico, 188
  econômico, 165
  estratégia global e, 164
  estratégias de unidades de negócios genéricas de Porter, 109-110
  estratégico, e crescimento corporativo, 188
  financeiro, 165
  grupo de cenário global, 58-59
  legal, 165
  político, 165
  sociocultural, 166
  tipos de, 164-166
Rivalidade entre participantes, no modelo das cinco forças de Porter, 64-65
ROI (retorno sobre investimento), 19
RPE (reengenharia de processos empresariais), 133

S
Segmentação, 73-74
  estratégica, 73
Sell-offs, 188-192
Setor,
  análisando o escopo de produto–mercado, 76-79
  análise de setor, 73-76
  definição, 64
  importância, 90-91
  rivalidade, 66-67
  sem fins lucrativos, 14-15
Setores
  desregulamentados, estratégia de unidades de negócios, 122-126
  em declínio, estratégia de unidades de negócios, 119-120
  emergentes, estratégia de unidades de negócios, 118
  fragmentados, estratégia de unidades de negócios, 122-123

hipercompetitivos, estratégia de unidades de negócios, 127-128
maduros, estratégia de unidades de negócios, 119-120
Sinergia, 179
Sistemas, e mudança organizacional, 31
SVA (análise de valor para o acionista), 19

T

Talento, fórmula 4 + 2 para o sucesso sustentado nos negócios, 24-25
Tática *versus* estratégia, 4-5
Tecnologia
 da informação, 52-53
 modernizar, 133
Tectônica global, 47-55
 biotecnologia, 53
 conflitos, 53
 degradação ambiental, 50-51
 disseminação de conhecimento, 52
 disseminação de doenças infecciosas, 50
 governança, 54-55
 integração econômica, 51-52
 nanotecnologia, 53
 tecnologia da informação, 52-53
 tendências demográficas, 48-49
 tipos de mudança tectônica, 47-48
 tratamento de resíduos, 50
 urbanização, 49-50
Tendências demográficas, 48-49
Terrorismo, e globalização, 53
Teste
 de atratividade, 180
 de custo de entrada, 180
 de melhoria, 181
TQM (gestão da qualidade total), 212

U

Urbanização, 49

V

Vacas leiteiras, 195
Valores
 abordagem de valor para o acionista (SVA)
 compartilhados, 34
Vantagem competitiva, 101-102
 ciclo de vantagem competitiva, 7-8
 determinantes de vantagem competitiva nacional, 145
 do pioneirismo, 118
VBM (gestão baseada em valor), 19
Velocidade, 129-130
 análise de *stakeholders*, 94-95
 ativos físicos, 82
 métodos para aumentar velocidade, 13

W

Walmart,
 ecossistema de cadeia de suprimentos, 9
 formulação de estratégia global, 150-151
 adaptação local, 162-163
 concorrência local, 163
 estratégia de entrada, 161
 mercados-alvos, 160-161
 oportunidade global, 160
 perdas e ganhos, 163-164
 transferência global de habilidades, 162
"What really works: the 4 + 2 formula for sustained business success, 21". *Veja também* Fórmula 4 + 2

SOBRE OS AUTORES

Cornelis A. "Kees" de Kluyver é professor da cadeira Masatoshi Ito of Management e ex-reitor da Peter F. Drucker e Masatoshi Ito Graduate School of Management da Claremont Graduate University. Também foi diretor executivo da Peter F. Drucker Research Library and Archives e da Peter F. Drucker Foundation for Non Profit Management.

Teve experiência acadêmica anterior na George Mason University, na University of Virginia e na Purdue University; por vários anos, foi diretor da empresa de consultoria Cresap Management Consultants (Towers Perrin Company), na área de estratégia e eficácia organizacional. Nessa posição, ele orientou uma ampla gama de clientes nos setores de alta tecnologia e de serviços, sobre diversas questões estratégicas internacionais, incluindo o impacto da unificação europeia sobre os negócios norte-americanos e a globalização de operações multinacionais.

As áreas de especialização do dr. de Kluyver incluem estratégia e governança corporativa. Tem várias publicações nas áreas de pesquisa operacional, marketing e gestão estratégica e escreve para revistas como *Management Science*, *The Journal of Marketing Research*, *The European Journal of Operational Research*, *The Sloan Management Review* e *Long Range Planning*. Ele participa de diversos conselhos de administração corporativos e filantrópicos e é um palestrante frequente para públicos profissionais. É doutor em pesquisa operacional pela Western Reserve, mestre pela University of Oregon e bacharel em administração por essa universidade e pela Netherlands School of Business.

John A. "Jack" Pearce II é doutor em gestão estratégica pela Pennsylvania State University e detém a Endowed Chairholder (cátedra honorária) em gestão estratégica e empreendedorismo da Villanova University. Foi duas vezes ganhador do prêmio Fulbright U.S. Professional Award, lecionou na Pennsylvania State University, na West

Virginia University, na University of South Carolina e na George Mason University. É coautor de 36 livros, incluindo *Strategic management: formulation, implementation and control*, 11ª edição — com Richard B. Robinson, Jr. —, publicado pela Irwin, em 2009. Já publicou mais de cem artigos e 126 monografias.

Primeiro presidente da Academy of Management's Entrepreneurship Division, Pearce recebeu diversos prêmios em reconhecimento a suas realizações nas áreas de ensino, pesquisa, estudos e serviços profissionais, incluindo o Richard Beckhard Prize, em 2006, concedido por sua pesquisa sobre responsabilidade social corporativa pelo *MIT Sloan Management Review*. Entre os patrocinadores dos demais prêmios estão a National Association of Small Business Investment Companies, a Association of Management Consulting Firms e a Outstanding Research pelas divisões da Academy of Management, que lhe concedeu um recorde de quatro prêmios. Um líder frequente de programas de desenvolvimento executivo, consultor ativo em negócios e experiente observador especializado, Jack é comumente entrevistado pela mídia impressa por suas visões sobre questões contemporâneas de negócios.